2/2022
GESELLSCHAFT FÜR MEDIENWISSENSCHAFT (HG.)

[transcript]

zfm

ZEITSCHRIFT FÜR MEDIENWISSENSCHAFT

2/2022

27 REPARATURWISSEN: DDR

EDITORIAL

Medienwissenschaft zu betreiben bedeutet immer auch, sich zu fragen, was die Voraussetzungen und Bedingungen der eigenen Forschung sind. Die Medialität von Dingen und Ereignissen wird häufig erst in der Beschäftigung mit ihrer Theorie und Geschichte, ihrer Technik und Ästhetik freigelegt. In diesem Sinne betreibt die *ZfM* eine kulturwissenschaftlich orientierte Medienwissenschaft, die Untersuchungen zu Einzelmedien aufgreift und durchquert, um nach politischen Kräften und epistemischen Konstellationen zu fragen.

Unter dieser Prämisse sind Verbindungen zu internationaler Forschung ebenso wichtig wie die Präsenz von Wissenschaftler_innen verschiedener disziplinärer Herkunft. Die *ZfM* bringt zudem verschiedene Schreibweisen und Textformate, Bilder und Gespräche zusammen, um der Vielfalt, mit der geschrieben, nachgedacht und experimentiert werden kann, Raum zu geben.

Jedes Heft eröffnet mit einem SCHWERPUNKTTHEMA, das von einer Gastredaktion konzipiert wird. Unter EXTRA erscheinen aktuelle Aufsätze, die nicht auf das Schwerpunktthema bezogen sind. DEBATTE bietet Platz für theoretische und/oder (wissenschafts-)politische Stellungnahmen. Die Kolumne WERKZEUGE reflektiert die Soft- und Hardware, die Tools und Apps, die an unserem Forschen und Lehren mitarbeiten. In den BESPRECHUNGEN werden aktuelle Veröffentlichungen thematisch in Sammelrezensionen diskutiert. Die LABORGESPRÄCHE setzen sich mit wissenschaftlichen oder künstlerischen Forschungslaboratorien und Praxisfeldern auseinander. Von Gebrauch, Ort und Struktur visueller Archive handelt die BILDSTRECKE. Aus gegebenen Anlässen konzipiert die Redaktion ein INSERT.

Getragen wird die *ZfM* von den Mitgliedern der Gesellschaft für Medienwissenschaft, aus der sich auch die Redaktion (immer wieder neu) zusammensetzt. Es gibt verschiedene Möglichkeiten, sich an der *ZfM* zu beteiligen: (1) die Entwicklung und redaktionelle Betreuung eines Schwerpunktthemas, (2) die Einreichung von Aufsätzen und Reviewessays für das Heft und (3) von Buchrezensionen und Tagungsberichten für die Website. Alle Beiträge sind im Open Access verfügbar. Auf *www.zfmedienwissenschaft.de* befinden sich das Heftarchiv, aktuelle Besprechungen und Web-Extras, der Gender- und der Open-Media-Studies-Blog sowie genauere Hinweise zu Einreichungen.

MAJA FIGGE, MAREN HAFFKE, TILL A. HEILMANN, ELISA LINSEISEN, JANA MANGOLD, BIRGIT SCHNEIDER, FLORIAN SPRENGER, STEPHAN TRINKAUS, THOMAS WAITZ, BRIGITTE WEINGART

INHALT

REPARATURWISSEN: DDR

Cover der DDR-Heimwerkerzeitschrift *practic*, 1986

REPARATURWISSEN: DDR

Einleitung in den Schwerpunkt

Mit dem Hammer

Durch die Fensterscheibe eines fahrenden Zuges sind weitläufige alte Industrieanlagen zu sehen. Die Schwarz-Weiß-Aufnahmen zeigen Brikettfabriken im Meuselwitz-Altenburger Braunkohlerevier. Für ihren Dokumentarfilm *Winter adé* ist die Regisseurin Helke Misselwitz mit einer kleinen Crew durch die DDR gefahren.[1] Sie hat an unterschiedlichen Orten Frauen und Mädchen interviewt. In Meuselwitz führt uns der Film direkt in die lärmende Brikettfabrik: Eine Halbtotale zeigt die Hilfsarbeiterin Christine mit einem Schutzhelm und dunkler Arbeitskleidung. Dann folgt die Kamera Christine auf ihrer Runde. Sie läuft durch große Hallen mit jahrzehntealten Anlagen zum Trocknen und Pressen der Braunkohle. Mit einem Vorschlaghammer klopft Christine routiniert gegen große Rohre, damit sich darin kein Kohlestaub festsetzen kann. Durch ihre körperlich anstrengende Arbeit verringert sie das Risiko einer Kohlestaubexplosion. Sie hält die in die Jahre gekommenen Anlagen am Laufen und verlangsamt den Zusammenbruch des maroden Betriebs. Etwas Neues ist nicht in Sicht in Meuselwitz.

Es fällt Christine schwer, der Filmemacherin ihre Arbeit zu erklären. Es geht um das Tun. Für das Über-sich-Sprechen – so wird im Weiteren klar – fehlen Christine in ihrem Alltag die Zeit und ein Gegenüber. Auf die Aufnahmen aus dem Betrieb folgen ruhige Naheinstellungen von Christine in ihrer Küche. Angeregt durch Fragen der Regisseurin aus dem Off erzählt sie ihr Leben: als Kind den Eltern bei der Landwirtschaft geholfen, Schulabschluss nach der siebten Klasse, Teilausbildung zur Gärtnerin, Urlaub übern

1 *Winter adé*, Regie: Helke Misselwitz, DDR 1988, Buch: Helke Misselwitz, Thomas Plenert, Dramaturgie: Bernd Burkhardt, Kamera: Thomas Plenert, Ton: Eberhard Pfaff, Ronald Gohlke, Peter Pflughaupt, Schnitt: Gudrun Plenert, online zugänglich in der Mediathek der Bundeszentrale für politische Bildung: *www.bpb.de/lernen/filmbildung/299309/winter-ade/* (22.2.2022).

Betrieb an der Ostsee, Mann kennengelernt, mit 18 nach Gera gezogen zum Mann, mit 20 das erste Kind und Hochzeit, mit 21 Scheidung eingereicht, wieder zusammengefunden, zweites Kind, dann doch die Scheidung, wegen der Eltern zurück nach Meuselwitz, jetzt allein, ein Sohn und eine be_hinderte Tochter und Schichtarbeit in der Brikettfabrik. Christine spricht darüber, dass sie für die Erziehung ihrer Kinder keine Anerkennung erfährt und dass sie und ihre be_hinderte Tochter von anderen ausgegrenzt werden. So wie im Betrieb arbeitet Christine auch zuhause auf sich allein gestellt. Auch zuhause versucht sie, das Nichtfunktionierende durch eigene Kraft dennoch am Laufen zu halten.

Winter adé ist eine nüchterne und naherückende Bestandsaufnahme des Alltags von Frauen in der DDR. Die DDR im Jahr 1988 – das sind in Misselwitz' Film selbstbestimmte Lebensformen und unerfüllte Wünsche, einengende Geschlechterrollen und liebevoll verbundene Paare, vergleichbare Lebensstandards unter den Berufstätigen und differenzierte soziale Milieus. Christine, die Arbeiterin, die mit dem Vorschlaghammer die marode Brikettfabrik am Laufen hält, ist ein prägnantes Bild für die in den 1980er Jahren nicht mehr zu rettende Wirtschaft der DDR. Arbeit erscheint in Meuselwitz als ein notdürftiges Ausbessern des unrettbar Veralteten und nicht als Aufbau einer besseren Zukunft. Weit entfernt von der ideologischen Heroisierung der Werktätigen (mit Hammer und Zirkel und Ährenkranz) verkörpert Christine eine unermüdliche Reparaturarbeit, die den beruflichen und privaten Alltag in der DDR auszeichnete. Als Umgang mit Verschleiß und Mangel – das wird an der alleinerziehenden Protagonistin Christine deutlich – war Reparaturarbeit zwar allgegenwärtig, doch ungleich verteilt.[2]

In *Winter adé* enden die Zugfahrten in einer kleinen Bildergalerie mit Porträts berühmter Frauen, die in einem Zugfenster aufgestellt sind, und im Schnitt auf abbrechende Gleise an einem Fähranleger an der Ostsee. Das letzte Bild entlässt den Blick auf das offene, tosende Meer. Als der Film 1988 in die Kinos kommt, beträgt der Anteil von Frauen an allen Erwerbstätigen in der DDR 48,9 Prozent.[3]

Reparaturwissen: DDR

Reparaturarbeiten fanden in der DDR ‹an allen Ecken und Enden› statt. In Bezug auf Alltagskultur, Arbeitswelten und medientechnische Verfahren stellt der Schwerpunkt dieses Heftes Verhandlungen, Modelle und Überlieferungen von Reparaturwissen vor. Dieses Wissen entspringt aus der Arbeit des Instandhaltens und dem findigen Umgang mit Mangel, Auflösung und Zerfall.[4] Etwas zu reparieren heißt, Material, Gestalt, mitunter auch die Gebrauchsmöglichkeiten von Gegenständen zu verändern und neue Arrangements zuzulassen. Reparaturen rücken Verfügbares in zweckdienliche neue Nachbarschaften. Sie verbinden Ungleiches miteinander, das sich als Zusammengefügtes nicht

2 Nach der ‹Wende› waren auch die Folgen der Stilllegung des nicht mehr Reparierbaren zwischen Geschlechtern, Lebensaltern, ausgebildeten und ungelernten Arbeitskräften, DDR-Bürger_innen und Vertragsarbeiter_innen aus den ‹sozialistischen Bruderländern› ungleich verteilt; vgl. die Daten der Europäischen Kommission zu Beschäftigung und Arbeitslosigkeit nach Alter, Geschlecht, Bildungsabschluss etc. unter *ec.europa.eu/eurostat/de/web/lfs/data/database* (24.5.2022).

3 *25 Jahre Deutsche Einheit. Gleichstellung und Geschlechtergerechtigkeit in Ostdeutschland und Westdeutschland*, Broschüre hg. v. Öffentlichkeitsreferat des Bundesministeriums für Familie, Senioren, Frauen und Jugend, Berlin 2015, 21, *www.bmfsfj.de/resource/blob/93168/8018cef974d4ecaa075ab3f46051a479/25-jahre-deutsche-einheit-gleichstellung-und-geschlechtergerechtigkeit-in-ostdeutschland-und-westdeutschland-data.pdf* (22.4.2022).

4 Stefan Krebs, Gabriele Schabacher und Heike Weber unterscheiden das vorsorgende, meist geplante Instandhalten vom Reparieren, das ungeplante Störungen behebt. Beide Vorgehensweisen zögern «die Abnutzung der Dinge und den Punkt ihrer Unbrauchbarkeit hinaus». Siehe Stefan Krebs, Gabriele Schabacher, Heike Weber: Kulturen des Reparierens und die Lebensdauer der Dinge, in: dies. (Hg.): *Kulturen des Reparierens. Dinge, Wissen, Praktiken*, Bielefeld 2018, 9–47, hier 9.

gegenseitig bestreitet, sondern stabilisiert. Reparaturwissen stellt behelfsmäßige Verknüpfungen zwischen Überkommenem und zukünftigem Handeln her; es setzt auf Veränderlichkeit und Improvisation im Bewahren.

In Anlehnung an Ekaterina Gerasimova und Sof'ia Chuikina lässt sich die DDR als ‹Reparaturgesellschaft› verstehen.[5] Die beiden Soziologinnen führen diesen Begriff für die Sowjetunion ein. Sie weisen damit auf die unermüdliche Nachbesserung planwirtschaftlicher Produktionsprozesse und auf die Rolle von Reparaturen in sozialen und tauschwirtschaftlichen Beziehungen hin. Die nicht durch den Markt regulierte Planwirtschaft war demnach «the object of constant improvement, experiment, and mandatory anticrisis campaigns implemented by the authorities, meaning that it was perpetually under repair».[6] Die vom Staat angewiesenen ‹Reparatur-Projekte› lenkten die Sowjet-Bürger_innen in ihrem öffentlichen Tun und in ihren privaten Haushalten,

> in terms […] of officially sanctioned social activism (consumer movements, the fight against substandard products, letters of complaint to the newspapers) and of the everyday economy, in which case [citizens] adapted the system for their own comfort (by pulling strings, visiting flea markets, using homemade goods, pilfering products from factories, informally reallocating goods, etc.).[7]

Im Rückgriff auf Studien zur sowjetischen Konsumkultur und auf der Grundlage eines Korpus von Erinnerungsinterviews dokumentieren Gerasimova und Chuikina eine handwerkliche Reparaturpraxis. Diese war notwendig, um industriell produzierte Güter erst brauchbar zu machen, über lange Zeiträume funktionsfähig zu halten, nachzurüsten oder im Aussehen (‹westlichen›) Moden und Lebensstilen anzupassen.[8]

In ihren theoretischen Überlegungen behandeln Gerasimova und Chuikina das Reparieren im Wesentlichen als vorindustrielle Praxis. Sie legen somit eine Verspätung der sozialistischen Konsumgüterproduktion gegenüber Westeuropa nahe. Statt diese kontrastierende Erzählung vom rückständigen Osten und fortschrittlichen Westen weiterzuführen, legt Yulia Karpova in ihrer Studie *Comradely Objects* eine differenzierte Betrachtung vor.[9] Karpova weist in ihrer Auseinandersetzung mit der Geschichte der Gestaltung und mit der materiellen Kultur der Sowjetunion auf die widersprüchliche Gleichzeitigkeit von Industrieproduktion und Reparatur, Umweltzerstörung und Abfallwirtschaft, Ressourcenverschwendung und Wiederverwertung hin. Diese ökonomische, konsumkulturelle und ökologische Gemengelage wurde in Konzepten der nachhaltigen Gestaltung in der Sowjetunion ebenso wie in Westeuropa seit den 1970er Jahren neu verhandelt.[10] Auch Stefan Krebs, Gabriele Schabacher und Heike Weber sprechen in ihrem Band *Kulturen des Reparierens* von «multiple[n] Konjunkturen» des Reparierens statt von einer Ablösung vorindustrieller durch industrielle Verhältnisse.[11]

Dass industrielle Produktion nicht ohne die händischen Eingriffe des Reparierens und des Ausbesserns auskommt, zeigen die Bilder von Christine aus der

5 Vgl. Ekaterina Gerasimova, Sof'ia Chuikina: The Repair Society, in: *Russian Studies in History*, Bd. 48, Nr. 1, 2009, 58–74.

6 Ebd., 59.

7 Ebd.

8 In einer weiten Auslegung steht ‹Reparieren› hier für das individuelle Haushalten mit begrenzt und unregelmäßig verfügbaren Konsumgütern sowie für die stetige Anpassungsarbeit zwischen Personen und Dingen; vgl. ebd., 59–69.

9 Siehe Yulia Karpova: *Comradely Objects. Design and Material Culture in Soviet Russia, 1960s–80s*, Manchester 2020, doi.org/10.7765/9781526139863.

10 Vgl. ebd., 143–153.

11 Vgl. Krebs u. a.: Kulturen des Reparierens und die Lebensdauer der Dinge, 13 f.

12 Vgl. Susan Leigh Star, Geoffrey Bowker: How to Infrastructure, in: Leah A. Lievrouw, Sonia Livingstone (Hg.): *The Handbook of New Media*, London, Thousand Oaks 2009, 230–245, hier 237; Gabriele Schabacher: Medium Infrastruktur. Trajektorien soziotechnischer Netzwerke in der ANT, in: *Zeitschrift für Medienphilosophie und Kulturtechnikforschung*, Bd. 4, Nr. 2, 2013, 129–148, hier 145; Christian Zumbrägel: Von Mühlenärzten, Turbinenwärtern und Eiswachen. Instandhaltungen am Technikensemble Wasserkraftanlage um 1900, in: Krebs u. a. (Hg.): *Kulturen des Reparierens*, 165–195, hier 172.

Brikettfabrik in Meuselwitz. Auch industrielle Großanlagen funktionieren nur dank der steten Arbeit der Instandhaltung.[12] Die meist linear und reibungslos vorgestellten Prozesse des Outputs oder Wachstums sind von zyklischen, der Abnutzung geschuldeten Abläufen durchsetzt,[13] die eine stärkere Aufmerksamkeit verdienen.

Von Auffassungen linearer Entwicklungsdynamiken oder von diskreten Ereignissen der technischen Erfindung rückt Reparaturwissen als Konzept eines medienhistoriografischen Arbeitens ab.[14] Entscheidend ist stattdessen das Interesse an anhaltenden Wandlungsprozessen – von Dingen, Materialien, Relationen, Zuständen oder auch Problemen –, das die gegenwärtigen Untersuchungen des Phänomens antreibt.[15] Da das Reparieren als ein stets vorhandenes Merkmal der soziomateriellen Welt[16] zum Argument für und zur Provokation von neuen und andersartigen Forschungen wird, wie Steven J. Jackson es für die Science and Technology Studies und Technikgeschichte behauptet, kann die Auseinandersetzung mit dem Reparaturwissen der DDR auch kritische Anstöße für die Medienwissenschaft liefern. Über die aktuellen Studien zur Kultur(-technik) des Reparierens hinaus bietet es andere Aspekte und Kontextualisierungen des Instandsetzens und Ausbesserns, des ‹Ummodelns› und Erneuerns.

Generell zeichnen sich Reparaturarbeiten durch eine ambige Zeitlichkeit aus. Sie sind einerseits konservativ und rückwärtsgewandt im Versuch, defekte Dinge in einen vorgängigen (funktionsfähigen) Zustand zurückzuversetzen, andererseits vorwärtsgewandt und progressiv in der Umarbeitung einer ererbten Situation bis hin zur Projektion für die Zukunft.[17] Für den Kontext der DDR wäre zu untersuchen, ob andere Zeit- und Projektionsverhältnisse zu veranschlagen sind. So scheinen zukunftsgerichtete Hoffnungen[18] oder ein bündnisbildender Aktivismus für eine bessere Zukunft[19] – wie sie in den programmatischen Texten der Repair-Bewegungen zu Beginn des 21. Jahrhunderts beschworen werden – als Motor für die alltäglichen Vorkehrungen der Erhaltung, Verschönerung und Verbesserung in der späten DDR eine untergeordnete Rolle gespielt zu haben. Die ständigen Reparaturarbeiten treten vielmehr als eine Bewegung im Stillstand auf, die sich zwar auf ein Vorher bezieht, aber nicht in eine veränderte oder veränderbare Zukunft weist. Stattdessen verharren die Akteur_innen mit der Reparatur im Jetzt, die sich mal als Zeitvertreib, mal als gemeinschaftsstiftend, mal als Herausforderung der eigenen Kennerschaft, als Weiterbildungsmoment oder einfach als zwingende pragmatische Problemlösung aufdrängt.[20] Die Hinwendung zum Reparieren kann der Technik- und Mediengeschichte ein Wissen über Technologien und ihre materiellen und sozialen Ordnungen beibringen. Das ‹Reparaturwissen DDR› fügt diesen Auseinandersetzungen eine eigene Dimension hinzu, die über die existierenden Manifeste, Studien und Abhandlungen zum Reparieren hinausgeht.

Dabei schlägt die Bezugnahme auf das Reparaturwissen der DDR weder einen Bogen in eine Vergangenheit, in die (oder: zu deren vermeintlich

13 Vgl. Reinhold Reith: Reparieren – ein Thema der Technikgeschichte?, in: ders., Dorothea Schmidt (Hg.): *Kleine Betriebe, angepasste Technologie? Hoffnungen, Erfahrungen und Ernüchterungen aus technikhistorischer Sicht*, Münster 2002, 139–161, hier 140.

14 Vgl. Steven J. Jackson: Rethinking Repair, in: Tarleton Gillespie, Pablo J. Boczkowksi, Kirsten A. Foot (Hg.): *Media Technologies. Essays on Communication, Materiality, and Society*, Cambridge (MA), London 2014, 221–239. Mittels eines «broken world thinking» (ebd., 221), das eher von den Unterbrechungen als von den Neuheiten und Wachstumserzählungen ausgeht, proklamiert Jackson die Hinwendung zur Reparatur in den Science and Technology Studies und in der Technikgeschichte.

15 Vgl. Philippe Sormani, Alain Bovet, Ignaz Strebel: Introduction. When Things Break Down, in: dies. (Hg.): *Repair Work Ethnographies. Revisiting Breakdown, Relocating Materiality*, London 2019, 1–29.

16 Vgl. Steven J. Jackson: Repair as Transition. Materiality, Time, Hope, in: Strebel u. a. (Hg.): *Repair Work Ethnographies*, 337–347, hier 338, und ders.: Rethinking Repair, 221.

17 Vgl. Jackson: Repair as Transition, 343.

18 Zur Kategorie der Hoffnung in der Betrachtung von Reparatur vgl. ebd., 344–346.

19 Vgl. Wolfgang Heckl, Silke Langenberg, Andres Lepik: Reparatur und Reparaturfähigkeit (Gespräch), in: Silke Langenberg (Hg.): *Reparatur. Anstiftung zum Denken und Machen*, Berlin 2018, 10–28; Andrea Baier u. a. (Hg.): *Die Welt reparieren. Open Source und Selbermachen als postkapitalistische Praxis*, Bielefeld 2013; Wolfgang Schmidbauer: *Die Kunst der Reparatur. Ein Essay*, München 2020.

20 Vgl. Kurt Möser: Autobasteln. Modifying, Maintaining and Repairing Private Cars in the GDR, 1970–1990, in: Lewis H. Siegelbaum (Hg.): *The Socialist Car. Automobility in the Eastern Bloc*, Ithaca (NY) 2013, 157–169, hier 161, 168.

unversehrten Zuständen) man zurückkehren möchte, noch in die Zukunft (wobei der Selbstbau von Flugobjekten und U-Booten[21] durchaus auf eine veränderte Zukunft weist und so etwas wie Hoffnung einspannt). In einer differenzierten Betrachtung des Reparierens in der DDR geht es weder um eine Romantisierung von Verfall noch darum, die politische Neuordnung 1989/90 als Reparatur eines Kaputten oder als Zerstörung eines vormals Besseren zu beschreiben. Vielmehr erlaubt der hier vorgeschlagene Zugang zum ‹Reparaturwissen DDR›, Überlieferungen zwischen einem ‹Vorher› und einem uneinheitlichen ‹Jetzt› in ihrer Vielschichtigkeit und Spezifität zu beschreiben. Denn Reparaturen hinterlassen wahrnehmbare Spuren. Das Arbeiten an den Dingen und die anhängliche tätige Verbundenheit mit ihnen tragen sich oft als wahrnehmbare materielle Markierungen ein. Die auffälligen Eigenarten von geflickten, geklebten, gelöteten, gestopften, verschraubten, genähten, stellenweise neu lackierten, verknoteten, geschweißten, verformten oder zusammengesteckten Objekten weisen auf vorhergehende Brüche, Bearbeitungen und Neuinterpretationen des Vorgefundenen hin. Materielle Ablagerungen eines handlungsbezogenen Wissens geben Auskunft über alltägliche Praktiken mit geringer Reichweite, Dauer und Sichtbarkeit, die eigensinnig die großen Erzählungen durchkreuzen. In einer solchen Betrachtung des Partikularen wird deutlich, dass sich die unterschiedlichen Bestimmungen des Reparierens, von der kraft-, zeit- und ressourcenraubenden Notwendigkeit bis zum kreativen und distinguierenden Selbstausdruck, keineswegs ausschließen: Auch eine Reparatur, die vorgenommen wird, weil etwas zur Sicherung der Existenz notwendig ist und nicht durch neu Produziertes ersetzt werden kann, steht einer individuellen Gestaltung (vielleicht gar der Virtuosität im Verbindungen-Schaffen) offen.[22]

Konzeptuell bedeutet die Auseinandersetzung mit Reparaturen, sich auf ein fallweise bestimmbares Wissen einzulassen, das z. B. in materiell-konkreten Assemblagen,[23] in anekdotischen Selbstberichten,[24] in dokumentarischen Aufnahmen von Arbeitsstätten und Privaträumen,[25] im modularen Design von Gebrauchsartikeln[26] oder in informellen Tipps kenntlich wird.[27] Solche oft lokal, provisorisch und zufällig überlieferten Hinweise auf ein spezifisches Handlungswissens lassen sich kulturwissenschaftlich und medienhistoriografisch bearbeiten, wie die Beiträge des Schwerpunkts zeigen.

So nimmt ULRICH RICHTMEYER Reparaturszenen in den Blick, die eher beiläufig als planvoll in einem DEFA-Dokumentarfilm vorkommen und Anhaltspunkte liefern, um die historische Spezifik des Reparierens in der DDR befragen zu können. Ob Bandbus oder Lockenwickler, Fahrrad oder Motorrad – Reparaturwissen ist auf spezifische Produktions- und Konsumptionsformen bezogen. Zugleich überschreitet es diese Bedingungen, indem es handgreiflich und konzeptuell technische Weltverhältnisse erkundet und neue Möglichkeiten des Handelns gewinnt: problemlösend und kontemplativ, materialbezogen und ästhetisch.

21 Vgl. Jens Casper, Luise Rellensmann: DDR-Garagen, in: dies. (Hg.): *Das Garagenmanifest*, Zürich 2021, 11–28, hier 27.

22 Vgl. die Beispiele in Möser: Autobasteln, 168, bei denen Wartburg, Trabant etc. zumindest äußerlich zu Sportflitzern aufgemotzt wurden.

23 Vgl. Strebel u. a. (Hg.): *Repair Work Ethnographies*.

24 Vgl. u. a. Wolfgang Heckl: *Die Kultur der Reparatur*, München 2013.

25 Vgl. Steven Bond, Caitlin DeSilvey, James R. Ryan: *Visible Mending. Everyday Repairs in the South West*, Axminster 2013.

26 Vgl. Jens Kassner: *Ostform. Der Gestalter Karl Clauss Dietel*, Leipzig 2009; Walter Scheiffele, Steffen Schuhmann: *Karl Clauss Dietel. Die offene Form*, Chemnitz 2021.

27 Vgl. Sigrid Kannengießer: Repair Cafés, in: Krebs u. a. (Hg.): *Kulturen des Reparierens*, 283–301, hier 291 f., 294 f.

Einen innigen Zusammenhang zwischen Arbeitsstätte und Reparaturkompetenz, betrieblichen Ritualen und rastlosen Fantasien ihrer Störung zeichnet JOHANNA KÄSMANN in ihrer Lektüre von Wolfgang Hilbigs Erzählung *Der Heizer* nach. In einem Betrieb in der Tagebau-Landschaft nahe der Stadt M. (Meuselwitz) schaufelt Hilbigs Protagonist mit «schon stark erschöpfte[m], brüchige[m] Körper» Kohle in Kesselanlagen und schreibt in heimlichen Pausen.[28] Hilbig hat viele Jahre als Werkzeugmacher, Montage-Arbeiter, Heizer und Lyriker in Meuselwitz gelebt. Käsmann legt an seiner Erzählung ein reparierendes Schreiben offen, das sich einem zugewiesenen «Sprechtext»[29] entzieht. In ruhelosen, bedrängenden Brechungen der Perspektive setzt *Der Heizer* die literarische Konstitution und Defiguration von Wirklichkeit als eine wahrhaft physische Schufterei an der Sprache in Szene.

ALEXANDER WAGNER untersucht die Zeitschrift *practic. Magazin für Selbstbautechnik* als Forum für informelle Tipps. Die Beteiligung der Leser_innen schlägt sich hier in einem Layout nieder, das die Authentizität des Amateurhaften ausstellt und affirmiert. In Wagners Aufsatz erhält das ‹Reparaturwissen DDR› eine Konturierung als Bildungsprojekt, das einen spezifischen Typus hervorgebracht hat: den Heikodysseus. Dieses Bildungssubjekt ist zu unterscheiden vom Odysseus als Archetyp der humanistisch-bürgerlichen Bildung. Denn nicht die Entsagung gegenüber einer Fülle bringt das selbstbestimmte Subjekt hervor, sondern eine Lebens- und Warenwelt, die vom Mangel gekennzeichnet ist. Die *practic* bietet Hinweise auf die Eigenschaften, das Habitat und die Ästhetik des Heikodysseus, ebenso wie das veränderte Erscheinungsbild der Hefte nach 1989 Rückschlüsse auf den Ausgang dieses Bildungsprojekts zulässt.

Wie der Bedarf an automatisierter Datenverarbeitung in Industrie und Produktion der DDR zu spezifischen, kooperativen und findigen Formen der Softwareentwicklung führte, zeigt der Text von FRANCIS HUNGER. Für die Entwicklung der relationalen Datenbank DABA-1600 gingen in den frühen 1980er Jahren Wissenschaft (Informatiker_innen der TU Dresden) und Volkseigener Betrieb (VEB Robotron Projekt Dresden) eine Zusammenarbeit ein. Sie fällt in die Zeit des Übergangs vom zentralen Großrechner zum Kleincomputer mit direktem Nutzer_innen-Zugriff. Der medienhistoriografische Blick auf die enge Verflechtung von akademischer Forschung und industrieller Anwendung, von DDR-eigenen Entwicklungen und Nacherfindungen internationaler programmiertechnischer Neuerungen legt die Unterschiede, aber auch überraschende Korrespondenzen zwischen planwirtschaftlichen und marktwirtschaftlichen Settings der Innovation offen.

Im Beitrag von FRANZISKA KLEMSTEIN schließlich werden die Anwendungen relationaler Datenbanken in den Universitäts-Rechenzentren der DDR vorgestellt. Am Beispiel der Hochschule für Architektur und Bauwesen Weimar wird eine Wissensgeschichte elektronischer Datenverarbeitung an ostdeutschen Universitäten beschreibbar, deren konkrete Praktiken und lokale Eigenheiten in

28 Wolfgang Hilbig: Der Heizer, in: ders.: *Das Meer in Sachsen. Prosa und Gedichte*, Frankfurt / M., Wien 1991, 11–51, hier 37.
29 Ebd., 41.

eine besondere Ökonomie der Nachnutzbarkeit mündeten, die ein rechentechnisches Reparaturwissen förderte. Grundlage des Beitrags sind Überlieferungen der Infrastrukturen und Organisationsformen von Wissen im Universitätsarchiv. Eine eigensinnige Verknüpfung von Forschung und relationaler Datenbank ‹vor› dem Konzept der ‹Forschungsdatenbank› kündigt sich in dieser Auseinandersetzung mit dem Material an.

Die Beiträge zum Schwerpunkt verdeutlichen, dass das Reparaturwissen *in* der DDR zugleich auch spezifisches Wissen *von* der DDR ist, das immer noch lesbar ist, wenn man die Aufmerksamkeit auf die praktischen Anpassungen an unterschiedliche Voraussetzungen für den Umgang mit Dingen und Strukturen richtet. Diese Umgangsweisen sind vielfältig und nur verstreut überliefert. Die anachronistischen Artefakte und eigensinnigen materiellen Zusammenfügungen der Reparaturarbeit fordern Ordnungen der Archivierung, Aufbewahrung und Dokumentation heraus.

Auf Montage

Nehmen wir noch mal den Zug. Von Meuselwitz aus dauert die Fahrt drei Stunden. Auch dieser Zug ist das Verkehrsmittel einer dokumentarischen Bildersuche – ein *Phantom Ride* zwischen Herkunft und Gegenwart. In Thomas Heises Dokumentarfilm *Heimat ist ein Raum aus Zeit* birgt das Arbeiten in und mit Archiven etwas Vergangenes in einer die Gegenwart einholenden Bewegung.[30] Das Erschließen und Zusammenführen überlieferter Dokumente kommt der kombinatorischen Arbeit des Reparierens nahe. Die Auswahl und Verknüpfung von Archivmaterial durch die Montage geben den Berichten aus der Vergangenheit einen Ort und eine Dauer in der dicht gefügten, filmischen Zeit. Der Film bahnt in seinem linearen Zeitlauf Seh- und Hör- und Lesebewegungen durch Familienfotografien, Dokumente, Akten, Überwachungsprotokolle, Aufsätze, Weisungen, Gesuche, Entwürfe von Lebensläufen, Tagebucheinträge und persönliche Briefe.

> 11. März. Heute am Sonntag haben wir einen freien Nachmittag. Ich werde schlafen und lesen, die Handschuhe nähen und die Stiefel putzen. Hoffentlich kommen keine Appelle. […] Da gerade Sperrstunde ist, können wir nicht einmal den OKW-Bericht hören. Ich warte. Wir sehen ja das Fließen der Geschichte nicht.[31]

Derjenige, der hier vom Reparieren der Handschuhe, vom vorsorgenden Instandhalten der Stiefel und vom Warten auf Neuigkeiten in unübersichtlicher Zeit schreibt, ist Wolfgang Heise, der Vater von Thomas Heise. Der Brief des 19-Jährigen an seine Eltern stammt aus dem Jahr 1945. Wolfgang Heise ist zu diesem Zeitpunkt mit seinem Bruder als Zwangsarbeiter in einem Lager auf dem Militärflugplatz Zerbst interniert. Seine Briefe an die Eltern werden Jahrzehnte später seinem Sohn, Thomas Heise, zu Nachrichten, die posthum eine Verbindung zum Leben des Vaters herstellen.

30 *Heimat ist ein Raum aus Zeit*, DE/AT 2019, Buch und Regie: Thomas Heise, Produktion: Heino Deckert, Kamera: Stefan Neuberger, Peter Badel, Börres Weiffenbach, Ton: Johannes Schmelzer-Ziringer, Schnitt: Chris Wright. Der Film ist online zugänglich: *www.bpb.de/mediathek/video/319173/heimat-ist-ein-raum-aus-zeit/* (28.4.2022).

31 Ebd., 1:07:39–1:08:20; OKW = Oberkommando der Wehrmacht.

Heimat ist ein Raum aus Zeit beginnt mit einem Schulaufsatz des Großvaters Wilhelm von 1912 und erzählt die österreichisch-bürgerlich-jüdisch-deutsch-kommunistische Ostberliner Familiengeschichte der Heises bis ins Jahr 2014, dem Jahr, in dem Rosemarie, die Mutter des Filmemachers, stirbt. Der Dokumentarfilm montiert einen in seinen geografischen Bezugspunkten beweglichen und in seinen Grenzen durchlässigen ‹Raum aus Zeit›. Das Material sind Tonaufzeichnungen von Thomas Heise, der die persönlichen Schreiben und bürokratischen Bescheide aus dem Familiennachlass vorliest, dazu gegenwärtige Aufnahmen von den Orten des vergangenen Geschehens und von Zügen, die unbeeindruckt ihren Weg nehmen. Zu den sorgfältigen Beschreibungen der eigenen Zeit treten Kamerafahrten und Halbtotalen von gerichteten, doch nicht ankommenden Bewegungen. Mit den heutigen Zügen, die an verschiedenen Stationen koppeln, abkoppeln und zum Stehen kommen, erscheint ein Gegen-Entwurf zu einer bebilderten, chronologischen Geschichtsschreibung. Wir sehen Gleise ohne Züge, Waggons, die das ganze Bild verdecken, Züge aus der Ferne, Züge in die Ferne und Kameraeinstellungen mit dem Ohr auf den Gleisen, die Rollen beobachtend, Züge, die durch die Nacht fahren, Straßenbahnen mit verregneten Fenstern im Alsergrund und das betriebsame Warten am Ostkreuz.

Die Züge sind Transferräume in der vorwärtsdrängenden Zeit. Auf den Schienen scheint alles einen immer schon geplanten Weg zu nehmen. Doch der Film konstruiert durch seine Bild-Ton-Montagen mehrgleisige Zeitverläufe der Erinnerung und Erwartung aus den jeweiligen Gegenwarten heraus. In Zerbst, wo Wolfgang Heise als Zwangsarbeiter interniert war, steht heute ein verfallenes Gebäude, zugewachsen von Pflanzen und umgeben von neu gebauten Windrädern. Die Reise des Filmemachers an den Ort und die gegenwärtigen schwarz-weißen Aufnahmen des Geländes erinnern nicht nur an das Geschehene. Im Intervall zwischen dem Schreiben und Lesen des Briefs, zwischen dem Erlebten und dem aktuellen Bild wird auch die Nachgeschichte und das Vergessen miterzählt. Die Stimme von Thomas Heise auf der Tonspur macht uns im Wiederlesen der Briefe zu Empfänger_innen von durch die Zeit gesandten Nachrichten. Die Berichte erreichen uns als Zuschauer_innen auch dort, wo die Bilder des Films am Nichtsichtbaren oder Vergessen-Gemachten eine Grenze finden, wo die Spuren historischer Ereignisse längst getilgt sind, wo Einstellungen nicht das erzählen könnten, was die eigene Vorstellungskraft dem Wortlaut der persönlichen Zeugnisse hinzufügen kann.

Reparaturwissen – das Wissen um Nicht-Ersetzbares und die Vertrautheit mit Brüchen, Schnitten und Nähten – zeigt sich in der audiovisuellen Montage des verstreuten, überlieferten Materials. Dieser explorierende, auseinandernehmende und neu zusammenfügende Zugriff verschiebt die Fragen und Ausgangspunkte in der historiografischen Arbeit. Die bewahrende und zukunftsoffene Bearbeitung des Familienarchivs findet im Wissen um die Un/Lesbarkeit, die materiellen Abbauprozesse, die kontingente Überlieferung und die Unvollständigkeit von Dokumenten ein Verhältnis zur Vergangenheit,

Abb. 1–2 *Heimat ist ein Raum aus Zeit*, Buch und Regie: Thomas Heise, DE/AT 2019, Screenshots

das uns als Zuschauer_innen die Gegenwart als fremd und in ihrer Gemachtheit noch unverstanden wahrnehmen lässt. Thomas Heise ‹auf Montage› zuzusehen bedeutet, die audiovisuelle Form des Films als Insistieren auf den Diffraktionen zwischen Bild und Ton, Schauplatz und Stimme, Anwesenheit und Geschichte wahrzunehmen.

Die persönlichen Aufzeichnungen und amtlichen Schriftstücke aus dem Besitz der Eltern, der Romanistin Rosemarie Heise und des Philosophen Wolfgang Heise, differenzieren das Bild vom Leben in der DDR. Die in den Texten verdichteten Ideen, die zeitgenössischen Erfahrungsberichte, die nachträglich notierten Kindheitserinnerungen, die Freundschaften mit literarischen und philosophischen Texten und die intensive Fernbeziehung zwischen Rosemarie und Udo in Mainz weisen immer wieder über die räumlichen und zeitlichen Grenzen der DDR hinaus. Der Film versammelt abgebrochene Schreibversuche, Ausschnitte von Briefen, unfertig Erzähltes, keine ganzen Geschichten. Die Montage hält die schreibend behüteten Innenansichten aus dem Leben der Eltern in einer gewissen Distanz zu den kontemplativen Blicken auf den Außenraum. Was wird aus den Orten, wenn die Ereignisse vorüber sind, wenn niemand mehr verändernd eingreift und trotzdem noch etwas passiert? Die Gleise am Leipziger Bahnhof oder der leere Hörsaal an der Humboldt-Universität (Abb. 1, 2) – sind diese präzise kadrierten Aufnahmen eines Stillstands ein Supplement oder ein Off in Relation zu

anderen Repräsentationen der Geschichte? Und sind die Bilder der überlaufenen Bahnsteige am Ostkreuz und die Aufmerksamkeit der Kamera auf beliebige Personen (Abb. 3, 4) Ansätze einer Materialorganisation, die Heises Film gegenüber örtlichen Festschreibungen auf Ost oder West löst? *Heimat ist ein Raum aus Zeit* erzählt eine gesamtdeutsche Geschichte aus einer ostdeutschen Perspektive und setzt einer strukturellen Unaufmerksamkeit gegenüber der ‹vergangenen Gegenwart› der DDR ein Verfahren vorwärtslaufender und verzögernder Mikrogeschichten entgegen.[32]

Wissenschaft Ost

Im letzten Kapitel von *Heimat ist ein Raum aus Zeit* sind in Detailaufnahmen einige Kontaktabzüge zu sehen, die ein Gespräch zwischen Wolfgang Heise und Heiner Müller belegen. In einem Text zur Geschichte der Kulturwissenschaft an der Humboldt-Universität zu Berlin beziehen sich Holger Brohm und Sebastian Gießmann auf dieses Zusammentreffen:

> Es gibt ein spätes, faszinierendes geschichtsphilosophisches Gespräch zwischen Heiner Müller und dem Philosophen Wolfgang Heise. Datiert auf den 16. November 1986, mag es innerhalb der Konjunkturen des Vergessens für die Vielfalt und Widersprüchlichkeit der kaum noch erinnerten Wissenskultur der DDR in den 1980er Jahren einstehen.[33]

32 Vgl. Reinhart Koselleck: Stetigkeit und Wandel aller Zeitgeschichten. Begriffsgeschichtliche Anmerkungen, in: ders. (Hg.): *Zeitschichten. Studien zur Historik*, Frankfurt/M. 2003, 246–264, hier 248 f.

33 Holger Brohm, Sebastian Gießmann: Ästhetik und Kulturwissenschaft. Eine ‹intellectual history› der DDR, in: Andrea Allerkamp, Gérard Raulet (Hg.): *Kulturwissenschaften in Europa, eine grenzüberschreitende Disziplin?*, Münster 2010, 137–158, hier 137.

Abb. 3–4 *Heimat ist ein Raum aus Zeit*, Buch und Regie: Thomas Heise, DE/AT 2019, Screenshots

Aber von welchen ‹Konjunkturen des Vergessens› ist hier die Rede? Und warum wird die Wissenskultur der DDR kaum erinnert? Es ist nicht nur Wolfgang Heise, der nach dem Fall der Mauer «in der aktuellen Inszenierung des Vergessens verschwindet».[34]

Das Gespräch zwischen Heise und Müller erscheint als Tondokument in *Heimat ist ein Raum aus Zeit*. In diesem Austausch über Texte von Bertolt Brecht wird ein Verfahren der Heise-Filme deutlich, das einem Reparieren mit verfügbaren oder eigens produzierten Versatzstücken gleichkommt – nämlich Zeiten, Wörter und Bilder zu mischen, so dass sie keiner rein chronologischen Erzählform nachgehen, sondern eine ständige Gegenwart der Geschichte herstellen bzw. die Gegenwart als ständigen Kommentar der Geschichte erscheinen lassen.

1986 in Ostberlin geht es Wolfgang Heise und Heiner Müller im Gespräch um Brechts Literatur und Zeitgenossenschaft. Müller versteht die Figur des Galilei als Brechts Sprachrohr, wenn sie sagt, der Mensch sei «nicht brüchig genug».[35] Und Müller fügt hinzu, dass sich schlimme Zustände konservieren, weil der Mensch zu viel aushalte. Drei Jahre später geht es in Ostberlin um Aufbrüche, um Zusammenbrechendes und um oft übersehene Formen des Beharrens. Die ‹Wende›, die Währungsreform und die Wiedervereinigung wurden als mobilisierende und erduldete, angleichende und deklassierende, Brüche moderierende und verstärkende Ereignisse beschrieben. Steffen Mau

34 Heiner Müller zit. n. ebd., 138. Wolfgang Heise verstarb 1987. Seit 1995 sind der wissenschaftliche Nachlass und seine Bibliothek im Wolfgang-Heise-Archiv an der Humboldt-Universität zu Berlin zugänglich: www.sammlungen.hu-berlin.de/sammlungen/wolfgang-heise-archiv/ (18.5.2022).

35 Ebd., 2:58:20–2:58:56.

36 Steffen Mau: Lütten Klein. *Leben in der ostdeutschen Transformationsgesellschaft*, Frankfurt / M. 2019, 12.

hat in seinen Studien zur gesellschaftlichen Transformation in Ostdeutschland darauf hingewiesen, dass die Auffassung der ‹Wende› als «Moment der Diskontinuität» die Zusammenhänge verdecke, die «Menschen und ihre Biografien, Mentalitäten und soziale Praktiken» herstellen.[36] Die Geschichte der Vereinigung ist somit nicht als abgeschlossener oder einfach abzuschließender Übergang zwischen getrennten Zuständen zu verstehen, sondern als «andauernde Restrukturierung und Veränderung».[37] Maus Interesse gilt den Einbruchstellen und den Verwerfungen in Sozialstrukturen und in Erlebnisweisen eines gesellschaftlichen Zusammenhangs in Ostdeutschland. Er analysiert das Leben in der DDR, nach der DDR, mit der DDR.

Die DDR hat Bedeutung als ein Erfahrungsgehalt, der über Generationen hinweg das Selbst- und Politikverständnis von Personen entscheidend prägt.[38] Und gerade das ‹Reparaturwissen DDR› bahnt einen Weg in diese Gegenwärtigkeit. Denn Reparaturerfahrungen sind als eine (auch die Erinnerungen an) die DDR und die ‹Wendezeit› prägende Anpassungsarbeit zwischen Personen, Dingen, sozialen und ökonomischen Handlungsräumen ebenso explorierbar wie die praktisch-technischen posthumanen Gefüge der aktuellen Repair-Studies-Konjunktur. Eine solche Untersuchung kehrt nicht nur unsichtbare Arbeiten in Technikabläufen, Infrastrukturen und medialen Konstellationen hervor, sondern erfasst die verunsichtbarte – oder mit Mau: verdeckte – diskontinuierliche Geschichte der DDR und ihrer ostdeutschen Nachfolge.

37 Ebd.

38 Von dieser Gegenwart künden unterschiedliche habituelle Repertoires und emotionale Stile, aber auch Differenzen im Vermögen, in den Bildungschancen oder im ökonomischen Handeln. Politische Gefühle wie ‹Ostscham›, ‹Oststolz› oder ‹(post)ostdeutsches Empowerment› sind verknüpft mit spezifischen Haltungen zur Presse, zur Rolle von Repräsentationen in der Politik und zur Demokratie. Nach einer vom SWR 2022 in Auftrag gegebenen Umfrage des Instituts für Demoskopie Allensbach denken 31 Prozent der in Westdeutschland Lebenden, dass sie in einer ‹Scheindemokratie› leben. In den Bundesländern im Osten sind es 45 Prozent der Bevölkerung, vgl. o. A.: Allensbach-Institut: 31 Prozent der Deutschen stellt politisches System in Frage, www.swr.de/swraktuell/baden-wuerttemberg/friedrichshafen/allensbach-umfrage-zu-demokratie-in-deutschland-100.html (27.4.2022).

Medienwissenschaftliche Auseinandersetzungen mit dem ‹Reparaturwissen DDR› könnten Jacksons Diktum von den verschiedenen Weisen, in denen wir in der und mit der materiellen Welt sind,[39] bestätigen, indem sie zur weiteren Analyse einer «frakturierten»,[40] mit Diskontinuitäten vertrauten Gesellschaft beitragen. Denn die anhaltende gesellschaftliche ‹Restrukturierung› lässt sich wie das Reparieren als Wandlungsprozess verstehen, der Diskontinuität und Dauer neu konfiguriert, ohne diese Spannung aufzulösen. In den 30 Jahren seit der ‹Wende› zeigen sich (neoliberale) Verwerfungen der persönlichen Zukunft, Prekarisierung, Irritationen von Lebensmodellen, gebremste Wohlstandsgewinne und neue polarisierende soziale Bewegungen klarerweise nicht nur im Osten, sondern auch im ‹ehemaligen Westen›.[41]

Nach der ‹Wende› ereignete sich an Universitäten und Hochschulen im Osten der stärkste institutionelle Bruch in den Sozial- und Geisteswissenschaften.[42] Der Hochschulforscher Peer Pasternack beschreibt die

> Schwierigkeiten, die der Transformationsmodus den jüngeren und mittleren ostdeutschen Wissenschaftlergenerationen bei der Integration in den neu organisierten akademischen Betrieb bescherte. Deren Angehörige hatten noch in der DDR ihre ersten Schritte in der Wissenschaft absolviert und dann mit dem Umbruch ihre akademischen Lehrer und Netzwerke verloren. Aus beiden Generationen gelang es nur wenigen, sich gegen das in den ersten Jahren wirksame Stigma, in der DDR wissenschaftlich sozialisiert worden zu sein, in die neuen Strukturen zu integrieren. Es mangelte den jüngeren Wissenschaftlern sowohl an der Einbindung in die nun relevanten Netzwerke als auch an habitueller Passfähigkeit. Sie stießen daher an eine gläserne Decke.[43]

Pasternack stellt klar, dass der weitgehende Ausschluss der in der DDR sozialisierten jüngeren Wissenschaftler_innen ohne größere Probleme möglich war, weil für Stellenbesetzungen an den ostdeutschen Hochschulen ausreichend qualifiziertes Personal aus Westdeutschland zur Verfügung stand. Die wissenschaftliche und soziokulturelle Entwertung der ostdeutschen Akademiker_innen und der Elitentransfer von West nach Ost blieben nicht auf einen kurzen Zeitraum des Übergangs beschränkt.[44] Es gab keine die Benachteiligungen bei den Stellenbesetzungen im Osten ausgleichenden Karrieremöglichkeiten für ostdeutsche Wissenschaftler_innen an westdeutschen Hochschulen. Die «zahlenmäßige westdeutsche Dominanz im akademischen Personal in Ostdeutschland [wäre] nur dann völlig unproblematisch gewesen», erklärt Pasternack, «wenn sich alsbald auch eine dem ostdeutschen Bevölkerungsanteil entsprechende Veröstlichung des wissenschaftlichen Personals an den westdeutschen Hochschulen ergeben hätte. Dies war nicht der Fall.»[45]

Dies ist immer noch nicht der Fall. In der überwiegend westdeutsch sozialisierten Gesellschaft für Medienwissenschaft über die DDR zu sprechen, birgt das Risiko von Zuschreibungen des Putzigen, der Nostalgie oder des Ressentiments. Aufgrund unserer Theorieinteressen, unserer Biografien und unserer durch die ‹Wende› verkomplizierten, doch auch ermöglichten

39 Vgl. Jackson: Repair as Transition, 339.

40 Mau: *Lütten Klein*, 14. Zur Erläuterung der Metapher vgl. ebd., 13 f.

41 Vgl. das Forschungs- und Ausstellungsprojekt *Former West*, das eine symmetrische und relationale Untersuchung der politischen, gesellschaftlichen und ästhetischen Neuordnungen nach 1989 in Ost und West unternommen hat: *formerwest.org/Front* (15.4.2022).

42 Vgl. für die Verhältnisse in der Medienwissenschaft zum Standort Weimar in den späten 1990er und frühen 2000er Jahren Rembert Hüser: Luft nach oben, in: ders.: *Geht doch*, hg. v. Hanna Engelmeier, Ekkehard Knörer, Berlin 2021, 175–208. Vgl. auch das Gespräch mit Dorothea Dornhof, Peer Pasternack und Gerd Zimmermann in der Rubrik ‹Debatte› in diesem Heft, 132–152.

43 Peer Pasternack: Erneuerung durch Anschluss? Der ostdeutsche Fall ab 1990, in: Michael Grüttner u. a. (Hg.): *Gebrochene Wissenschaftskulturen. Universität und Politik im 20. Jahrhundert*, Göttingen 2010, 309–326, hier 319.

44 Zum Elitentransfer von West nach Ost vgl. auch Mau: *Lütten Klein*, 15, 178.

45 Pasternack: Erneuerung durch Anschluss?, 320. Vgl. auch Lisa Kuner: Wie ostdeutsch sind ostdeutsche Unis?, in: *Frankfurter Allgemeine Zeitung*, 18.2.2022, *www.faz.net/-iyy-aluhx* (28.4.2022).

Bildungsgeschichten sind uns solche Haltungen zur DDR fremd. Um den Trabant, Halloren-Kugeln oder das Erleben von Zurücksetzung soll es nicht gehen. Wir fragen uns und wir fragen jetzt Sie: Warum sind die Medien (-geschichten), Wissenskulturen und Archive der DDR in der Forschung und Lehre kein Thema?

Wir möchten der Redaktion der ZfM für die umsichtige organisatorische Unterstützung und den engagierten Austausch über das Schwerpunkt-Thema sehr herzlich danken. Ein großer Dank gilt auch allen Gutachtenden des Peer-Review-Verfahrens für die im Verborgenen geleistete, intensive Auseinandersetzung mit den Texten. Wir danken allen Gutachter_innen für die großzügig geteilten Überlegungen und die erfindungsreichen Reparatur-Empfehlungen!

ULRIKE HANSTEIN, MANUELA KLAUT, JANA MANGOLD

ULRICH RICHTMEYER

ZEN UND DIE KUNST JEDEN MANGEL ZU REPARIEREN

I. Aluminium

Irgendwann am Ende der 1980er Jahre habe ich mir für die Reparatur meines Fahrrads eine Unterlegscheibe durch das Durchbohren eines ‹Aluchips› hergestellt, wie die als relativ wertlos angesehenen DDR-Münzen manchmal genannt wurden. Dass der Metallbohrer hierzu das aufgeprägte Herrschaftssymbol aus Hammer und Zirkel durchfraß, hatte für mich, soweit ich mich erinnern kann, keine gesellschaftskritische Bedeutung. Wahrscheinlich fand ich es aber trotzdem ganz cool, das Geldstück, das Teil und Ausdruck einer statischen Erwachsenenwelt wie einer beklemmenden Gesellschaftsordnung war, durch meine spontane Handlung zu dem zu machen, was es genau in diesem Moment für mich bedeutete: eine verfügbare Metallscheibe in einer mechanischen Reparatur.

Dass dieses Tun auch eine zeitlose, philosophische Qualität haben könnte, war mir damals ebenso wenig bekannt wie Robert M. Pirsigs Buch *Zen und die Kunst ein Motorrad zu warten* (1974). Darin empfiehlt der US-amerikanische Autor einem Freund, für die Reparatur seines Motorrads eine «alte Bierdose» zu verwenden, die sei «das beste Unterlegmaterial, das du dir denken kannst».[1]

1 Robert M. Pirsig: *Zen und die Kunst ein Motorrad zu warten* (im Orig.: *Zen and the Art of Motorcycle Maintenance*), Frankfurt / M. 2021 [1974], 96.

Die vorgeschlagene Improvisation ist wesentlich durch die Materialeigenschaften des Metalls motiviert: «Ich muß noch dazu sagen, daß Bierdosen-Aluminium weich und schmiegsam ist, wie Metall es nur sein kann. Für den Zweck ideal.»[2] Der Reparaturvorschlag wird aber trotzdem abgelehnt, weil sowohl die frühere Funktion als auch die mittlerweile eingetretene Nutzlosigkeit der Blechdose als symbolische oder ideelle Entwertungen des Motorrads missverstanden werden können und somit für den Freund inakzeptabel sind: «Ich hatte ihm zugemutet, seine neue Achtzehnhundert-Dollar-BMW, den Stolz eines halben Jahrhunderts deutscher Mechanikerkunst, mit einem Stück Blech von einer alten *Bierdose* zu reparieren! Du meine Güte!»[3]

Für die Ablehnung der vorgeschlagenen Reparatur ist der gesellschaftliche Status des Materials also wichtiger als dessen technische Funktion. Dass er das für einen Fehler hält, unterstreicht Pirsig mit der erzählerischen Erfindung einer nobleren Herkunft der Blechdose:

> Ich hätte unbemerkt an die Werkbank gehen, ein Unterlegstück aus der Bierdose schneiden, den Aufdruck entfernen und dann zurückkommen und ihm sagen sollen, wir hätten Glück, das sei das letzte Stück, das ich noch hätte, eigens aus Deutschland importiert. Das hätte gewirkt. Ein Spezial-Unterlegstück aus dem Privatbesitz von Baron Alfried Krupp, der es weit unter Selbstkostenpreis habe verkaufen müssen. Dann hätte er sich darum gerissen.[4]

Mit dieser erfundenen Herkunft betreibt Pirsig nicht nur eine ironische Aufwertung des umstrittenen Materials. Er relativiert auch den kultur- und zeitgeschichtlichen Einfluss, der das Reparieren ermöglicht oder verhindert und der die soziale Bewertung dieses Tuns betrifft. Er wehrt sich dagegen, dass allgemeine Wertzuschreibungen seiner Zeitgenoss_innen auf die besondere Situation der Reparatur übertragen werden. Denn er will umgekehrt von einer philosophischen Qualität des Reparierens ausgehen, die darin besteht, dass dieses Tun Neubewertungen ermöglicht: «Bei der Motorradwartung *muß* man neu entdecken, was man tut. Starre Wertvorstellungen machen das unmöglich.»[5]

Der Vergleich beider Anekdoten führt zu der Frage, wie wichtig der historische Kontext überhaupt ist, um verstehen zu können, was das Reparieren an einzelnen Orten und zu besonderen Zeiten bedeutet. Spezifisch im Sinne einer historischen Relativität des Reparierens ist im Falle der ersten Anekdote eine kulturelle Epoche, in der der Materialwert einer Landeswährung für bedeutender befunden werden kann als ihr Geldwert. Und die zweite Anekdote verweist auf eine kulturelle Epoche, in der industriell hergestellte metallische Hohlkörper als Einwegverpackungen für Getränke dienen und deshalb wenig gelten. In der DDR wiederum hätte man Bierdosen nicht zerschnitten, weil sie seltener waren als die Aluminiummünzen und manchmal sogar wie Trophäen gesammelt wurden. An solchen Beschreibungen lassen sich also historische Unterschiede ablesen. Aber reichen sie auch aus, um sagen zu können, in welcher Weise das Reparieren eine US-amerikanische oder eine ostdeutsche

2 Ebd., 97.
3 Ebd., Herv. i. Orig.
4 Ebd., 98.
5 Ebd., 553, Herv. i. Orig.

Spezifik hatte und ob in den 1970er Jahren anders repariert wurde als in den 1980er Jahren? Übersieht der Blick auf die historischen Bedingungen nicht den eigentlichen Sinn des beschriebenen Tuns? Seine Anlässe, seine Motive und Konsequenzen? Und wenn ein Stück Aluminium zweckentfremdet wird, um in einer mechanischen Montage als Unterlegscheibe zu dienen, dann spielt es für diese Improvisation eigentlich keine Rolle, ob dafür das Metall einer Münze oder einer Bierdose verwendet wird. Sind die Gemeinsamkeiten zwischen den Fallbeispielen des Reparierens also vielleicht sogar stärker als die Unterschiede?

II. Neolithikum

Jenseits historischer Bedingungen und sozialer Bewertungen scheint das Reparieren eine Spielart jener zeitlosen Universalkompetenz des Bastelns zu sein, die Claude Lévi-Strauss 1962, also zwölf Jahre bevor Pirsigs Buch erschien, in seiner «Wissenschaft vom Konkreten» als eine seit dem Neolithikum bestehende menschliche Wissenspraxis beschrieben hatte.[6] Es handelt sich um eine komplementäre Art «wissenschaftlicher Erkenntnis»,[7] die einer «Logik der Sinneswahrnehmung» folgt und dabei eine «Ausbeutung der sinnlich wahrnehmbaren Welt in Begriffen des sinnlich Wahrnehmbaren» betreibt.[8] Interpretieren wir den Begriff des Reparaturwissens aus der Perspektive der *Bricolage*, so handelt es sich nicht um ein historisch informiertes Wissen über das Reparieren, sondern um ein diese Praktiken ermöglichendes und in ihnen zugleich hervorgebrachtes Wissen. Gleichwohl lässt es sich historisch situieren.

In Reclams voluminösem Band *Praktisches Wissen* von 1927 geht es z.B. um den Selbstbau von Rundfunktechnik, modischen Hüten oder Hühnerställen.[9] Ein Reparaturwissen, das aus solchen händischen Praktiken stammt, muss es aber schon gegeben haben, seitdem Menschen Artefakte herstellen und nutzen. Und nichts spricht gegen die Annahme, dass bereits im Neolithikum durch Abnutzung in ihrer Funktion beeinträchtigte Artefakte (Kleidung, landwirtschaftliche Werkzeuge, Teile der Behausungen usw.) instandgesetzt wurden, wenn das Material es hergab. Laut Lévi-Strauss führen die französischen Bastler_innen der 1960er Jahre diese neolithische Wissenschaft vom Konkreten weiter, die ihre Geltung damit nie verloren hat:

> Im Übrigen hält sich bei uns eine Form der Tätigkeit, die es uns auf technischem Gebiet sehr wohl ermöglicht, das zu begreifen, was auf dem Gebiet der Spekulation einmal eine Wissenschaft sein konnte, die wir lieber eine ‹erste› als eine primitive nennen wollen: die Tätigkeit nämlich, die allgemein mit dem Ausdruck bricolage (Bastelei) bezeichnet wird. […] Heutzutage ist der Bastler jener Mensch, der mit seinen Händen werkelt und dabei Mittel verwendet, die im Vergleich zu denen des Fachmanns abwegig sind.[10]

Gegen Lévi-Strauss muss man jedoch einwenden, dass gerade die Abwegigkeit der Mittel das ist, was das Reparaturwissen historisch relativ macht und

6 Claude Lévi-Strauss: Die Wissenschaft vom Konkreten, in: ders.: *Das wilde Denken* (im Orig.: *La pensée sauvage*), Frankfurt/M. 2013 [1962], 11–48.
7 Ebd., 30.
8 Ebd., 29.
9 *Reclam Praktisches Wissen*, Leipzig 1927. Darin: «Praktische Ratschläge zum Bau von Detektorapparaten, Röhrengeräten, Sperrkreisen und Sendern» (307), «Ich kann meinen Hut selbst herstellen» (516), «Wie baue ich einen Hühnerstall?» (764).
10 Lévi-Strauss: Wissenschaft vom Konkreten, 29.

das Basteln des Neolithikums grundsätzlich von dem des fortgeschrittenen Industriezeitalters trennt. Denn die Abwegigkeit verdankt sich keineswegs einem Spleen der Bastelnden, sondern der Differenz der aufeinandertreffenden Produktionsweisen. Bastler_innen bleiben Handwerker_innen, auch wenn ihre universalen Fähigkeiten, improvisierten Methoden und vielschichtigen Motive eigentlich jede berufsspezifische Handwerksordnung zu sprengen drohen. So wie Pirsig, wenn er die Zündkerzen seines Motorrads wartet: «Ich hole ein Taschenmesser hervor, hebe ein Stöckchen auf, das im Rinnstein liegt und spitze es am einen Ende zu, um die Kerzen zu säubern, wobei ich überlege, was der Grund für das zu fette Gemisch sein könnte.»[11]

Die Objekte des Bastelns wie des Reparierens sind in der Moderne meistens Industrieprodukte, die halb- oder vollautomatisiert entstehen und in der Reparatur erstmalig einem universell tätigen menschlichen Wesen begegnen. Anders gesagt, es gibt kein industrialisiertes Reparieren, auch wenn das Reparieren im 20. Jahrhundert zunehmend mit Industrieprodukten konfrontiert ist. Genau damit weicht das moderne Basteln aber in einem wesentlichen Punkt von seinen historischen Vorgängern ab. Denn diente die sinnlich agierende Wissenschaft vom Konkreten in der neolithischen Vorgeschichte dem Verständnis und der Beherrschung der Welt, insbesondere der natürlichen Lebensumgebung des Menschen, so wendet sie sich in den modernen Industriegesellschaften vor allem den vorgefundenen Artefakten der jüngeren Kulturgeschichte zu: «Man könnte versucht sein zu sagen, der Ingenieur befrage das Universum, während der Bastler sich an eine Sammlung von Überbleibseln menschlicher Produkte richte, d.h. an eine Untergruppe der Kultur.»[12] So sind «die Elemente, die der Bastler sammelt und verwendet, bereits von ‹vornherein eingeschränkt›», wie es heißt.[13] Das macht das Basteln aber auch zur Erfindungskunst, denn es formt aus «Überresten von Ereignissen» neue «Strukturen».[14]

Hinsichtlich dieser erfindenden Qualitäten könnte das Reparieren vom Basteln abweichen, weil Ersteres ja bemüht ist, die technischen Funktionen der Dinge weitgehend wiederherzustellen. Neu sind jedoch die im Reparieren verwendeten Materialien und beschrittenen Wege, aus denen sich laut Pirsig ein tieferes Verständnis der gesamten technischen Kultur gewinnen lassen soll, insofern sie zeigen, dass sich jedes technische Ziel materiell und methodisch auf ganz unterschiedliche Weise erreichen lässt.

Auch in der prinzipiellen Aufwertung der ‹Überreste von Ereignissen› und der ‹Überbleibsel menschlicher Produkte›, von denen Lévi-Strauss spricht, gleicht das Reparieren dem Basteln. Und beide führen in den modernen Industriegesellschaften ein anachronistisches Dasein in der Ungleichzeitigkeit. Denn als weiterhin handwerkliche, körpertechnische, erfahrungsbasierte und auf technisches Grundlagenwissen gestützte Kompetenzen werden sie in den Industriegesellschaften nicht mehr geduldet, «es sei denn als Hobby oder als Zeitvertreib».[15]

11 Pirsig: *Zen und die Kunst*, 167 f.
12 Lévi-Strauss: Wissenschaft vom Konkreten, 32.
13 Ebd.
14 Ebd., 35.
15 Ebd., 48.

Abb. 1–4 *flüstern & SCHREIEN. ein rockreport*, Regie: Dieter Schumann, DDR 1988 (Screenshots)

Mit Pirsig und Lévi-Strauss können wir das Reparieren also als eine etwas randständige Praktik in den westlichen Industriegesellschaften des 20. Jahrhunderts beschreiben. Aber was soll am Reparieren so spezifisch sein, dass es sich mit der Geschichte der DDR verbinden lässt? Gab es zu dieser Zeit etwa eine besondere Häufigkeit, Variabilität oder Exklusivität von Reparaturpraktiken? War es dort eventuell mehr als ein ‹Hobby oder Zeitvertreib›?

III. Flüstern, schreien und reparieren

Diese Fragen möchte ich nun exemplarisch dort betrachten, wo das Reparieren eher zufällig und ungeplant auffällig wird. So tritt es etwa in einem Dokumentarfilm auf, der in staatlichem Auftrag von der DEFA hergestellt wurde und als Studie zur musikalischen Jugendkultur der ausgehenden 1980er Jahre eigentlich ein ganz anderes Thema als das des Reparierens verfolgte. Der heute noch sehr sehenswerte Film trägt den Titel *flüstern & SCHREIEN. ein rockreport* und wurde nach seinem erfolgreichen Kinostart im Oktober 1988 sehr schnell zensiert.[16] Das Filmteam begleitete über einen längeren Zeitraum einige schon etablierte und andere sich noch findende Bands auf ihre Konzerte und interviewte dabei regelmäßig die Musiker_innen und ihr jugendliches Publikum. Ungeplant begegnete die Filmcrew dabei auch der jungen Punkcombo Feeling B, die vermutlich wegen ihrer ästhetischen Expressivität im späteren Film eine nicht unerhebliche Rolle zu spielen beginnt. Obwohl das zentrale Thema des Dokumentarfilms die Lebensentwürfe der Musiker_innen sowie der Musikgeschmack und das Lebensgefühl der DDR-Jugend sind, zeigt eine Szene den Reparaturstopp für den Bandbus von Feeling B an einer Art Dorfschmiede oder Schlosserei. Die Szene beginnt mit einer mehrdeutigen Betrachtung des Sängers der Band, Aljoscha Rompe, über ihre materielle Not: «Wir sind eigentlich ziemlich ruiniert. […] Ich glaube, es funktioniert immer, wenn es den Leuten dreckig

16 *flüstern & SCHREIEN. ein rockreport*, Regie: Dieter Schumann, Drehbuch: Dieter Schumann, Jochen Wisotzki, Kamera: Michael Lösche, Montage: Ingeborg Marszalek, Karin Schöning, DDR 1988. Online: www.bpb.de/mediathek/video/264590/fluestern-und-schreien (21.4.2022).

geht. […] Oder wenn es ihnen nicht so gut geht. Uns geht's ja nicht dreckig.»[17] Dann sehen wir ihn mit zwei namenlosen Handwerkern im Blaumann einige Rostschäden an der Karosserie des Busses betrachten, ohne dass wir erkennen können, was genau das Problem ist (Abb. 1).

Anschließend zieht die Band in die Schmiede um. Rompe bearbeitet unter Anleitung eines älteren Schlossers oder Schmieds ein reparaturbedürftiges Metallstück des Busses auf dem Amboss (Abb. 2), während sich die beiden anderen Musiker, die späteren Rammstein-Mitglieder Christian (Flake) Lorenz und Paul Landers, zwischen den altertümlichen Maschinen mit Mikrofon und Keyboard musizierend einrichten (Abb. 3 und 4).

Die Szene wirkt in ihrer filmischen Opulenz wie der Probedreh eines Musikvideos, und obwohl in ihr gemäß der alten Direktive des ‹Bitterfelder Wegs› die produzierende Arbeiterschaft der Kunst begegnet, hat sie bestimmt keine repräsentative Bedeutung für die offizielle DDR-Kultur der 1980er Jahre.

Mit der im Film dann unmittelbar folgenden Szene wird die Erzählung aber doch noch gesellschaftlich repräsentativ. Und zwar weniger für die musikalische Subkultur als für die Bedeutung des Reparierens, Bastelns und Selbermachens in dieser Zeit. Wir sehen Landers und Lorenz (Abb. 5): Auf dem Bettrand im Kinderzimmer der elterlichen Wohnung sitzend erläutert Lorenz, wie er seinen Lebensunterhalt als Musiker über eine kunsthandwerkliche Produktion von Schmuck und Kleidung zu bestreiten versucht, wobei er eingesteht, überhaupt kein guter Bastler zu sein (Abb. 6 und 7):

> Irgendwie hab ich dann versucht, so zu basteln, so das Klamottennähen und das liegt mir total fern und das Ohrringmachen, bin ich nicht geschickt genug. […] Und mit den Wicklern ist es auch nicht so gelaufen. […] Ich bau die im Prinzip auf Auftrag für einen Friseur, und die sind hier die schlimmsten, die gelben, und die sind für Stocklocken. […] Die gibt's im Westen, da kosten sie 'ne Mark West und ich mach's dann so für 'ne Mark Ost.[18]

17 Ebd., ab 1:24:48, eig. Transkription. Diese Haltung spitzt Paul Landers im Rückblick zu: «Im Osten war Geld völlig egal, da war Party, im Westen läuft ohne Geld keine Party.» Paul Landers, zit. n. Ronald Galenza, Heinz Havemeister: *Feeling B. Mix mir einen Drink, Punk im Osten*, Berlin 2002, 247.

18 Ebd., ab 1:27:16, eig. Transkription.

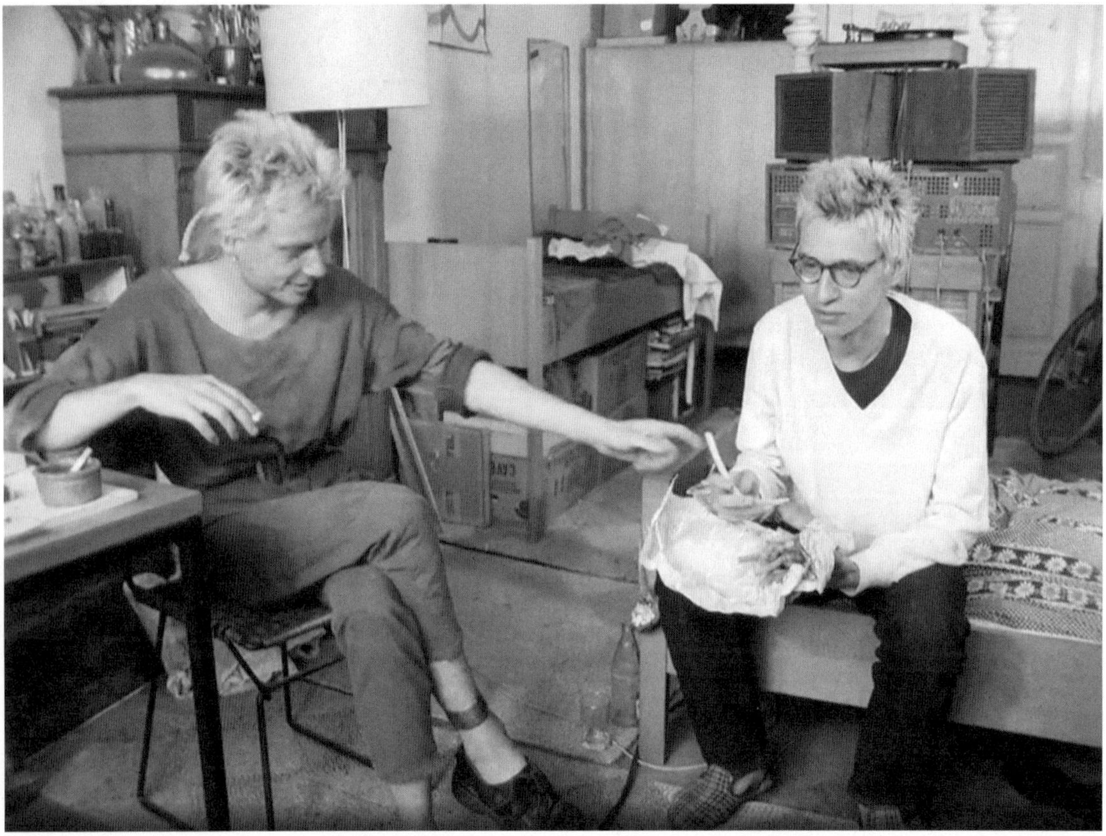

Abb. 5–7 *flüstern & SCHREIEN. ein rockreport*, Regie: Dieter Schumann, DDR 1988 (Screenshots)

Die Einstellung endet mit einer etwas diffusen Beschreibung verschiedener Kräuter, die Lorenz für selbstgemachte Gesundheitstees zum Trocknen ausgelegt hat. «Das ist Johanniskraut, das hilft immer.»[19]

Die Aufeinanderfolge der beiden Filmszenen ist vom Regisseur sicher bewusst gewählt, denn Sequenzen aus der Einstellung im Kinderzimmer finden sich auch an weiteren Stellen des Films, wo sie sich allerdings auf andere Themen beziehen. Die hier besprochene Szenenfolge gibt somit Einblick in ein ganzes Spektrum verwandter Lebenspraktiken, das ausgehend von den Musikerschicksalen auf eine alltägliche (Sub-)Kultur der Selbstermächtigung verweist. Das Reparieren des alten Busses und die kunsthandwerkliche Herstellung von Schmuck und Kleidung sowie die Do-it-yourself-Produktion friseurtechnischer Instrumente und Gesundheitstees werden als miteinander verwandte Praktiken des Herstellens, Bastelns und Improvisierens erkennbar und korrelieren letztlich auch mit der musikalischen Selbstermächtigung der Punk-Bewegung.

Ist es aber ein ökonomischer Mangel, der dieses Handeln spezifisch macht? Indem das Reparieren und das Basteln zu einer selbstermächtigenden

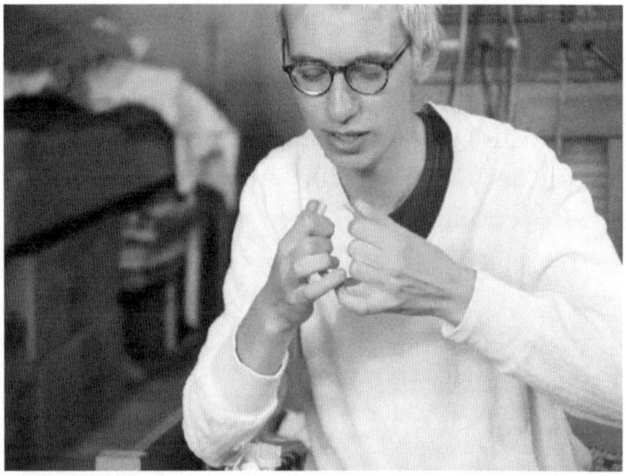

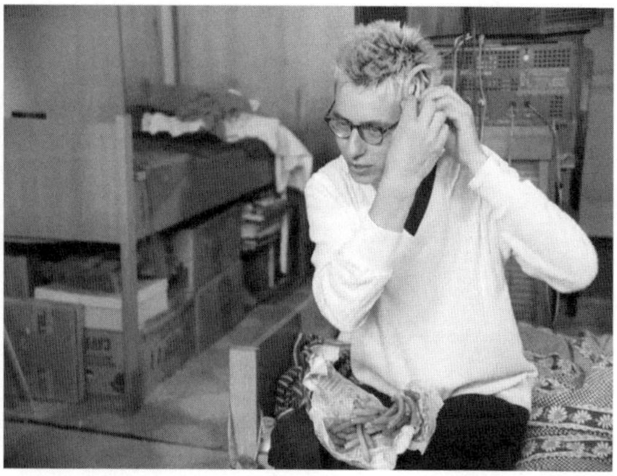

Erfindungskunst werden, verlieren sie eigentlich ihr kulturgeschichtliches Alleinstellungsmerkmal für die DDR, wie der Blick auf die gesamtdeutsche Do-it-yourself-Bewegung zeigt. Ein westdeutscher Wörterbucheintrag erläutert zudem ihre internationale Herkunft:

> Do it yourself ! (… = tu es selbst !), nach dem 1. Weltkrieg von der Industrie in den USA geprägtes Schlagwort (später auch in Europa propagiert) für handwerkl. Selbsthilfe. Die Idee entwickelte sich insbes. infolge des sinkenden Handwerkerangebots und durch das von der Industrie bereitgestellte Halbfertigmaterial (bis zum Hausbau aus vorgefertigten Teilen) zu einer (Freizeit)-bewegung.[20]

Für die ostdeutsche Gesellschaft spielte dabei nur der erste Aspekt, das Fehlen ausreichender handwerklicher Angebote, eine Rolle.

Die Universalkompetenz des Selbermachens folgt also verschiedenen Ursachen, kann aber auch verschiedene Ziele haben. Sie kann kunsthandwerklich Neues ebenso erschaffen (Kleidung) wie Altes reparieren (Oldtimer). Sie kann der individuellen Selbstverwirklichung angesichts industriell normierter Waren (Ohrringe) ebenso dienen wie dem privaten gesundheitlichen Interesse (Kräutertees) oder dem sozialen Ausgleich jener kleinen Unterschiede, die aus der limitierten Verfügbarkeit von Konsumartikeln resultieren (Lockenwickler). Sie kann auch einfach nur eine angesagte Mode sein (do it yourself) und damit als ein Reparaturwissen relativ unabhängig vom umgebenden Wirtschaftssystem vorkommen.

Auch die Kritik der Bewegung hat unterschiedliche Ursachen zutage gefördert: «Daß diese Jugendbewegung der Erwachsenen, diese Gier, zwecks Erholung von Belieferung mit Fertigwaren, in eine frühere Produktionsstufe zurückzuspringen […] erfolglos bleiben muß», hat Günther Anders in seiner präzisen Kritik an dem «verhältnismäßig jungen Hobby, der unter dem Slogan ‹do it yourself› grassiert», betont.[21] «Millionen verbringen nun

19 Ebd., 1:28:34, eig. Transkription.

20 Do it yourself, in: *Meyers Enzyklopädisches Lexikon in 25 Bänden*, Bd. 7, Mannheim u. a. 1970, korrigierter Nachdruck 1980, 43. Dem Eintrag folgt eine ungewöhnlich lange Aufzählung von Titeln der Ratgeberliteratur der 1960er und 70er Jahre mit dokumentarischem Wert.

21 Günther Anders: *Die Antiquiertheit des Menschen, Bd. 1: Über die Seele im Zeitalter der zweiten industriellen Revolution*, München 1985, 202, 201.

nämlich ihre Muße damit [...] die Dinge, die sie an der nächsten Ecke kaufen könnten, selbst zu basteln.»[22] Da solch ein Kauf an der nächsten Ecke in der DDR oftmals nicht möglich war, könnten also Not oder Mangel dem Reparieren zu einer höheren statistischen Häufigkeit wie historischen Spezifik verholfen haben. Allerdings besteht die Gefahr, dass die Diagnose des Mangels eine differenziertere Bewertung der Ursachen und Motive des Reparierens verhindert.

IV. Der große Mangel

Denn aus jeglicher Not machten auch schon Lévi-Strauss' französische Bastler der 1960er Jahre eine Tugend:

> Der Bastler ist in der Lage, eine große Anzahl verschiedenartigster Arbeiten auszuführen; doch im Unterschied zum Ingenieur macht er seine Arbeiten nicht davon abhängig, ob ihm die Rohstoffe oder Werkzeuge erreichbar sind [...], die Welt seiner Mittel ist begrenzt, und die Regel seines Spiels besteht immer darin, jederzeit mit dem, was ihm zur Hand ist, auszukommen.[23]

Diese Haltung, «jederzeit mit dem, was [...] zur Hand ist, auszukommen», findet sich auch in einem für die DDR sehr prominent gewordenen Satz des Leipziger Schriftstellers Erich Loest wieder:

> Es geht seinen Gang sagten die Leute, wenn sie ausdrücken wollten, daß es bei der Besorgung eines Autoreifens, eines Sacks Zement, eines Kastens guten Bieres und eines Klempners zwar nicht kalkulierbare Schwierigkeiten geben werde, aber irgendwie werde man es schon hinkriegen.[24]

Gleichwohl ist die Rede vom Mangel aber auch missverständlich, weil sie für die DDR eine homogene ökonomische Notlage unterstellt. Und doch gab es keinen generellen Mangel an lebensnotwendigen Produkten, oder in anderen Worten, keine hungernden Menschen. Gerade weil die Lebensmittel großzügig subventioniert wurden, konnte es sogar zu Verschwendungsexzessen kommen, die dann wiederum einen partiellen Mangel auslösten: «Die Gerüchte wollten nicht verstummen, daß die Leute sogar ihre Karnickel und Schweine mit den subventionierten Backwaren fütterten.»[25] Auch Hamsterkäufe kamen vor und erzeugten sowohl neue partielle Mängel als auch unnötige private Reserven: «Natürlich treibt jeder Mangel die Nachfrage in die Höhe. Und dies führte zu dem bekannten Phänomen, daß die Läden leer und die Vorratskammern und Kühltruhen voll waren.»[26]

Neben diversen ökonomischen Einschränkungen gab es vermutlich noch einen deutlich empfundenen Mangel an individuellen Ausdrucksformen und damit verbunden – verstärkt durch die mediale Präsenz des westlichen Lifestyles – eine ästhetisch begründete Verachtung des dinglich Vorhandenen. Pierre Bourdieus ‹feine Unterschiede›, die in den westlichen Industriegesellschaften

22 Ebd., 201.
23 Lévi-Strauss: Wissenschaft vom Konkreten, 30.
24 Loest zit. n. Stefan Wolle: *Die heile Welt der Diktatur. Alltag und Herrschaft in der DDR 1971–1989*, Bonn 1998, 228.
25 Ebd., 192.
26 Ebd., 193.

soziale Distinktionen erlaubten, traten in Ostdeutschland als grobe, explizite Unterschiede auf, die sich entweder ökonomisch, durch Westverwandtschaft oder Devisen, oder bastelnd, durch Reparaturen, Kunsthandwerk, Upcycling, do it yourself sowie eine alternative und subkulturelle Produktion von Musik, Grafik, Lyrik, Fotografie, Film, Performances, Kleidung, Schmuck etc., kompensieren ließen.[27]

Und umgekehrt war die offizielle Konsumgüterproduktion der 1980er Jahre schon obsolet, bevor die entsprechenden Waren überhaupt den Markt betreten hatten. So bilanziert der Soziologe Wolfgang Engler:

> Die funktionelle Güte der Dinge befriedigte immer weniger, ihr Erscheinungsbild wirkte wie festgefroren, moralisch waren sie bereits verschlissen, ehe sie überhaupt einen Käufer gefunden hatten. Als ihre gesamte Dingwelt 1989 von einem Tag auf den anderen entwertet und wie Müll weggeworfen wurde, hatten die Ostdeutschen die Freude an ihr längst verloren.[28]

Diese ästhetische Verachtung des Vorhandenen ging von einem massiven ideellen Mangel aus, der durch die Spielarten des Reparierens behoben werden konnte. Etwa durch das Upcycling des Alten, der alten Bauernschränke, Lampen, Dosen oder Taschen, das in der DDR ab den 1960er Jahren mit großer Intensität betrieben wurde und keinen genuin ökonomischen, sondern vor allem einen ästhetischen Mangel kompensierte. So resümiert Stefan Wolle in *Die heile Welt der Diktatur*:

> Gegen Ende der sechziger Jahre war die Nostalgie-Welle erbarmungslos über die DDR hereingebrochen. […] Danach waren Leuchtstoffröhren konformistisch, Petroleumfunzeln dagegen schick, Plastemöbel seelenlos, Omas Plüschsofa aber individualistisch. Den Stuck an der Decke, der noch wenige Jahre zuvor erbarmungslos dem Stemmeisen zum Opfer gefallen wäre, restaurierte man nun liebevoll, holte alte Küchenschränke vom Müll, schliff sie ab und beizte sie und wertete Messingbratpfannen als Prunkstücke jeder Küche.[29]

Das Upcycling macht alte Gegenstände wieder funktionsfähig, ohne wirklich aus der Not geboren zu sein, denn es gibt ja alternative Gebrauchsgegenstände, die funktionieren. Der Mangel, der mit dieser Form der Reparatur behoben wird, kann ein ökologischer sein, wenn damit eine Form der Ressourcenvergeudung korrigiert werden soll. Für die Liste der angeführten Beispiele ist aber wahrscheinlich ein ästhetischer Mangel leitend und darin könnte ein Unterschied zum Upcycling an anderen Orten und zu anderen Zeiten bestehen.

In der Rückschau wird man das Gefühl nicht los, dass das Reparieren in der Mangelgesellschaft DDR spätestens in den 1980er Jahren keinen existenziellen oder ökonomischen Mangel beheben sollte, obwohl es diesen natürlich gab, sondern vor allem einen ästhetischen. Praktiken wie Reparieren, Basteln, do it yourself und Upcycling erlaubten, inmitten der Ödnis homogener Konsumgüter ähnliche feine Unterschiede zu erschaffen, wie man sie an der westlichen

27 Ausführlich dokumentiert in Ronald Galenza, Heinz Havemeister (Hg.): *Wir wollen immer artig sein … Punk, New Wave, HipHop, Independent-Szene in der DDR 1980–1990*, Berlin 1999.

28 Wolfgang Engler: *Die Ostdeutschen. Kunde von einem verlorenen Land*, Berlin 2000, 214.

29 Wolle: *Die heile Welt der Diktatur*, 219.

Kultur im Abendfernsehen bewundern konnte. Wenn das Ziel der ästhetischen Individuation und Expression in den westlichen Wohlstandsgesellschaften aber scheinbar schon erreicht war, aus welchem Grunde hätte dort dann noch repariert werden sollen? Gab es im ‹Westen› etwa andere Ziele des Reparierens, die auf andere Ursachen reagierten?

V. Seelenfrieden statt geplanter Obsoleszenz

Damit kommt eine weitere historische Bedingung in den Blick, die die Praktiken des Reparierens differenziert. Die klassische Ursache jeder Reparatur ist ja das technische Versagen, und im ‹Osten› versagten die Dinge fast ausnahmslos durch zu langen Gebrauch. Im ‹Westen› gab es außerdem die geplante Obsoleszenz der Produkte, ein Luxus, den sich der Ostblock aus ökonomischen Gründen nicht leisten konnte.

Die geplante Obsoleszenz, die als Begriff und Konzept erstmals 1932 in dem programmatischen Aufsatz «Ending the Depression Through Planned Obsolescence» von Bernard London beschrieben wurde,[30] war dort ursprünglich als hilfreiche Maßnahme zum Erhalt von Arbeitsplätzen konzipiert. London schlug für die Wachstumssicherung der US-amerikanischen Wirtschaft ein bewusst herbeigeführtes frühzeitiges Ende der Nutzbarkeit von Industrieprodukten vor: «Furniture and clothing and other commodities should have a span of life, just as humans have.»[31] Im Unterschied zu menschlichen Wesen sollte dieses Ende aber ingenieurtechnisch vorweggenommen werden: «The original span of life of a commodity would be determined by competent engineers, economists and mathematicians, specialists in their fields, on behalf of the Government.»[32]

Der mit der geplanten Obsoleszenz eingeschlagene ‹neue Weg des Denkens› unterdrückt jegliche Nachhaltigkeit und damit auch die Praktiken des Reparierens:

> Of course, the inauguration of such a system of planned obsolescence will be opposed by many merely because it is new, for it is hard for us to abandon our old notions and adjust ourselves to a new way of thinking.[33]

In der ostdeutschen Wirtschaftsordnung, die sich aufgrund von Ressourcenknappheit keine geplante Obsoleszenz leisten konnte, kam dem Reparaturwissen deshalb eventuell ein anderer Status zu, der zu einer höheren statistischen Häufigkeit von Reparaturen oder auch zu einem facettenreicheren Reparaturwissen geführt haben könnte. So wäre etwa ein stärkeres Überdauern des alten Reparaturwissens aus dem 19. Jahrhundert, der Kaiserzeit, den beiden Weltkriegen und der Zwischenkriegszeit denkbar, solange sich Produkte aus dieser Zeit erhalten haben. Und es gab in der DDR umgekehrt Produktentwicklungen, die explizit so dauerhaft (z. B. Glühbirnen) oder so reparabel sein sollten wie heutzutage das Fairphone (z. B. das Simson-Moped). Hierbei wird

30 Bernard London: *Ending the Depression Through Planned Obsolescence*. New York 1932, Digitalisat einsehbar unter babel.hathitrust.org/cgi/pt?id=wu.89097035273&view=1up&seq=7 (21.4.2022).
31 Ebd., 11.
32 Ebd., 12.
33 Ebd., 16.

das Reparaturwissen für eine vorausschauend geplante, zukünftig mögliche Reparatur programmatisch aufgewertet.

In einer Obsoleszenzwirtschaft wird das klassische Reparaturwissen jedoch selbst obsolet. Das Bewahren wird zum Problem: «People everywhere are today disobeying the law of obsolescence. They are using their old cars, their old tires, their old radios and their old clothing much longer than statisticians had expected on the basis of earlier experience.»[34]

In diesem Kontext lässt sich die Aufwertung des Reparierens als eine westliche Kompensationsbewegung zur geplanten Obsoleszenz verstehen, als eine meditative Zen-Praxis und Teil einer Sinnsuche, die jenseits der klassischen Subjekt-Objekt-Differenz ereignishafte Qualitäten im handwerklichen Tun freisetzt. Der ‹ungehorsame› Motorrad-Reparateur Pirsig sucht in der westlichen Konsum- und Industriekultur eine gehaltvollere Beziehung zwischen Mensch und Technik, um «den inneren Seelenfrieden in der technischen Arbeit» zu erlangen und damit ein paar alte «Bewußtseinskanäle» zu vertiefen, die unter den modernen Massenmedien wie «Rundfunk, Film und Fernsehen» verflacht sind oder zugeschüttet wurden.[35] Als eine «Liebe zur Sache» und ein «Gefühl der Identifikation mit dem, was man tut», ist der Seelenfrieden laut Pirsig jener ignorierte Aspekt technischen Handelns, den es im Reparieren neu zu entdecken gilt und der durchaus der Kunstproduktion oder den Meditationsübungen des Zen-Buddhismus gleicht.[36] «Seelenfrieden erschafft richtige Werte», heißt es bei Pirsig,[37] aber gab es ihn als Motiv des Reparierens exklusiv im ‹Westen›?

Technische Bauanleitungen sollten nach Pirsig mit Sätzen wie diesem beginnen: «Die Montage japanischer Fahrräder erfordert großen Seelenfrieden.»[38] Ich kenne diesen Seelenfrieden und bezweifle deshalb, dass er von den historisch jeweils besonderen Bedingungen seines Vorkommens auch qualitativ abhängig ist. Als Kind fuhr ich ein Rennrad mit Schlauchreifen. Ein Schlauchreifen ist ein schmaler Rennradreifen, in dem Mantel und Schlauch zu einer Einheit verbunden sind. Wenn der Schlauch undicht wird, muss man ihn mitsamt dem Mantel wegwerfen und einen neuen kaufen. In einer Gesellschaft des Mangels ist das nicht möglich. Also habe ich gelernt, die umlaufende Naht des Reifens wie ein Chirurg aufzutrennen, den Schlauch zu flicken und das Ganze dann wieder sorgfältig zusammenzunähen. Ich erinnere mich sehr gut an das Hochgefühl, das sich bei mir einstellte, nachdem ich das erste Mal solch einen Reifen repariert hatte und dann erfolgreich in Gebrauch nahm.

Meine trotz und wegen des Mangels letztlich glückliche Reparaturerfahrung bestätigt Pirsig inmitten des US-amerikanischen Wohlstands. «Ein Motorrad zu fahren, das selbst gebastelte Teile enthält, vermittelt einem ein Gefühl, wie man es auf einem mit ausschließlich im Laden gekauften Teilen wohl nie haben wird.»[39] Der zeitlose Effekt der universalen Kulturtechnik des Reparierens beschränkt sich jedoch nicht auf die Dimension der biografischen Gefühle. Vielmehr liegt dem jeweils empfundenen Seelenfrieden ein exklusives Verhältnis

34 London: *Planned Obsolescence*, 4 f.
35 Pirsig: *Zen und die Kunst*, 525, 20.
36 Beide ebd., 527.
37 Ebd., 528.
38 Ebd., 289.
39 Ebd., 552.

zur Technik zugrunde, das deren im instrumentellen Gebrauch ignorierte Variabilität erkundet, entfaltet und diese Sinnstiftung als eigentliches Handlungsziel begreift. Deshalb erschöpft sich die Selbstermächtigung im Reparieren auch nicht in der Wiederherstellung verloren gegangener technischer Funktionen. Die Kulturtechnik des Reparierens ist vielmehr eine sinnstiftende Interpretationsmacht des Verhältnisses von Mensch und Technik, die auf verschiedene historische, ökonomische und kulturelle Bedingungen reagiert und sich in der letzten und subtilsten Konsequenz auch noch korrektiv auf den Begriff der Kulturtechnik selbst beziehen lässt.

«Das Besondere am Reparieren ist, dass es uns ermächtigt», schreibt Kyle Wiens in seinem programmatischen Bekenntnis «Ich bin Reparateur. Ein Manifest für die digitale Revolution».[40] Der Mangel mag, wie der Überfluss, historisch relativ und damit spezifisch sein, aber die Handlung ist gewissermaßen zeitlos, weshalb sie gegenwärtig in vielen postkapitalistischen Praktiken wiederkehrt, die nichts Geringeres beanspruchen, als die Welt zu reparieren.

40 Kyle Wiens: Ich bin Reparateur. Ein Manifest für die digitale Revolution, in: Andrea Baier, Tom Hansing, Christa Müller, Katrin Werner (Hg.): *Die Welt reparieren. Open Source und Selbermachen als postkapitalistische Praxis*, Bielefeld 2016, 111–118, 112.

JOHANNA KÄSMANN

REPARIEREND(ES) SCHREIBEN

«Der Heizer» von Wolfgang Hilbig

> Immer gab es Pannen, die behoben werden mussten. Die Fähigkeit, etwas reparieren zu können, besaßen ganze Generationen in der DDR. Dafür wird auf dem Weltmarkt nicht bezahlt. […] Das ist eine Seite der Welt, die nicht dem Markt entspricht, aber sie spiegelt die menschliche Arbeitskraft. Das ist eine Geschichte, vor der ich Achtung habe, und die noch nicht geschrieben ist.[1]

So formuliert es Alexander Kluge mit Blick auf die DDR und die deutsche Wiedervereinigung. Zunächst verwundert diese Aussage: In der DDR, die nach dem Selbstverständnis der SED ein ‹Arbeiter- und Bauernstaat› war, wurde keine Geschichte über das Reparieren als eine der zentralen Tätigkeiten des Handwerks geschrieben. In einem Staat, der mit seinem propagierten sozialistischen Realismus auch literarisch gezielt die Arbeitswelt in den Blick rückt, ist genau dort eine Leerstelle. Abgenutztes, Ermüdetes, Obsolet-Gewordenes sowie der pragmatische Umgang damit scheinen nicht in das sozialistische Gesellschaftsmodell zu passen. Die Fähigkeiten des Reparierens herauszustellen, wäre für den Führungskader geradezu eine Affirmation der Kluft zwischen Ideologie und Praxis und ein Zugeständnis an den politischen Gegner, sich als sozialistisches Land nicht in internationale wertschöpfende Entwicklungsdynamiken einfügen zu können. Mit umgekehrten Vorzeichen scheint dies ebenso nach 1990 der Fall zu sein: Die Wiedervereinigung wird sowohl von Westdeutschen als auch von ehemaligen DDR-Bürger_innen eher als eine ökonomische Angliederung an die BRD und eine Tilgung der DDR empfunden. So beschreibt es Wolf Biermann sarkastisch: «40 Jahre Leben landen wie Ballaststoff in Kohls dickem Bauch und werden fröhlich verdaut und ausgeschieden.»[2] Wieder findet das Reparaturwissen der Ostdeutschen als besondere Vertrautheit mit (Um-)Brüchen in der westlichen Historiografie über den Mauerfall bis hin zum Niedergang der Sowjetunion keinen Platz.

1 Alexander Kluge zit. n. Christian Eger: Friedliche Revolution 1989: Schriftsteller Alexander Kluge lobt die Ostdeutschen, in: *Mitteldeutsche Zeitung*, 23.12.2013, www.mz.de/kultur/friedliche-revolution-1989-schriftsteller-alexander-kluge-lobt-die-ostdeutschen-2045909 (26.2.2022).

2 Wolf Biermann zit. n. Thomas Assheuer: Helmut Kohl. Lieber Langeweile als Faschismus, in: *Zeit Online*, 17.6.2017, www.zeit.de/gesellschaft/zeitgeschehen/2017-06/helmut-kohl-intellektuelle-nachruf/komplettansicht (26.2.2022).

Dass es doch Ansätze solcher Geschichten über das Reparieren gibt, zeigt die frühe und von der Forschung wenig beachtete Erzählung *Der Heizer* (1980) des ostdeutschen Schriftstellers Wolfgang Hilbig. Mit elf weiteren Erzählungen erscheint sie in Hilbigs Prosaband *Unterm Neomond* (1982), der in der BRD vom S. Fischer Verlag veröffentlicht wird.[3] Bereits 1979 etabliert sich Hilbig mit dem Gedichtband *abwesenheit* als Schriftsteller in der BRD; in der DDR jedoch kann er, nachdem erst 1980 acht Gedichte in *Sinn und Form* publiziert werden und 1983 der Gedicht- und Prosaband *Stimme Stimme* bei Reclam erscheint, aufgrund von kulturpolitischen Differenzen kein weiteres Werk veröffentlichen.[4] So arbeitet er zunächst bis Ende der 1970er Jahre als Heizer weiter und schreibt nebenbei Gedichte und Texte. Die Einschätzung vom westdeutschen Feuilleton, er hätte in der DDR «ein Vorzeigepoet der Arbeiterliteratur» sein können, sei jedoch «geradezu lächerlich», wie Hilbig betont.[5] Zwar verhandelt er mit seiner wiederkehrenden und teilweise biografisch angelegten Figur des schreibenden Heizers literarisch das Arbeiten in der DDR, doch sind Hilbigs Darstellungen den kulturpolitischen Vorstellungen eines Arbeiterhelden völlig gegenläufig.[6] Von Nachtschichten übermüdet und durch den Ruß ständig Blut hustend schaufeln die Protagonisten in Werken wie *Die Arbeiter. Ein Essai* (1975), *Eine Übertragung* (1989) oder *Die Arbeit an den Öfen* (1992) Kohlen, um die Kessel immer weiter zu befeuern. In ihrer Einsamkeit am Kessel fangen sie an, ihre Lebensumstände aufzuschreiben.[7]

Auch *Der Heizer* beginnt damit, dass ein Heizer namens H. völlig übermüdet nach der Beendigung seiner Nachtschicht in den «werkseigenen Omnibus»[8] steigt. Ziel der Fahrt ist der Büroteil des Betriebsgeländes, um von seinem Arbeitgeber die offenstehende «Jahresendprämie» (H 106) abzuholen. Die «Irrfahrt[ ]» (H 109) über das Betriebsgelände, die den größten Teil der Erzählung ausmacht, wird von alptraumhaften Begebenheiten und gespenstischen Personen begleitet. Der Heizer fragt sich daher stets, ob ihm «sein übernächtigter, nervöser Geist […] Halluzinationen vorgaukelt» (H 108). Auf der Fahrt denkt er über sein Vorhaben nach, einen «*Eklat* [zu] inszenieren» (H 112), indem er mit dem Verweigern der freiwilligen «Solidaritätsspende» (H 126) gegen die immer schlechter werdenden Arbeitsbedingungen im Werk 6 protestiert und mit der Drohung der Kündigung seinen Anspruch einfordert. Dieses Vorgehen folgt, wie man später erfährt, eher dem Kalkül, einen Arbeitsplatzwechsel in ein anderes Werk zu erzwingen, weil «die alte, vor Jahrzehnten installierte Kesselanlage[, die] in ihrer Kapazität nicht mehr hinreichte» (H 123), ihm immer mehr von der Zeit raubte, die er für sein heimliches Schreiben benötigte.

Insofern die Erzählung die Abnutzung der Kesselanlage und den pragmatischen Umgang des Protagonisten damit zu ihrem Gegenstand macht, stellt sie sich zugleich auch als Repariertes dar. In Überlagerungen verschiedener Absichten, Zitate und intertextueller Bezüge eröffnet der Text ein komplexes Wissen über das Reparieren in der DDR. Die folgende Lektüre möchte daher die vielfältigen Weisen der Reparatur in *Der Heizer* herausstellen, die sich aufgrund

3 In der Erstausgabe des Prosabandes weist der Verlag im Paratext darauf hin, dass die Erzählungen im Zeitraum zwischen 1968 und 1980 entstanden sind. Vgl. Wolfgang Hilbig: *Unterm Neomond. Erzählungen*, Frankfurt / M. 1982, 1.

4 Vgl. Michael Opitz: Hilbig, Wolfgang, in: ders., Michael Hofmann (Hg.): *Metzler Lexikon DDR-Literatur. Autoren – Institutionen – Debatten*, Stuttgart, Weimar 2009, 129–131, hier 129.

5 Wolfgang Hilbig: *Abriß der Kritik. Frankfurter Poetikvorlesungen*, Frankfurt / M. 1995, 65.

6 Vgl. Opitz: Hilbig, Wolfgang, 129 f.

7 Vgl. ebd. «Eine Figur, in der Hilbig dem Widerspruch zwischen Arbeiter- und Schriftstellerexistenz Ausdruck verleiht, ist der (schreibende) Heizer», Birgit Dahlke: *Wolfgang Hilbig*, Hannover 2011, 61.

8 Wolfgang Hilbig: Der Heizer, in: ders.: *Werke. Bd. 2: Erzählungen und Kurzprosa*, hg. v. Jörg Bong, Jürgen Hosemann, Oliver Vogel, Frankfurt / M. 2009, 104–137, hier 104. Alle weiteren Seitenangaben beziehen sich auf diese Ausgabe und werden im Text in Klammern mit ‹H› und Seitenzahl angegeben.

ihrer Verfasstheit, ihrer Verfahrensweise und ihrer medialen Bedingungen im Spannungsfeld zwischen Überkommenem und potenziellen Handlungsräumen bewegt. Durch das Umschlagen von Schreibgegenstand und Schreibreflexion schieben sich im Text fortwährend Perspektiven des heizenden und schreibenden Protagonisten ineinander. Dadurch wird ein produktives Moment innerhalb des Schreibens freigelegt. Angelika Winnen hat bereits in ihrer detaillierten *Heizer*-Lektüre das Ineinanderschieben von Erzähl- und Figurenperspektive herausgestellt.[9] Als Weiterführung ihrer Überlegungen möchte die folgende Lektüre jedoch die komplexe Schreibszene innerhalb der Erzählung in den Blick nehmen und nach ihren theatralen Effekten fragen, die sich an die verschiedenen Weisen des Reparierens rückbinden lassen. Diese Annäherung an den Text stellt ein programmatisches Schreiben Hilbigs heraus.

Ein Reparaturprozess deutet sich bereits im Paratext an, der Bruchstellen des DDR-Literatur-Kanons sichtbar macht und die Haltung Hilbigs zu dessen Inkohärenz zeigt. Mit dem Titel seiner Erzählung nimmt Hilbig Bezug auf das erste Kapitel aus Franz Kafkas unvollendetem Roman *Der Verschollene*, das noch zu Lebzeiten Kafkas als Fragment veröffentlicht wurde.[10] Auch inhaltlich ruft er die Strukturen in Kafkas Amerika auf und verschiebt sie in seinen Text und damit in die DDR. Mit Bezugnahme auf den Prager Schriftsteller, die Hilbig in *Der Heizer* für die Darstellung eines ohnmächtigen Subjekts in einem undurchsichtigen System nutzt, schreibt er sich in eine zentrale Kanon-Debatte der DDR-Kulturpolitik ein, die seit der Staatsgründung immer wieder geführt wird und die Kafka-Beschäftigung bis in die 1980er Jahre zur kulturpolitischen Handlung macht.[11] Der anfängliche Kurs der SED folgt zum einen einer gezielten Abgrenzung zur BRD, deren Nachkriegsliterat_innen von Kafkas Werken maßgeblich beeinflusst wurden. Zum anderen gilt Kafka «als Vertreter spätbürgerlicher Dekadenz [...], die weder in der antifaschistisch-demokratischen Neuordnung noch beim Aufbau des Sozialismus einen Platz haben konnte[ ]».[12] Die Literatur-Debatte, die sich mehr und mehr zu einem Stellvertreterstreit über die gesamte sozialistische Kulturpolitik ausweitet, kulminiert 1963 auf der Kafka-Konferenz in Liblice, auf der ein ost- und auch westeuropäisches Publikum über die Werke Kafkas diskutiert.[13] Einige Teilnehmer_innen der Konferenz betonen die Wichtigkeit Kafkas für die «wahrgenommene[n] Entfremdungsphänomene im Sozialismus».[14] Da die Konferenz rückblickend für manche Intellektuelle als «Initialzündung des Prager Frühlings» verstanden wird,[15] scheint es kaum verwunderlich, dass der Führungskader den anfänglichen Kurs in den Folgejahren allmählich zu entschärfen versucht. Beispielsweise erscheint 1967 der *Amerika*-Roman im Aufbau-Verlag, ohne für weiteren Zündstoff in der Debatte zu sorgen.[16] Trotz der Entspannung «verlangte die Adaption Kafkas Kriterien, die anschlußfähig an akzeptierte Codes waren».[17] Daher steht die ausgewiesene Beschäftigung mit Kafka stets im Verdacht der kulturpolitischen Kritik oder gar des oppositionellen Verhaltens.[18] Sie bleibt bis in die 1980er Jahre ein Ausschlusskriterium für die Herausgabepolitik der DDR.

9 Vgl. Angelika Winnen: *Kafka-Rezeption in der Literatur der DDR. Produktive Lektüren von Anna Seghers, Klaus Schlesinger, Gert Neumann und Wolfgang Hilbig*, Würzburg 2006, 223–279.

10 Vgl. ebd., 227f. Als Nachlassverwalter veröffentlichte Max Brod 1927 das Romanfragment unter dem Titel *Amerika*, für die spätere kritische Ausgabe im S. Fischer Verlag 1983 wurde jedoch der Titel *Der Verschollene* gewählt, der aus Kafkas Briefen an Felice Bauer hervorging. Vgl. Manfred Engel: «Der Verschollene», in: ders., Bernd Auerochs (Hg.): *Kafka-Handbuch. Leben – Werk – Wirkung*, Stuttgart, Weimar 2010, 175–191, hier 176.

11 Eine detaillierte Analyse der Kafka-Lektüre und der kulturpolitischen Auseinandersetzungen in der DDR kann an dieser Stelle nicht geleistet werden. Vgl. z. B. Martina Langermann: «Faust oder Gregor Samsa?». Kulturelle Tradierung im Zeichen der Sieger, in: Birgit Dahlke, Martina Langermann, Thomas Taterka (Hg.): *Literatur-Gesellschaft DDR. Kanonkämpfe und ihre Geschichte(n)*, Stuttgart, Weimar 2000, 173–213 oder Winnen: *Kafka-Rezeption in der Literatur der DDR*, 18–31.

12 Wolfgang Emmerich: *Kleine Literaturgeschichte der DDR*, Leipzig 1997, 81.

13 Vgl. Winnen: *Kafka-Rezeption in der Literatur der DDR*, 19–20.

14 Langermann: «Faust oder Gregor Samsa?», 203.

15 Manfred Behn: Auf dem Weg zum Leser. Kafka in der DDR, in: *Text+Kritik*, Nr. 7, 1994 = Sonderband: Franz Kafka, hg. v. Heinz Ludwig Arnold, 317–332, hier 324.

16 Vgl. Langermann: «Faust oder Gregor Samsa?», 207.

17 Ebd., 209.

18 Vgl., ebd., 209f.

Angesichts dieser Deklassierung ist kaum verwunderlich, dass Hilbig die Erzählung *Der Heizer* in der DDR nicht veröffentlichen kann, jedoch findet er einen behelfsmäßigen Umgang damit: Während die Erzählung zwar nicht 1983 im Leipziger Band *Stimme Stimme* publiziert wird, erscheint sie jedoch schon 1982 im Prosaband *Unterm Neomond* im S. Fischer Verlag in Frankfurt am Main.[19] Mit der westdeutschen Veröffentlichung, die sowohl von ostdeutschen Schriftsteller_innen als auch von der Staatssicherheit sehr wohl gelesen wurde, scheint Hilbig den DDR-Kanon in seinem Sinne zu ‹reparieren›, indem er die Kafka-Lektüre trotz aller Reglementierungen literarisch aufnimmt und im Lebensalltag der DDR platziert.

In ihrem kulturpolitischen Reparaturprozess gibt die Erzählung Anlass für Aufsehen und verhandelt zugleich inhaltlich ein Wissen über Strategien der Aneignung, die eine Verknüpfung von Überkommenem und zukünftigem Handeln herstellen. Die Kesselanlage als Abgenutztes und Überholtes bietet dabei den Ausgangspunkt für die Inszenierung eines Eklats:

> Er spürte, daß ihm alle Courage zu dem Eklat, wie er sein Vorhaben nannte, geschwunden war […]. Er wollte nichts, als auf die Zustände in Werk 6 aufmerksam machen, oder vielmehr, nicht so weitgehend, auf seine eigenen Probleme dort in diesem abgelegenen Betriebsteil, aber dazu mußte es einen Anlaß geben, der seinen Fall bis in die Büros der weiterreichenden Verantwortlichkeiten trug, die Energetik, seine unmittelbaren Vorgesetzten also, schien ihm eine zu niedere Stufe einzunehmen innerhalb der Leitungspyramide des Betriebes. Am geeignetsten dazu konnte ein Ereignis mit einem gewissen politischen Geruch sein, das natürlich keine juristischen Folgen haben durfte. […] Man mußte die verbleibenden geringen Möglichkeiten nutzen […], man mußte den *Eklat* inszenieren, erreichen, daß der Alte sagte, weg mit diesem Mann, er ist in Werk 6 verrückt geworden, er soll sich am Ferndampf erholen … (H 111–113)

Die Inszenierung ist eine politische Gratwanderung: Der Protagonist muss seinen Vorgesetzten rhetorisch so begegnen, dass sein Anliegen auf höherer Ebene Gehör findet, ohne selbst Repressalien zu riskieren. Der «politische[ ] Geruch» entsteht an der Stelle, an der Protest und offizieller Diskurs aufeinandertreffen. Der Heizer nutzt den ideologisch gelenkten Diskurs, dem sowohl er als auch seine Vorgesetzten unterliegen, indem er in seiner politischen Affirmation Kritik an den bestehenden Verhältnissen übt. Die veraltete, nicht mehr leistungsfähige und reparaturbedürftige Kesselanlage fordert in einem propagierten ‹Arbeiter- und Bauernstaat› den Eklat regelrecht ein. Als Überholtes offenbart sie die Notwendigkeit von Reparaturarbeiten im Werk und macht zugleich die Kluft zwischen sozialistischen Idealen und real existierendem Sozialismus sichtbar. Nicht nur der Anlass, auch das Mittel des Protests – also das Verweigern der Solidaritätsspende – zeugt von politischer Brisanz. Die Solidaritätsspende in DDR-Betrieben ist eine kollektive, vermeintlich freiwillige Spendenaktion, der man sich aber nicht unbemerkt entziehen kann. Die Spende wurde zur «Unterstützung von sozialistischen

19 Vgl. Winnen: *Kafka-Rezeption in der Literatur der DDR*, 226. So schreibt Hilbig 1981 in einem Brief an Klaus Höpcke, den stellvertretenden Minister für Kultur, dass er sich entschlossen habe, «den Prosaband ‹Unterm Neomond›, im S. Fischer Verlag, Frankfurt am Main, zu veröffentlichen, unter Bedingungen, die keinerlei in der DDR eventuell erwachsende Ansprüche auf dieses Buch beeinträchtigen. Eingedenk dessen beabsichtige ich, da[s] vollständige Manuskript dieses Buches für eine unzensierte Veröffentlichung in der DDR dem Verlag Philipp Reclam jun., Leipzig, zu überlassen […]. Ich unterwerfe mich nicht der Zensur, Sie oder eine andere Institution der DDR um Erlaubnis für diese beiden Veröffentlichungen zu bitten.» Wolfgang Hilbig, Brief vom 16.2.1981, in: ders.: *«Ich unterwerfe mich nicht der Zensur»*. Briefe an DDR-Ministerien, Minister und Behörden, hg. und kommentiert v. Michael Opitz, Frankfurt/M. 2021 (Neue Rundschau, Bd. 132, Nr. 2), 64–69, hier 66.

Befreiungsbewegungen und befreundeten Regierungen» gesammelt, um den Kampf gegen den Imperialismus zu bestreiten.[20] Die Verweigerung in der Erzählung bedeutet daher, den internationalen Solidaritätsgedanken des Staates zurückzuweisen. Der zwar fingierte, dennoch belastbare Anlass scheint das oppositionelle Verhalten wiederum in eine innenpolitische Logik einzubinden, denn noch vor der Hilfestellung gegenüber anderen sollten die Arbeitsbedingungen den eigenen sozialistischen Maßstäben genügen.

Im Benennen dieses Vorgangs und in den daran anschließenden Überlegungen stellt sich die geplante Rede des Protagonisten als eine ihm nicht eigene Rede oder als Zitat insoweit dar, dass der Text dies durch die Kursivsetzung des Wortes ‹Eklat› markiert.[21] Während sich dieses bei der Erstnennung in das Geschriebene einfügt, konstituiert der Text in weiteren Reflexionen des Heizers eine Distanz, sodass ‹Eklat› in der Zweitnennung kursiv aus dem Text hervortritt. In der Performanz der Typografie thematisiert sich der Text selbst als etwas Geschriebenes. An dieser Stelle lässt sich schon die Vermutung formulieren, dass sich der Text an einen versteckten innerdiegetischen Schreibakt bindet, der hier sichtbar wird. Die Typografie stellt einen Widerstand in der Rezeption dar, der das Aufschreiben der Geschehnisse in den Text mit einträgt. Dabei verbleibt der Text nicht nur in der Bedeutungsgenerierung der Normalschrift, sondern das Kursive als typografischer Effekt nimmt auch aktiv an diesem Prozess teil. In der Spanne zwischen Erst- und kursiv gesetzter Zweitnennung wird die Normalschrift zu etwas semantisch Ungenügendem, das mithilfe der Kursivsetzung ausgebessert wird.[22] So präsentiert sich die Erzählung als geschriebenes Arrangement, das sich selbst auf der Ebene der Bedeutungsgenerierung repariert und sich typografisch zugleich als Repariertes markiert.

Nach diesen Vorüberlegungen zum geplanten Eklat erreicht der Heizer das Büro seines Vorgesetzten und ist mit einer neuen Situation konfrontiert, die seine Pläne zu durchkreuzen droht. Nicht nur, dass der völlig übermüdete Heizer mit Kaffee und Kognak empfangen wird, die seine Aufmerksamkeit zusätzlich zerstreuen, neben seinem alten verhandlungsbereiten Meister ist auch dessen strikter, erst kürzlich eingesetzter Nachfolger anwesend. Beide zusammen scheinen eine eigene Strategie – oder vielmehr eine eigene Inszenierung – zu verfolgen. Noch bevor der Heizer seinen vermeintlichen Protest vorbringen kann, kommt der alte Meister ihm zuvor:

> – Ich glaube, man muß doch, stellte der alte Meister fest, einen zweiten Mann für das Kesselhaus Werk 6 haben […] – Ein zweiter Mann, sagte der Heizer, das fehlte wirklich noch … – Er war zur Ironie zu erschöpft, aber er sah sich in den wenigen Stunden, die ihm als Pausen zwischen dem Trimmen der Kohle verblieben und in denen er sonst […] über seinen Schreibheften hockte, vom leeren Geschwätz irgendeiner ihm zugeordneten Hilfskraft belästigt, zwar hätte er Zeit und Kraft gewonnen, diese aber täglich aufs nutzloseste verplaudert mit einem Menschen, der nichts von den *Aufgaben seines zweiten Lebens* wußte oder begriff; schließlich sah er sich vor den Vorgesetzen seinen Gehilfen ablehnen, ein Beispiel setzend, daß die Arbeit in Werk 6 gut allein bewältigt werden konnte.

20 André Albrecht: Das institutionelle Erbe der DDR-Entwicklungspolitik. Was vom Solidaritätskomitee und den internationalen Bildungsstätten blieb, in: Thomas Kunze, Thomas Vogel (Hg.): *Ostalgie international. Erinnerungen an die DDR von Nicaragua bis Vietnam*, Berlin 2010, 166–177, hier 167.

21 Vgl. Winnen: *Kafka-Rezeption in der Literatur der DDR*, 259 f.

22 In ihrer Lektüre verweist Winnen auch auf die Veränderung des Wortes ‹Eklat›, durch das «Hilbig an dieser zweiten Stelle durch Kursivsetzung den intertextuellen Bezug deutlich macht. Die Art der graphemischen Interferenz durch Kursivierung ist das charakteristischste Merkmal für Markierung von Intertextualität innerhalb des Haupttextes: es lassen sich immerhin achtzehn kursiv hervorgehobene Einzelwörter oder Wortgruppen auf den vierzig Seiten des Textes zählen, von denen die meisten – in unterschiedlicher Abstufung – als intertextuelle Bezüge gelesen werden können. […] Diese Form der Markierung im Text wendet sich […] ausschließlich an den Leser, da sie auf der Schriftlichkeit des Textes basiert, zu der die Protagonisten der Erzählung keinen Bezug haben. In der Erzählung ‹Der Heizer› aber läßt sich diese Trennung zwischen werkimmanentem und äußerem Kommunikationssystem aufheben, wenn man davon ausgeht, daß der Protagonist später die Rolle des Autors übernimmt und daher über den Text als solchen verfügen kann.» Ebd., 259 f. Was Winnen jedoch nicht weiter ausführt, ist, dass hier eine zeitgleiche Schreibszene entfaltet wird und der Text sich dieses Wort zu eigen macht, um sich im Geschriebenen selbst zu reparieren und als Repariertes auszustellen.

> Nie zuvor hatte er sich *sehen* können im Kesselhaus Werk 6, arbeitend in der Katakombe des alten Kohlebunkers … in der jetzigen Verfassung war es ihm plötzlich möglich, sich deutlich zu sehen. – In den Beschreibungen seines Lebens lag deutlich ein zwanghafter Zug … die Suche nach einer Rechtfertigung; der Boden, auf dem dieses beschriebene Leben sich bewegte, war ein vorbereiteter Boden, vorbereitet für Explosionen, in den Ausdünstungen, Aufwirbelungen über diesem Boden, und in dem Lärm, der die Stimmwerkzeuge des Heizers mit einem erdigen Belag zu verschließen drohte, formte sich ihm jedes beliebige Wort zu einem Aufschrei, beliebige Sätze schlossen sich zusammen zu Expertisen für die Stiftung eines Brands. (H 122 f.)

Das Bestreben des alten Meisters scheint das Anliegen des Heizers insofern zu erfüllen, als er Zeit gewonnen hätte, doch müsste er sie, um sein Schreiben unentdeckt zu lassen, «aufs nutzloseste verplauder[n]». Dieser Wendung kann der Heizer – erschöpft von der Nachtschicht – nicht mal mit Ironie begegnen. Im Zuge dessen konstituiert die Phrase des Sich-Sehens eine eigentümliche Außenansicht des Heizers, die eine Bewegung vom eigentlichen Geschehen im Büro hin zu seinem Arbeitsplatz nach sich zieht.[23] Während das erste Sich-Sehen die imaginierte Vorstellung des Heizers einleitet, wie sich sein Arbeitsplatz durch den Vorschlag des alten Meisters ändern würde, bewegt das zweite den Text von dieser Vorstellung weg und wieder zum Gespräch mit dem alten Meister hin. In dieser gedanklichen Ausschweifung, die von den ersten zwei Momenten des Sich-Sehens gerahmt wird und nicht mehr zur direkten Rede, sondern distanzierter zur erlebten Rede zurückführt, nimmt sich der Heizer als eine Figur wahr, die das Angebot ablehnt, sich selbst der Grundlage des Eklats beraubt und notgedrungen einem anderen Skript folgt – dem ihrer Vorgesetzten.

Mit dem dritten Sich-Sehen bricht unvermittelt – auch typografisch durch den Absatz ausgestellt – eine Szene am Kessel in den Text ein. Anders als bei den vorherigen Malen ist das Sehen hier kursiv gesetzt und bindet sich dadurch an die «*Aufgaben seines zweiten Lebens*» – demnach an das heimliche Schreiben. Es wird von einem Können begleitet, das dem Heizer die Möglichkeit einräumt, sich aus der Außenperspektive als eine arbeitende Figur am Kessel zu beobachten. Das vierte Sich-Sehen überwindet in der Nachträglichkeit den Bruch zum Vorangegangenen und wandelt den Blick des Protagonisten von einem eröffnenden Sehen-Können zu einem fokussierten Deutlich-Sehen. In dieser Justierung wird der Blick mit den «Beschreibungen seines Lebens» gekoppelt, in denen er zwanghaft schreibend nach einer Legitimation sucht.

Folgt man der Spur, dass sich kursiv gesetzte Wörter als Widerstände in den Text eintragen, an denen sich die Schreibszene offenbart, steht das Heizen in Verbindung mit dem Schreiben. Auf der Ebene der Typografie stiftet der Text diese Verbindung durch die Kursivsetzung von «*Aufgaben seines zweiten Lebens*» und «sich *sehen*». Das Fundament oder die «Rechtfertigung» zum Schreiben ist für den Heizer in der Form gegeben, dass es sich auf einen «vorbereitete[n] Boden» bezieht – auf das bekannte und sich stetig wiederholende Arbeiten am

23 Winnen beschreibt diese Außenansicht folgendermaßen: «Die Abgrenzung dieser Passagen vom Erzählerbericht und ihre Zuordnung zur Perspektive der Hauptfigur, die aufgrund der einleitenden Signale (‹er sah sich›) zunächst unproblematisch erscheint, ist schon nach einigen Zeilen, sobald die Signale in den Hintergrund getreten sind, nicht mehr eindeutig zu leisten. Schuld daran ist die Tatsache, daß der Heizer in den ‹Visionen› nicht nur die Funktion des Erzählers, sondern auch dessen Stil und Beobachterstandpunkt übernimmt.» (Ebd., 229 f.) Dabei verkennt sie jedoch, dass das auflösende Moment nicht nur im Vergessen des Sich-Sehens liegt, sondern auch in den Wiederholungen der Phrase, durch die der Text eine Drehbewegung vollzieht und nicht mehr gänzlich an den Ausgangspunkt zurückkehrt.

Kessel. In der Metaphorik des beständigen Heizens formen sich Wörter und Sätze zusammen, um mit dem Wissen von der «Stiftung eines Brands» gegen die Bedrohung des Stimmverlustes zu kämpfen und einen «Aufschrei» zu konstituieren. Trotz der Distanz zwischen der erlebten Szene im Büro und der beschriebenen am Kessel bindet sich dieser Aufschrei wieder an das Vorhaben, einen Eklat zu erzeugen. Während der Text eine ausschweifende Bewegung in Form einer Introspektion vollzieht, wird das Heizen sowohl zur Form als auch zum Gegenstand des Schreibens.[24] Im Umschlagen von Schreibgegenstand und Schreibreflexion bewegt sich der Text im Spannungsfeld zwischen dem Abgenutzten und seiner Aneignung und repariert sich in dieser Verfahrensweise selbst.

In die Kessel-Szene fügt sich eine weitere Reflexion ein, die sich implizit an die Konfrontation mit dem alten Meister rückbindet:

> In jedem Winter, in seiner aussichtslosen Tiefe, [...] geschah es, daß er sich schwor, im Frühjahr das Werk zu verlassen. – Er redete es sich ein, aber dann hätte er die Stadt verlassen müssen, eigentlich hätte er das Land verlassen müssen, in dessen Kleinstädten die Polizei einen so schlechten, von verfaulten Zähnen verdorbenen Geschmack hatte, und von Argwohn und Entsetzen riesenhaft sich weitende Augen, auf die Nachricht stierend, daß der *Heizer* plötzlich nicht mehr heizen wolle, statt dessen aber die unüberprüfbarsten Dinge an einem versteckten Schreibtisch ausbrüte.
> Ein Anblick, dem er sich nicht entziehen konnte, der ihm den Mund öffnete ... war der Anblick auch so künstlich, wie ihm die Figurensprache seiner Person immer dann erschien, wenn er, innerhalb der einen seiner verschiedenen Existenzen, sein Abbild aus der anderen vor sich zu reproduzieren suchte ... bannte ihn, offenen Munds in der wüsten Beleuchtung eines winkligen Heizungskellers, von riesenhaft irrenden, sinnlos handelnden Schattengruppen umtanzt, sah er sich seinen Körper einer wütenden Sisyphosarbeit unterwerfen [...]. (H 125)

Eine Kündigung scheint ausgeschlossen, denn dies würde eine Erklärung erfordern, die noch mehr Aufmerksamkeit erregen würde: Wenn er die Stelle aufgäbe, schlössen sich Fragen nach einer anderen Beschäftigung an. Während der Arbeitsort am Kessel nicht den Verdacht auf sich lenkt und somit keinen Anlass für eine Erzählung bietet, ist der Schreibtisch, an dem «unüberprüfbarste[ ] Dinge» vor sich gehen, vor diesem Blick versteckt und daher von polizeilichem Interesse. In der Antizipation eines polizeilichen Blicks entwirft der Protagonist – durch die Kursivsetzung als Titel markiert – eine «*Heizer*»-Erzählung, die ihn als Figur einsetzt. Mit dem Verweis «auf die Nachricht stierend» ist dieser Blick immer schon an Schriftlichkeit gekoppelt, jedoch bleibt der Status dieser Nachricht völlig unklar. In der Vermutung, dass es sich dabei um eine geheimpolizeiliche Mitteilung handelt, wird die Nachricht zu einem Schriftstück der staatlichen Überwachung. In der Kursivsetzung des «*Heizer[s]*» koppelt sie sich aber auch an die Erzählung selbst und eröffnet Momente der Rezeption, die die textuelle und metasprachliche Ebene ineinander übergehen lässt. Die Gleichzeitigkeit von geheimpolizeilicher Mitteilung und literarischem Text wird ausschließlich in der Performanz der Typografie sichtbar. Dieser Effekt zeigt ein

24 In dieser Gleichzeitigkeit ist die Kessel-Szene – «im Wettlauf mit den in Kesseln niederbrechenden Feuern» (H 123) – sprachlich durch parataktische Satzkonstruktionen geprägt, wie auch Winnen betont, vgl. Winnen: *Kafka-Rezeption in der Literatur der DDR*, 230. Ein Beispiel dafür ist: «In den schwarzen, mit jedem Schwung der Schaufel aufschießenden, von der niedrigen Decke zurückflutenden Wolken von Staub war der Heizer kaum sichtbar, nur sein nasser Gesichtsfleck mit dem geöffneten, blutrot erscheinenden Mund tauchte nach jeder der Drehungen seines Oberkörpers einen Augenblick in das rote Licht der geschwärzten Glühbirnen.» (H 123).

Wissen darüber, dass reparierendes Schreiben in seinem fortwährenden Wuchern nicht nur von der Literatur, sondern auch von der Volkspolizei und der Staatssicherheit praktiziert wird. So stellt ebenso der Text eine Gratwanderung dieser Strategie aus, die als Etablierung eines eigenen Schreibprozesses auch Material für die Gegenseite liefern kann.

Der «Anblick», der ihm den Mund öffnet, wird von ihm selbst konstituiert und lässt ihn in Heizer und Schreibenden zerfallen, ohne eine völlige Spaltung herbeizuführen. Winnen stellt in diesem Zusammenhang fest, «daß sich eine (primäre) Figur selbst zum (sekundären) Erzähler aufschwingt und in dieser Funktion von einer (sekundären) Figur erzählt, mit der sie letzten Endes identisch ist».[25] In einer Fußnote räumt sie dabei ein, dass das Adjektiv «identisch» in einem oberflächlichen Sinne gemeint sei und immer wieder in Frage gestellt werden müsse. Einerseits betrachtet Winnen das Geschehen durch ihre Zuordnung von primär und sekundär in gewisser Weise als autonom vom Schreibprozess. Die hier angestellte Lektüre hat bereits angedeutet und wird noch weiter ausführen, dass das Geschehen in der Gleichzeitigkeit des Schreibprozesses zu denken ist. Andererseits führt Winnen nicht weiter aus, dass dieser Bewegung ein produktives Moment für das Schreiben innewohnt, das gerade aus dem Nicht-identisch-Sein entsteht. Daher scheint das Aufschwingen nicht ganz die Bewegung zu beschreiben, die mit den Sich-sehen-Phrasen einhergehen, vielmehr ist es ein abruptes Umschlagen, das stets die Vorzeichen im Text ändert. In dieser Passage gleitet dem Protagonisten die Darstellung seiner Heizer-Existenz ins Künstliche ab, das demgemäß – durch die Auslassungspunkte offenbar – den Abbruch zur Folge hat. Mit dem Scheitern der Darstellung und markiert durch ein weiteres Sich-Sehen kehrt der Protagonist an den Kessel zurück, ergibt sich in die «Sisyphosarbeit» – in die nicht enden wollende Arbeit des Heizens – und zitiert einen anderen Text: den griechischen Mythos des Sisyphos, der die Kessel-Arbeiten nun doch beschreibt. Das Paradoxe an dieser Reparaturbewegung ist das fortwährende Umschlagen von Schreibgegenstand zu Schreibreflexion: Wenn der Schreibende mit der Darstellung des Heizers scheitert, kehrt er als Heizer zur Arbeit am Kessel zurück, die er wieder mit einem anderen Text beschreiben kann. So wird dem Heizen ein Schreibverfahren abgewonnen, das den eigenen mit einem anderen Text repariert. Diese Reparaturarbeit beschränkt sich dabei nicht nur auf literarische Texte, wie auch am Ende der Kessel-Szene deutlich wird:

> [E]inmal stand er erstarrt, ohne die fetten gelbgrünen Metastasen zu beachten, die, ein blutgetränkter Rotz, aus der Bronze seiner Muskulatur fuhren, in der veralteten Schönheit eines vernichtungswürdigen, kultischen Denkmals unter den Kaskaden von Dreck, […] in einer seinem Status verdankten, endlich erlernten Sprache […] stieß er Sätze hervor, die ihm von der Güte des neunzehnten Jahrhunderts schienen: die Situation des Werkes ist das Sinnbild des ökonomischen Verhaltens in diesem Land, ein Fortschritt, diesem System der Kleinstaaterei angemessen, der Leidtragende aber ist die Klasse, die in Erwartung dieses sogenannten Gespensts, dieses europäischen, so schauerlich grinst, laßt uns, ehe wir so ganz fadenscheinig werden,

25 Winnen: *Kafka-Rezeption in der Literatur der DDR*, 231.

> wieder übers Meer fliehen, *ein stolzes Schiff* ... oh, laß uns kommen, Afrika aller unverrichteten Dinge.
> Der Heizer, den ein langer, besorgniserregender Hustenanfall von solcher Sprache abschlug, oder zumindest aus einem ganz unangebrachten Hohngelächter erlöste, hörte das beruhigende Reden des alten Meisters: Eins aber noch, und das ist meine letzte Amtshandlung hier auf dieser Bude. (H 126)

Der Moment des Umschlagens wird durch den Körper des Protagonisten ausgestellt. Während der Körper vorher ständig in Bewegung war, um die Arbeit als Heizer zu verrichten, «erstarrt» er hier zum sozialistischen Topos des Arbeiterhelden. Dieser wird, wie Winnen erläutert,

> teils, ohne die Sprachebene des Klischees zu verlassen, durch eingefügte Kommentare fragwürdig gemacht – so wird etwa die Schönheit explizit als ‹veraltet› [...] bezeichnet, das Denkmal als ‹vernichtungswürdig› beurteilt –, teils wird das Klischee auf der Ebene scheinbar neutraler Beschreibung durch die Brechung der Sprachebene unterlaufen.[26]

Der alte Glanz des «Denkmals» ist zwar noch als Relikt einer ideologisch verklärten Vorstellung zu erkennen, doch ist der physische Körper durch die übermäßige Beanspruchung an der veralteten Kesselanlage sichtlich abgequält und krank. So wird der idealisierte und in sprachlichen Klischees geformte Text-Körper unterlaufen und als hochstilisierte Konstruktion entlarvt, die nur wenig mit der Arbeitswelt des Heizers zu tun hat.[27]

Zum einen wird der arbeitende Körper erst durch den sozialistischen Topos konstituiert, zum anderen dringt der Topos wie eine Krankheit in den Körper ein, sodass er die Aussagen über den Betrieb als Textfragmente «in einer seinem Status verdankten, endlich erlernten Sprache» förmlich ausstößt. Als Körper, der aus dem Topos hervorgeht, wiederholt er zwar die Sätze «von der Güte des neunzehnten Jahrhunderts», aber in Form von «blutgetränkte[m] Rotz». Die Sätze werden durch Hinzufügungen oder ironische Brechungen zu Sekreten, die sich erst im Ekelhaften des physischen Arbeiterkörpers offenbaren. So wird es nach Winnen ironisch, «wenn der Heizer die aktuelle ‹Situation des Werkes› in Marxscher Diktion als ‹Fortschritt› bezeichnet», obgleich diese Situation vielmehr «Marx' Analyse der bürgerlich-kapitalistischen Gesellschaft des 19. Jahrhunderts» zu entsprechen scheint.[28] Der vom sozialistischen Topos geformte Text-Körper stößt demnach die ideologisch angemessenen Textfragmente aus, doch im Ausstoßen eines erschöpften und kranken physischen Körpers schlägt dieses scheinbar konforme Verhalten in eine Kritik um. Der sozialistische Topos des Arbeiterhelden wird zu einem körperlosen Wesen, in Anlehnung an das *Kommunistische Manifest* zu einem Gespenst, das den «Leidtragende[n]» erscheint. Dieses Gespenst stellt auch den Bezug zum Betriebsgelände her, das «[der Heizer], mit einer alten, fremd gewordenen Bezeichnung, *gespenstig* nannte» (H 105).[29]

Der Aufruf zur Flucht über das Meer markiert wieder einen Moment des Umschlagens. Winnen liest diese Stelle als Anknüpfung an eine Tradition

26 Ebd., 245.
27 Vgl. ebd.
28 Ebd., 246.
29 Vgl. ebd. Überdies verbindet sich diese Stelle auch mit der geisterhaften Gestalt, die sich scheinbar an den Bus krallt. «In diesem Augenblick sah der Heizer, in einem der Plexiglasfenster in der hinteren Falttür des Busses, ein altes, runzliges, gelbes Gesicht mit hervortretenden Augen, das sich von außen an die Scheibe preßte, das Schreien eines aufgerissenen Mundes zerbrach unhörbar, der schnell anfahrende Bus wischte dieses Gesicht fort [...]. Später glaubte der Heizer beschwören zu können, daß er aufgesprungen und zum Rückfenster gestürzt war, draußen auf der im Dunkel verschwindenden Straße aber nichts als den wirbelnden Schnee gesehen hatte [...].» (H 108).

innerhalb der ostdeutschen Literatur, für die beispielsweise Volker Brauns Essay «Rimbaud. Ein Psalm der Aktualität» steht, in dem «‹Afrika› als Metapher für die Abkehr von der sozialistischen Utopie» verwendet wird.[30] In *Vorblick auf Kafka* betont Hilbig, dass das «*Amerika*» im *Verschollenen* «ein geistiges Bild der anderen Welt für Kafka» sei, «der damit freilich einer spezifisch deutschsprachigen Literaturtradition folgte, die von einem wirklichen Amerika keine Notiz nahm».[31] So sind sowohl in Kafkas *Verschollenem* als auch in Hilbigs *Heizer* weniger konkrete Orte gemeint; vielmehr sind es fiktive Orte der Literatur. Während Kafkas Protagonist Karl Roßmann aufgrund der Affäre mit einem Dienstmädchen aus dem gewohnten Europa ausgestoßen und nach Amerika geschickt wird, um schließlich als Verschollener zu enden, sehnt sich Hilbigs Heizer nach diesem Exil «aller unverrichteten Dinge» und ruft es förmlich an. Wie Winnen erläutert, ist der Aufruf «laßt uns […] wieder übers Meer fliehen» als eine erneute literarische Vergemeinschaftung eines Wir zu verstehen,[32] jedoch scheint der zweite Appell «laß uns kommen» dem Sehnsuchtsort zu gelten, der die Flüchtenden in Empfang nehmen soll. Das Auslaufen vom «*stolze[n] Schiff*» bindet sich in seiner Kursivsetzung an den Schreibprozess, der sich hier als Befreiung aus der Arbeit am Kessel und zugleich aus der ideologisch geprägten Sprache darstellt.

Diese bevorstehende Schreibreise wird jäh von einem «ganz unangebrachten Hohngelächter» unterbrochen, das einen «besorgniserregende[n] Hustenanfall» auslöst. Der physische Körper holt demnach den Heizer aus dem Schreibprozess wieder in das Büro zu den Vorgesetzten zurück. In dieser Ausschweifung entwirft der Protagonist trotz der misslungenen Flucht insoweit eine Strategie, als er sich dem alten Meister, der von der gedanklichen Abwesenheit seines Heizers nichts bemerkt zu haben scheint, mit einem intervenierenden «Nein» entgegenstellt:

> – Nein, sagte der Heizer, sich über den aufwachenden Klang seiner Stimme wundernd, das schneidende, das furchtbare Wort war gefallen und hallte noch in der Stille des Büros, von der sich die scheinbar absatzlos weiterredende Stimme des alten Meisters kaum abhob. […] Natürlich, sagte dieser [der alte Meister] […] – Dabei rückte er […] die Spendenliste noch einmal direkt vor den Heizer hin, der, ausschließlich diese Bewegung im Auge, mit lauter Stimme erklärte: Ich sagte, daß ich hiermit die Spende *verweigere*, verstanden, *verweigere*, ich *weigere* mich, aus dem oben genannten Grund, eine Spende zu zahlen. – Er blickte den alten Meister nicht an, spürte aber, an dem um eine Nuance stärker durch die Nase fahrenden Zigarettenrauch, daß dieser lächelte. (H 126f.)

Nach der bisherigen Sprachlosigkeit im Büro emanzipiert sich der Protagonist. Der Eklat beginnt mit einem durchdringenden «Nein» des Heizers, der von dem «aufwachenden Klang seiner Stimme» selbst überrascht wird. Während das «Nein» noch «in der Stille des Büros» hallt, kulminiert der Protest in dem dreifach wiederholten und kursiven (Ver-)Weigern. In der Absicht einer Klimax, die sich nur schwach durch die Wiederholung des

30 Winnen: *Kafka-Rezeption in der Literatur der DDR*, 246. In Brauns Essay heißt es: «Wenden wir uns um in unser Unglück. Gehen wir wieder in das alte Land hinein. Keine Ausflüchte; wir müssen ins Innere gehn»; Volker Braun: Rimbaud. Ein Psalm der Aktualität, in: ders.: *Verheerende Folgen mangelnden Anscheins innerbetrieblicher Demokratie*, Leipzig 1988, 95–120, hier 115. Mit diesem Aufruf versucht er, wie Ursula Heukenkamp betont, eine «Synthese von *Afrika* und *Utopia* im Zeichen der kommunistischen Zukunft», Ursula Heukenkamp: Von *Utopia* nach *Afrika*: Utopisches Denken in der Krise der Utopie, in: *Text + Kritik*, Sonderband Literatur in der DDR. Rückblicke, München 1991, 184–194, hier 186. Diesen Gang ins Innere bezeichnet Braun als «innerste[s] Afrika», Braun: Rimbaud. Ein Psalm der Aktualität, 115.

31 Wolfgang Hilbig: Vorblick auf Kafka, in: ders.: *Werke. Bd. 7: Essays – Reden – Interviews*, hg. v. Jörg Bong, Jürgen Hosemann, Oliver Vogel, Frankfurt / M. 2021, 39–50, hier 48. Auch Winnen nimmt auf diese Stellen in *Vorblick auf Kafka* Bezug, verweist aber nicht auf die Unterschiede zwischen Kafkas und Hilbigs Protagonisten. Vgl. Winnen: *Kafka-Rezeption in der Literatur der DDR*, 247.

32 Vgl. ebd., 247f.

gleichen Verbs zeigt, wird seine Intervention jedoch im Text kursiv markiert.[33] In der Rückbindung an die Schreibszene versucht der Protagonist, seine Rede nachträglich und typografisch zu verstärken. Es entstehen hierbei mehrere Lektüre-Ebenen, die sich gegenseitig bedingen: Die Geschehnisse im Büro werden scheinbar vorweggenommen, da die typografische Verstärkung des Protestes ein erstes Indiz dafür ist, dass der Heizer mit seinem Vorhaben scheitern wird/gescheitert ist. Auch mit dem Lächeln des alten Meisters als Reaktion darauf scheint die Rede nicht seiner Strategie, sondern der seiner Vorgesetzten zu folgen. Die Rede bindet sich – gegenläufig zum Eindruck der Vorausdeutung – durch die Kursivsetzung und mit dem Zusatz «aus dem oben genannten Grund» an einen zugleich entstehenden Text, der an die angedrohte Kündigung des Heizers denken lässt und die Inszenierung auf eine eigentümliche Weise unzeitlich macht. Auf der Ebene des Schreibprozesses wird protestiert, in der Hoffnung, dass die Inszenierung des Eklats als Geschriebenes gelingt.[34]

In immer provokanteren Ausführungen,[35] durch die sich dann auch der neue Meister ins Gespräch einbringt, versucht der Heizer, doch noch den gewünschten Effekt seines Eklats zu erzielen:

> Innerhalb meines Status, sagte der Heizer, den ich als eine Art von Sklavenstatus ansehe, ansehen muß, ist es uninteressant geworden, ob alles Für und Wider bedacht ist, wenn man sich nur erheben kann […], über die Form der in diesem Status möglichen Auseinandersetzung … – *Sklavenstatus* … nennen Sie das, sagte der neue Meister, der eine Möglichkeit gefunden zu haben schien, wirklich beleidigt, das Gespräch zu beenden, *Sklavenstatus*, damit gehen Sie entschieden zu weit, unter solchen Voraussetzungen ist das kein Thema für uns. Darüber werden wir natürlich nachzudenken haben … aber, Sie können sich verlassen, es gibt keinen Grund für uns, wie Sie es auch provozieren, uns noch höheren Ortes solcher Verfehlungen zu rühmen. (H 129)

Dadurch, dass der Ausdruck «Sklavenstatus» in den Kontext des volkseigenen Betriebs gesetzt wird, kulminiert der Eklat, denn diese Verschiebung stellt das sozialistische Fundament in Frage. Die Behauptung räumt, so Winnen, die Möglichkeit ein, «daß auch im real existierenden Sozialismus der ‹Sklavenstatus›, der in Marx' Analyse den Zustand der Arbeiter in kapitalistischen Betrieben bezeichnet, keineswegs überwunden ist».[36] Während der polarisierende Ausdruck in der Rede des Protagonisten ohne typografische Markierung erscheint, taucht nun die Kursivsetzung als eine politische Distanzierung in der Rede des neuen Meisters auf. Die Verfahrensweise des reparierenden Schreibens macht sich hier die Gegenseite zunutze. In der typografischen Hervorhebung wird der Ausdruck als ideologisch Fremdes ausgesondert. In der Aneignung des Begriffs bricht das Vorhaben jäh ab und bietet keine Gelegenheit der Korrektur. Die Gratwanderung des Eklats gelingt demnach nicht, sondern wendet sich gegen den Heizer. Nicht nur auf der Ebene der Narration, sondern auch auf der der Schreibszene lässt diese Wendung den Text scheinbar selbst scheitern, denn er

33 Die dreifache Wiederholung versteht Winnen als ironische Brechung und Hilflosigkeit des Heizers, vgl. ebd., 251.

34 Winnen konstatiert, dass es evident erscheint, «die ganze Erzählung ‹Der Heizer› als die Verwirklichung dieses erträumten Kündigungstextes zu lesen, wobei der Heizer zum Erzähler wird, der rückblickend (daher auch manchmal vorausdeutend und kommentierend) und aus einer scheinbar distanzierten Position in der 3. Person von seinem ‹Helden› berichtet, während der Text selbst quasi als H.s zweiter Versuch des Sprechens auf einer anderen Ebene betrachtet werden kann» (ebd., 254 f.). Mit Verweis auf den zweiten Versuch legt Winnen wieder eine chronologische Abfolge von Geschehen und Schreibprozess nahe, jedoch scheint sich der Text dieser eindeutigen Zuordnung zu widersetzen.

35 Nach dem dreifach wiederholten (Ver-)Weigern erfolgt die nächste Provokation des Protagonisten, indem er das Werk als «Strafanstalt» bezeichnet (H 128). Der neue Meister weist dies folgendermaßen zurück: «Sie wollen doch geistig rege sein und übersehen, daß mit diesen Spenden schon einige Menschen vielleicht vor wirklichen Strafanstalten bewahrt worden sind» (H 128).

36 Winnen: *Kafka-Rezeption in der Literatur der DDR*, 250.

fügt sich in den ideologisch gelenkten Diskurs ein. Das Scheitern ist jedoch, wie der Heizer wenig später reflektiert, unumgänglich:

> – Der Heizer, der sich in keinem Moment hatte befreien können aus dem Sprechtext der Figur, die er, *in diesem Land aufgewachsen*, hier darstellte, wußte, daß sein durch die eigenen Worte determinierter Sieg eigentlich eine Niederlage war, der einzig mögliche, korrumpierende Sieg für ihn in diesem Land, den er auch dadurch, daß er sofort Papier und Stift verlangt hätte, *um die Kündigung zu schreiben*, nur verkleinern konnte […]. (H 129)

Trotz seiner Provokationen verbleibt er im Sprechtext einer Figur, die «*in diesem Land aufgewachsen*» ist und einem anderen Skript folgen muss. Gefangen im determinierten Sprechtext erfährt der Protagonist «seine Rede – und zwar auch seine *Gegen*rede – als von der Sprache des Betriebs abhängige Inszenierung»,[37] so Winnen. Er ist eine «völlig unbedeutende Nebenrolle», auf «das Signal für seinen Abgang» wartend, «innerhalb des Stücks, das die in diesem Büro handelnden Personen aufführten» (H 129 f.). Im Büro haben die «eigenen Worte», die der Protagonist für seinen Eklat verwendet und den Vorgesetzten als mögliches Protest-Instrument präsentiert, der Gegenseite zum Sieg verholfen. Die Möglichkeit, «sofort Papier und Stift» für die Kündigung zu verlangen, würde ihn nur weiter in diesen «Sprechtext der Figur» drängen und den ideologischen Diskurs weiter ausbauen. Auch im Schreibprozess und der typografischen Inszenierung hat der Protagonist sein Instrument offengelegt. Die Figur des neuen Meisters scheint sich dem Schreibenden insofern zu widersetzen, als sie auch auf der Ebene des Geschriebenen wirken kann und ihren Sprechtext so verändert, dass das Kursive nun ihrer Strategie folgt.[38]

Nach dieser Erkenntnis muss der Heizer mit der Prämie, die höher ausgefallen ist als angekündigt und somit den korrumpierenden Sieg der Gegenseite noch einmal betont, das Büro verlassen. Zuhause angekommen schläft er kurze Zeit später ein. In einem Traum zum Ende der Erzählung verdichten sich die verschiedenen Elemente. Eingeleitet wird er von einer Außenansicht, die wieder durch den Ausdruck des Sich-Sehens entsteht:

> – In einem wirren, doch ungewöhnlich eindrucksvollen Traum […] sah er sich im Innern einer Pyramide, wahrscheinlich in der untersten der Kammern, […] er sah sich vor einer schier endlosen Reihe von Heizkesseln arbeiten, in den Ohren das ununterbrochene Geräusch des Dampfes, der durch ungezählte, über ihm in Richtung der Pyramidenspitze zielende Rohrleitungen fauchte. Ein riesiger, nicht abnehmender Kohleberg stand ihm zur Verfügung – […] – mit nicht nachlassender Kraft warf er Schaufel um Schaufel der Kohle in die aufbrausenden Schlünde der nächststehenden Kessel, das Prasseln in den Dampfleitungen schwoll an, stieg scheinbar bis in alle Höhen der Pyramide hinauf, und schon wieder schlugen, unersättlich, Flammen aus den nicht mehr zu schließenden Mäulern der Kessel zurück. In den geringen Pausen, die ihm blieben, lauschte er, ob über ihm […] Schritte wären, kein Zweifel, dort oben gab es überall Schritte, in allen sich über ihm türmenden Räumen war ein Auf- und Abgehen, doch übertönte alles der Lärm des Dampfes. (H 135 f.)

37 Ebd., 251.

38 Auch Winnen in ihrer Verwendung der Kursivierung fügt sich scheinbar in diese Konstellation mit ein.

In diesem Blick auf sich selbst manifestieren sich alle Raumerfahrungen des Protagonisten wie «die labyrinthische Ausdehnung des Betriebsgeländes und seine räumliche Abgeschlossenheit, aus der es kein Entkommen gibt», sowie «der in der Tages-Erzählung nur angedeutete symbolträchtige Zusammenhang zwischen dem tatsächlichen Ort der Heizer […] und ihrer sozialen Position auf der untersten Stufe der Betriebs- und Gesellschaftshierarchie» in der Architektur der Pyramide.[39] Insofern der Arbeitsort zuvor ein einsamer war, ist er im Traum nun ein überwachter, über dem sich Räume bis in die Spitze der Pyramide türmen. Gewahr wird der Heizer seiner Überwachung nur in Pausen, in denen er das «Auf- und Abgehen» der Schritte hört, die vorher von den Geräuschen der Kessel übertönt worden sind. Die Pausen, in denen er einst schrieb, werden jetzt von der Internalisierung der Überwachungssituation verdrängt. So steht der zuvor einsame Arbeitsort des Heizers nun durch den gescheiterten Eklat unter Beobachtung.

Vor dieser Kulisse beginnt der Protagonist dennoch das Schreiben seiner Kündigung, wobei die Erzählung nicht deutlich markiert, an welchem Ort die folgende Schreibszene stattfindet:

> – Er hatte es noch nicht gewagt, die Kündigung zu schreiben. Oder er war nicht fähig dazu, der Text seiner Kündigung würde den Umfang eines dicken Buches haben; er hatte begonnen zu schreiben, unendliche Ketten von Zusammenhängen, die für diesen Text notwendig waren, doch wem, wenn er alles in den Text aufzulösen imstande war, sollte er das Buch übergeben. Er war es selbst, dem er das Buch überreichte, der *Heizer* war gekommen, um die Kündigung entgegenzunehmen, mit gebieterischer Geste überreichte er ihm, im Tausch gegen das Buch, einen großen Briefumschlag, in dem sich Münzen und Scheine aneinanderrieben, mit gewaltigem Lachen begleitete er diesen Tausch […]. Er suchte sich zu erinnern, wie er […] in diesen unterirdischen Raum herabgestiegen war, doch es war zwecklos, diese Erinnerung gab es wohl nur im Kopf des anderen, den er mit dem Buch sich entfernen sah, den er über endlose Treppen hinaufsteigen sah, dessen Körper, der dem seinen aufs Haar glich, im Widerschein der Flammen, ehe er im Dunkel verschwand, noch immer von seinem Gelächter erschüttert war. (H 136f.)

Zögernd beginnt der Protagonist, seine Kündigung zu schreiben, im Bewusstsein, dass diese schnell «den Umfang eines dicken Buches» haben wird. Das Darstellen seiner Kündigungsgründe erzwingt eine «unendliche Kette von Zusammenhängen», die alles aufzulösen vermag. Die Stelle des Auflösens ist genau dort zu suchen, wo sich die Ebene der Geschehnisse (wie die schlechten Arbeitsbedingungen, die dadurch schwere körperliche Arbeit und der Protest dagegen) und die Ebene des Schreibprozesses, der in seiner literarischen Darstellung dieser Verhältnisse durch die Sprache der herrschenden Ideologie stets gestört wird, begegnen. Aus dieser wuchernden Kette, die durch das reparierende Schreiben entsteht, kann der Heizer nur ausbrechen, indem er den Text einem anderen gibt und so einen Abstand schafft. Die einzige Ausstiegsmöglichkeit besteht in einem mysteriösen Doppelgänger. Als Überlegener verschwindet er lachend mit dem Buch «über endlose Treppen hinauf», während

39 Winnen: *Kafka-Rezeption in der Literatur der DDR*, 252.

der Erste im Inneren der Pyramide zurückbleibt.[40] Durch die Geldübergabe steht dieser Erste in Verbindung mit seinen Vorgesetzten, die ihn trotz seines Protests mit einer Jahresendprämie, welche die der anderen Heizer im Betrieb übertrifft, entlohnt haben.[41]

In der Kursivsetzung ist der «*Heizer*» nicht nur der Doppelgänger, sondern zugleich auch die Erzählung selbst,[42] die in der Differenz von Schreibgegenstand und Schreibreflexion eine Unterbrechung und somit ein Ende findet. Durch diese Gleichzeitigkeit schafft sich der Heizer am Kessel im Schreiben einen Doppelgänger in Form eines Textes, der ihn zwar nicht aus dem Kesselhaus flüchten lässt, aber ihn zumindest vom wuchernden Buch befreit. Dabei verschwindet der Doppelgänger mit einem Text, der in Überlagerungen verschiedener Absichten, Zitate und intertextueller Bezüge ein komplexes Wissen über das Reparieren zeigt und zugleich die Funktionsweise des ideologischen Diskurses ausstellt. Das Ende zeigt das Überkommene des Protagonisten als Heizer und als Schreibender und verschiebt das potenzielle Handeln in das Außen des Textes. Die Form des reparierenden Schreibens, die die Grenze von textintern und textextern immer wieder verschiebt und neu setzt, ermöglicht Hilbig, sich aus dem ideologisch determinierten Textraum herauszuschreiben und die Erzählung in der BRD zu veröffentlichen. Durch *Unterm Neomond* und weitere Veröffentlichungen wird er in Westdeutschland bekannt und erhält 1985 das Stipendium des Deutschen Literaturfonds, das ihm die Ausreise aus der DDR in die BRD ermöglicht.[43] Obwohl Hilbig die DDR und ihren Literaturbetrieb verlässt, bleibt er in seinem reparierenden Schreiben auf das Abgenutzte, Ermüdete und Obsolet-Gewordene bezogen, wie Michael Opitz bemerkt: «Als Dichter war Hilbig in der DDR abwesend, obwohl er große Teile seiner Stoffe aus diesem Land bezog und in seinen Texten verarbeitete.»[44]

40 Vgl. ebd., 252 f.
41 Vgl. ebd., 253.
42 Darauf weist Winnen hin, vgl. ebd., 254 f.
43 Vgl. Stephan Pabst: Roman und Reflexion. Wolfgang Hilbigs Arbeit am Text – «Eine Übertragung», in: Ulrich von Bülow, Sabine Wolf (Hg.): *DDR-Literatur. Eine Archivexpedition*, Berlin 2014, 267–278, hier 267.
44 Opitz: Hilbig, Wolfgang, 129.

ALEXANDER WAGNER

DER HEIKODYSSEUS

‹Reparieren› als Prozessor sozialistischer Bildung

Die DDR lässt sich als ‹Reparaturgesellschaft› beschreiben; ihre Bürger_innen werden, auch und gerade im Rückblick und aus der hegemonialen Perspektive des Westens, als (unfreiwillig) kompetent im Umgang mit Defekten und Mangel wahrgenommen. Die entsprechende Identifikation mit Konzepten von Langlebigkeit, Optimierung, Findigkeit und organisatorischem Geschick zählt zu den wichtigsten Positivkategorien ostdeutscher Selbstbeschreibung und wird zugleich noch längst nicht hinreichend als echtes Potenzial für gesamtdeutsche Transformationsprozesse anerkannt.[1] Was Wolfgang Engler und andere als «Chaoskompetenz» bezeichnet haben,[2] als die Fähigkeit, innerhalb defizitärer industrieller Strukturen und eklatanter Dauerengpässe bei der Versorgung mit Ressourcen dennoch an Tausch- und Verwertbares und so an Benötigtes zu kommen,[3] beinhaltet mit der Instandsetzungskompetenz einen wichtigen Baustein. ‹Reparatur› wird dabei für den hier gewählten Zusammenhang explizit als Bildungsfunktion verstanden, deren Untersuchung ihren Ausgangspunkt im Bildungsverständnis einer dialektisch gewendeten Aufklärung im Anschluss an Theodor W. Adorno und Max Horkheimer nimmt und versucht, hierüber Rückschlüsse auf Eigenarten von Subjektivierung im Kontext des DDR-Sozialismus zu ziehen. Wird bei Adorno und Horkheimer das bürgerliche Subjekt am einschlägigen Beispiel des Sagenhelden Odysseus als durch Entsagung gebildetes analysiert, das sich in aufeinanderfolgenden Ausnahmezuständen formt, ist die alternative Figur des DDR-Subjekts, das in diesem Fall nicht weniger androzentrisch geprägt ist und darum versuchsweise Heikodysseus[4] genannt werden soll, an den Reparaturfall als Normalzustand gewöhnt.[5] ‹Bildung› lässt sich in beiden Fällen als Umgang mit Notständen und Defekten verstehen, nur sind deren warenweltliche Verhängnisse in der DDR, so die These, den Konsumprodukten erstens inhärent und zweitens gibt Reparatur*intelligenz* als Dispositiv eines Reparatur*wissens* vor, dass die Option

1 Vgl. hierzu umfassend Wolfgang Engler: *Die Ostdeutschen als Avantgarde*, Berlin 2002 sowie mit Bezug auf den häufiger erwähnten Bereich von Mutterschaft und familiärer Reproduktionsarbeit z. B. Judith Enders: Feminismus und Mütterlichkeit – ein Ost-West Thema?, in: *Femina Politica*, Bd. 28, Nr. 2, 2019, 140–146.

2 Vgl. Wolfgang Engler: *Die Ostdeutschen. Kunde von einem verlorenen Land*, Berlin 2002, 188, 288.

3 Vgl. Steffen Mau: *Lütten Klein. Leben in der ostdeutschen Transformationsgesellschaft*, Berlin 2020, 69, 107.

4 Heiko war in der DDR ein beliebter männlicher Vorname. Das vermerkt z. B. das Standardwerk von Wilfried Seibicke: *Die Personennamen im Deutschen*, Berlin, Boston 2019 [1982], 144.

5 Die (Selbst-)Bespiegelung der Ostdeutschen als lösungsorientiert, ‹bauernschlau› und in organisatorischen Fragen krisenfest ist bisher tatsächlich stark ‹männlich› geprägt. Alternative Perspektiven schlägt z. B. Volker Koepp in seinen filmischen Dokumentationen aus dem Wittstock-Zyklus (1975–1997) über eine Gruppe von Arbeiterinnen aus der DDR-Textilindustrie vor.

‹Instandsetzen› anderen Umgangsformen mit Defekten (‹Instandsetzen-Lassen› oder ‹Ersetzen›) gegenüber zu präferieren ist. Beide Funktionen führen zu dichteren Bildungsprozessen im Bereich des ‹Reparierens› in der DDR im Vergleich zur BRD.

‹Reparatur› ist also im Kontext ostdeutscher Verhältnisse größer zu fassen denn als Beheben aufgetretener Fehler und Schäden in laufenden Prozessen und gebrauchten Gegenständen.[6] Das Konzept führt tief in die Verfassung der arbeiterlichen Gesellschaft[7] als von rhetorischen und materiellen Idiosynkrasien[8] durchzogenes System, das hier, wiederum versuchsweise, ‹katachrestisch› genannt werden soll. Die Katachrese, als Trope vom *Historischen Wörterbuch der Rhetorik* der Bearbeitung semantischer Fehlbestände zugewiesen,[9] wird in einem weiteren Verständnis für die DDR vom sprachlichen zum relativ universellen Instrument der Fehlerbeseitigung. Reparaturwissen ist, folgt man einer recht schlichten Unterscheidung, der zirkulierende, dem praktischen Zugriff potenziell zur Verfügung stehende ‹Stoff› einer Reparaturintelligenz, die als mentales Dispositiv den Zugriff ‹Reparatur› als Praxis der Problembewältigung im mentalen Betriebssystem der DDR-Bewohner_innen vorstrukturiert. Der Heikodysseus als dialektischer Doppelgänger des ‹listenreichen›, ebenfalls dialektischen Bildungssubjekts bei Adorno und Horkheimer wird durch produktiven, aneignenden Umgang mit seinem spezifischen Verzichtssystem zum Prototypen einer besonderen, nämlich arbeiterlichen Form bürgerlicher Existenz. Dieser produktiv-aneignende Umgang lässt sich als Prozessieren, als eingreifende Veränderung[10] in katachrestische Zustände begreifen. Hierfür ist das ‹Reparieren› im DDR-Sinn das vielleicht beste Beispiel, meint es doch nicht nur die Instandsetzung gebrauchter Dinge, sondern ist vielen Konsumartikeln und Gebrauchsgegenständen als Bedingung normaler Verwendung ab Werk mitgegeben. Die drei Erscheinungsformen dieser Bedingung wären erstens der notorische Produktionsfehler und zweitens, extremer noch, der Mangel an einem bestimmten Produkt, der bis zu seiner faktischen Inexistenz reichen kann. Das jeweilige Ding taucht dann im Extremfall in der DDR gar nicht als Angebot oder lediglich als Mythos auf, als Erzählung fantastischer Art mit einem Rest an Wunschenergie, und muss aus anderen Gegenden, dem Westen zumal, für den nachbauenden Zugriff im Modus metonymischen Reverse Engineerings erschlossen werden. Hinzu kommt drittens eine in einigen Fällen im Produktdesign mitgedachte Offenheit, die dem Ding bereits im Prozess der Formgebung einen erweiterungs-, modifizier- und reparaturfähigen Charakter gibt.[11] Die Sphären von Mangel und Mängel, von Fehlen und Fehler produzieren so den Heikodysseus als Figur des DDR-spezifischen Bildungsromans, dessen wiederum DDR-spezifische Antwort auf die Frage «Was ist Aufklärung?» ein erweitertes Verständnis von ‹Reparatur› ist.

Zum entwickelnden Nachvollzug dieses Sets an Thesen wird im Folgenden eine Zeitschrift betrachtet, die als Versuch gelten kann, im paradoxen Modell einer unsystematischen Enzyklopädie das flottierende DDR-Reparatur-

6 Dass es sich in diesen Funktionen auch außerhalb realsozialistischer Lebenswelten längst nicht erschöpft, muss angesichts inzwischen elaborierter Forschungsergebnisse, die die politische Dimension von Reparatur konsequent hervorheben, nicht eigens betont werden. Vgl. u. a. (in chronologischer Reihenfolge) Evelyn Blau, Norbert Weiß, Antonia Wenisch: *Die Reparaturgesellschaft. Das Ende der Wegwerfkultur*, Wien 1997; Brian Larkin: *Signal and Noise. Media, Infrastructure, and Urban Culture in Nigeria*, London 2008; Ignaz Strebel, Alain Bovet, Philippe Sormani (Hg.): *Repair Work Ethnographies. Revisiting Breakdown, Relocating Materiality*, London 2019; Stefan Krebs, Gabriele Schabacher, Heike Weber (Hg.): *Kulturen des Reparierens. Dinge – Wissen – Praktiken*, Bielefeld 2018; Jürgen Bertling, Claus Leggewie: Die Reparaturgesellschaft. Ein Beitrag zur großen Transformation?, in: Andrea Baier u. a. (Hg.): *Die Welt reparieren. Open Source und Selbermachen als postkapitalistische Praxis*, Bielefeld 2016, 275–286.

7 Vgl. grundsätzlich Engler: *Die Ostdeutschen*, 173–208.

8 Vgl. Ekaterina Gerasimova, Sof'ia Chuikina: The Repair Society, in: *Russian Studies in History*, Bd. 48, Nr. 1, 2009, 58–74, hier 58, 66.

9 Vgl. Gregor Kalivoda u. a. (Hg.): *Historisches Wörterbuch der Rhetorik*, Bd. 4: Hu-K, Tübingen 1998, Sp. 904.

10 Vgl. Hartmut Winkler: *Prozessieren. Die dritte vernachlässigte Medienfunktion*, Paderborn 2015.

11 Vgl. hierzu z. B. das Design des Mokick S50 von Clauss Dietel und Lutz Rudolph aus dem Jahr 1975, bei dem «[d]ie Teile beziehungsweise Baugruppen nicht mehr formschlüssig miteinander verbunden [sind] und also ausgetauscht werden [können], ohne den Nachbarn zu beeinträchtigen. Der Austausch des einen Teils bleibt folgenlos für alle anderen», Heinz Hirdina: Offene Strukturen, geschlossene Formen. DDR- und BRD-Design – ein Vergleich, in: Kai Buchholz (Hg.): *Im Designerpark. Leben in künstlichen Welten*, Darmstadt 2004, 170–177, hier 176. Für den Hinweis hierauf danke ich Jana Mangold.

wissen zu bündeln, handhabbar zu machen, seine Akteure zu vernetzen und schließlich performativ einen ‹Ort› zu kreieren, an dem Reparaturintelligenz als Prinzip sozialistischer ‹Bildung› (print-)medial sichtbar und entsprechend Gegenstand eines emanzipatorischen Blicks auf das ‹Eigene› wird. Dieser ‹Ort› kann in der *practic* ausgemacht werden. Die Zeitschrift erschien, als Nachfolgerin von *Modellbau und Basteln*, seit 1964 zunächst zweimonatlich und ab 1972 quartalsweise im Verlag Junge Welt. Ihre Auflage von 362.400 Exemplaren im Jahr 1988[12] weist sie quantitativ als Printmedium mittlerer Reichweite aus, wobei für den Zeitschriftenmarkt der DDR mit seiner stärkeren Gelenktheit, vor allem aber der spezifischen, Papierknappheit und Verteilungsproblemen geschuldeten Distributionslage, andere Rezeptionsdimensionen der einzelnen Hefte und eine höhere Heftkontaktrate angenommen werden kann als etwa in der BRD. Die gut 360.000 Exemplare einer *practic* werden, davon ist auszugehen, dementsprechend trotz der für dieses Medium wichtigen Sammelfunktion (im Sinne von Gesammeltwerden durch Einzelnutzer_innen[13]) von einer größeren Leser_innenschaft rezipiert worden sein, als die Auflagenzahl allein aussagt.

Das Magazin überlebt die politische ‹Wende› nur relativ kurz. Nach einem umfänglichen Relaunch zwischen den Ausgaben 2/1990 und der darauffolgenden Nummer 8 desselben Jahrgangs (die Nummern 3 bis 7 existieren nicht), mit der auf einen monatlichen Erscheinungsrhythmus und buchstäblich eine neue Zeitrechnung umgestellt wird, unternimmt *practic* die für DDR-Zeitschriften recht üblichen Versuche redaktioneller und gestalterischer Art, auf einem gesamtdeutschen Markt Fuß zu fassen, was, leider auch relativ üblich, nicht dauerhaft gelingt. Mit der Dezemberausgabe des Jahres 1991 fusioniert *practic* mit der westdeutschen Heimwerkerzeitschrift *selbst ist der mann* und wird noch einige Zeit als eine Art Sonderheft für die neuen Bundesländer weitergeführt, verliert aber ihre formale Selbstständigkeit.

Die Zeitschrift versammelt über Jahrzehnte Bauprojekte, Erfindungen, Lifehacks und andere kreative Ideen aus der Lebenswelt der DDR-Bürger_innen. Viele der Artikel sind namentlich gekennzeichnet und weisen (ganz überwiegend ‹männliche›) Leser_innen des Magazins als Autor_innen der einzelnen Beiträge aus. Darin drückt sich ein ausgesprochen großes Begehren an Rezipient_innenbeteiligung aus. Auch die fotografische Dokumentation der Projekte liegt weitgehend in der Hand der Beitragsurheber_innen, was, wie noch gezeigt werden soll, zur Wendezeit zum problematischen Index einer reparaturbedürftigen Differenz des Magazins gegenüber ‹westlichen› Mitbewerber_innen wird. Redaktionelle Texte und Werbung tauchen dagegen vor der sogenannten ‹Wende› nur spärlich auf. Hin und wieder werden unter Überschriften wie «In eigener Sache» Ansprachen an das Publikum veröffentlicht, in denen hauptsächlich um weitere Ideen, vor allem aber kritische Rückmeldung zu den Heftinhalten und um Vertrauen in das Handeln der Redakteure, etwa bei der Auswahl aus den eingesandten Projekten, geworben wird.

12 Vgl. Dietrich Löffler: Publikumszeitschriften und ihre Leser. Zum Beispiel: ‹Wochenpost›, ‹Freie Welt›, ‹Für Dich›, ‹Sibylle›, in: Simone Barck u. a. (Hg.): *Zwischen ‹Mosaik› und ‹Einheit›. Zeitschriften in der DDR*, Berlin 1999, 48–60, hier 50.

13 Trotz der Verwendung gegenderter Formulierungen im Folgenden ist von einer ganz überwiegend ‹männlichen› Leserschaft der *practic* auszugehen.

Im Folgenden wird aus drei Perspektiven, die jeweils assoziativ an Stellungnahmen aus dem Odysseus-Exkurs in der *Dialektik der Aufklärung* anknüpfen, auf die Zeitschrift geschaut. Dabei kommen das Bildungsmodell der Zeitschrift, ihre um 1990 endgültig kritisch werdenden Subjektivierungspraktiken und schließlich der Untergang des Heikodysseus in den neuen, unvermeidbaren, schnell applizierten Standards westdeutscher Printmedialität in den Blick.

I. Mangel als Einsicht oder «List aber ist der rational gewordene Trotz»[14]

Angesichts der oben beschriebenen Verhältnisse innerhalb der *practic*, ihres Übergewichts an Leser_innenbeiträgen, die offensichtlich nur schwach von der Redaktion gesteuert oder angepasst werden, erscheint die Zeitschrift als kuratierte Arena freier Mitarbeiter_innen, die aus dem Kreis der Leser_innen stammen und den Inhalt der Heftseiten mit ihren Einsendungen bestimmen. Im Gegensatz zur Nachwendezeit stellt die *practic* vor 1989 kaum neue Konsumartikel vor, von Ausnahmen wie solchen Gegenständen abgesehen, die eindeutig als innovative Prototypen eingeordnet werden können und etwa im Rahmen von Messeschauen gezeigt werden. Was die Zeitschrift erklärt und bespricht, sind nahezu ausschließlich Ersatzdinge für nicht zu habende und Verbesserungen verfügbarer, aber defizitärer Produkte. Dieses zwischen *improvement* und Substitution aufgespannte Feld gibt den Lernbereich für ‹Reparatur› ab, dem sich das Magazin widmet. Die Gemeinschaft der *practic*-Prosumer_innen, die in geteilter Rolle als Leser_innen und Autor_innen fungieren, eint dabei eine anspornende Einsicht in die Defizite ihrer Lebenswelt. Hierin besteht ein Unterschied zum Odysseus in der Bildungsgeschichte von Adorno und Horkheimer. Erzählt die Odyssee eine Geschichte des bürgerlichen Individuums, das vor allem auf dem Weg persönlicher Entsagung zu sich kommt, ist der Heikodysseus listenreich in einer lückenhaften Welt, die er selbst neu entwirft und so im wahrsten Sinn identifiziert. Am Beispiel der Fahrt entlang der Sireneninsel wird klar, dass der Odysseus der *Dialektik der Aufklärung* sich gerade durch Erkenntnis einer nicht überwundenen Verfallenheit an seine Zwänge von ihnen befreit. Die Fesseln, die ihn an den Mast binden, und das Wachs in den Ohren der Rudernden, das sie taub für seine Schreie macht, sind Maßnahmen des technisch aufgeklärten Mannes,[15] der auf vernünftigem Weg und durch Abwägung seiner Vermögen ein bestehendes System, die an den Rand der zivilisierten Welt gedrängten Monster des Mythos, ohne direkten Eingriff überlistet.

Die *practic* nun erzählt eine Variante dieser Erzählung bürgerlicher Bildungsprozesse im Rahmen gesteigerter materieller Herausforderung. Dominique Krössin sieht in der Zeitschrift «eine eigenartige Mischung aus vorindustriellen Verhaltensweisen und Modernität [dokumentiert]».[16] Diesem Eindruck ist vorläufig zuzustimmen; das dem Magazin zugrunde liegende Bildungsmodell lässt sich mit Blick auf die Subjektivierungsprozesse des Odysseus in

14 Theodor W. Adorno, Max Horkheimer: *Dialektik der Aufklärung. Philosophische Fragmente*, Frankfurt / M. 2002 [1944], 66.

15 Vgl. ebd.

16 Dominique Krössin: Wie mache ich's mir selbst? Die Zeitschrift ‹practic› und das Heimwerken, in: Neue Gesellschaft für Bildende Kunst (Hg.): *Wunderwirtschaft. DDR-Konsumkultur in den 60er Jahren*, Köln u. a. 1996, 160–165, hier 162.

der *Dialektik der Aufklärung* für den Heikodysseus der DDR allerdings präzisieren: Diesen führt sein Weg, darin seinem dialektischen Vorgänger metaphorisch verwandt, in die Gewässer um die Sireneninsel und an Skylla und Charybdis vorbei. Er scheint hier freimütiger zu verweilen als der homerische Held. Prozessiert Odysseus mit Fesseln, Wachs und dem quälenden Genuss ein Wissen über seine eigene Verfallenheit, ist es beim Heikodysseus ein Wissen über die Verfallenheit der Welt, in der er lebt und über deren Zustand er ebenso aufgeklärt ist wie über die Möglichkeiten zur eingreifenden Veränderung. Die Welt selbst ist ein poröser Hybrid aus Vorindustriellem und Modernität und der adäquate Umgang mit ihr ist ‹Reparatur›.

Geänderte Tastenhalterung

Beim Kassettentonbandgerät „Sonett" (KT 300) ist es nachteilig, daß die Tasten für schnellen Vor- und Rücklauf beim Umspulen bzw. bei der Titelsuche ständig gedrückt gehalten werden müssen, da sie nicht einrasten. Das läßt sich durch einen kleinen Eingriff (nach Ablauf der Garantiezeit) ändern. Zunächst entfernt man das Schaltblech vom Chassis des Gerätes. Dann wird die Schwungmasse herausgenommen. Das ist möglich, wenn man die an der Seite befindlichen Schrauben löst und das Blech abnimmt. Dann werden die Sprengringe entfernt, so daß man das Schaltblech herausnehmen kann.

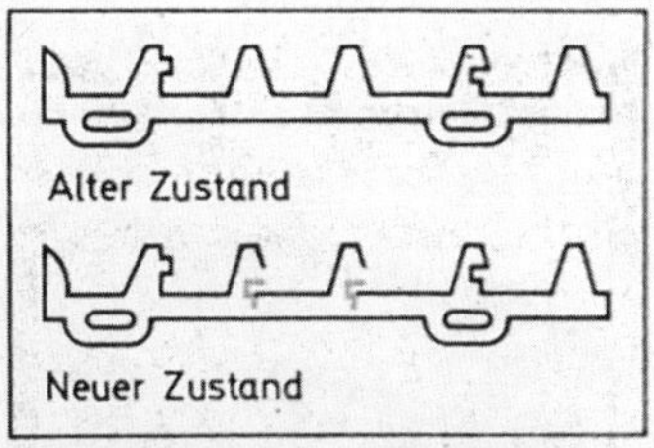

Nun feilt man am Schaltblech die gekennzeichneten Stellen so nach, wie auf der Zeichnung zu sehen ist. Wenn die Aussparungen ausgearbeitet sind, wird alles in umgekehrter Reihenfolge wieder zusammengesetzt. Die Tasten lassen sich nach dieser Änderung durch die Stoptaste wieder auslösen.
Den gleichen Eingriff kann man auch bei den Geräten „Anett" und „Stern Recorder" ausführen.
Frank Hellwig

Abb. 1 *practic*, Nr. 1, 1981, 189

In beiden Szenarien kommen die Subjekte über List in den Genuss des Sirenengesangs. Während im Epos die Zurichtungen des Sagenhelden sich auf den eigenen Körper und die Körper der Kameraden beziehen, manipuliert der Erzähler des *practic*-Beitrags «Geänderte Tastenhalterung» (Abb. 1) direkt das singende Medium, das Kassettentonbandgerät ‹Sonett›. Im Kontext einer technisch vermittelten Welt, in der Musik als Echo der Sirenen auf Tonbändern gespeichert vorliegt, gerät der Zugriff des reparierenden Subjekts medientechnisch direkter, Mangel und Begehren vorausgesetzt. In Tipps wie dem oben gezeigten (Abb. 1 und 2) artikuliert sich ein Bildungsprojekt, das mit den Verhältnissen, in denen es lebt, identifiziert ist, modifizierende Eingriffe inklusive. Das Subjekt in der Figur des Autors/Lesers macht für sich selbst Reklame und dabei zugleich für einen Sozialismus, der eingreifende Veränderung in (noch) verbesserungsfähige Zustände als wichtigen Teil gesellschaftlicher Entwicklung setzt und diesseits der Utopie einer klassenlosen Gesellschaft keine falschen Versprechungen macht: In der *practic* artikuliert sich Kritik an den Mängeln der DDR-Warenwelt im Modus des listigen *improvement*, das dank der Zeitschrift als Zuwachs von Reparaturwissen verbucht werden kann. Die sozialistische Gesellschaft kommt damit zu einem Bildungsideal, das die Defizite der ‹Realität› als dialektisches Angebot von Subjektivierung adressiert. Die Katachrese des Dings wird auf diese Weise in ein rhetorisches Problem überführt, das auch mit den Mitteln der Rhetorik zu lösen ist,[17] um als Gelöstes anschließend auch von anderen praktisch umgesetzt zu werden.

17 Vgl. Harry Schröder: Identität, Individualität und psychische Befindlichkeit des DDR-Bürgers im Umbruch, in: *Zeitschrift für Sozialisationsforschung und Erziehungssoziologie*, Nr. 1, 1990: *Sozialisation im Sozialismus. Lebensbedingungen in der DDR im Umbruch*, hg. v. Günter Burkart, 163–176, hier 170.

Gebrauchswerterhöhung am SKR 700

Nachrüsten von Lautsprecherbuchsen

Der Anschluß von Außenlautsprechern erweitert die Einsatzmöglichkeiten des SKR 700 und seiner Nachfolgetypen beträchtlich. Bei dem dafür notwendigen Umbau können gleich noch weitere Mängel abgestellt werden.

Diese Prinziplösung ist für alle Empfänger, Plattenspieler und Tonbandgeräte, die keine eingebauten Lautsprecherbuchsen haben, umzusetzen.
Aus Gründen der Sicherheit darf vom Amateur diese Veränderung nur an Geräten, welche einen Netztrafo besitzen, durchgeführt werden. Fernsehgeräte und Radios ohne Netztrafo bzw. mit Schaltnetzteil gehören nur in die Hände von Fachleuten.
Zwei Lautsprecherbuchsen mit Schaltkontakt sind notwendig, damit wahlweise die Gerätelautsprecher oder die zusätzlich anzuschließenden Lautsprecherboxen genutzt werden können. Eine günstige Einbaustelle für die Buchsen bietet die linke Gehäuseseite vor der Dioden- und der Kopfhörerbuchse.
Sieben Kreuzschlitzschrauben halten die beiden Gehäuseteile von der Rückseite des SKR fest. Nachdem sie gelöst wurden kann das Vorderteil abgeklappt werden.
Beim Bohren der Durchbrüche ist vorsichtig vorzugehen, damit das Gehäuse nicht splittert bzw. Kabel abgerissen werden. Man kann auch mit einem heißen Nagel o. ä. passende Löcher in das Gehäuse schmelzen. Um die dann doch unsauberen Ränder zu verdecken, werden die Buchsen von außen angeschraubt.
Entsprechend **Bild 1** wird von den beiden eingebauten Lautsprechern das Massekabel (blau) zusätzlich an die beiden Lautsprecherbuchsen geführt (Anschluß 2, breiter Steckschlitz).
Die roten Lautsprecherkabel werden von den Lautsprechern ab- und an jeweils eine Lautsprecherbuchse angelötet (Anschluß 3). Von Anschluß 4 jeder Buchse wird je eine Leitung zum ursprünglichen Lautsprecheranschluß geführt.
Es empfiehlt sich diese Arbeiten nacheinander auszuführen, damit die Rechts-Links-Zuordnung erhalten bleibt.
Als Außenlautsprecher können alle Typen mit 4 Ω Impedanz und mindestens 3 Watt Belastbarkeit angeschlossen werden.
Bei einigen SKR 700 wurde festgestellt, daß am Anfang des Reglerbereiches nur ein Lautsprecher reagiert und dieses mit dem Balanceregler nicht auszugleichen ist. Sichere Abhilfe schafft der Austausch des Tandempotentiometers (R1321, 47 kΩ) gegen ein qualitativ höherwertiges mit gleichen geometrischen Abmessungen.
Das Verstauben des mechanischen Bandzählwerkes verhindert ein hinter das entsprechende Gehäusefenster geklebtes Stück Klarsichtfolie.

Jochen Lübeck

practic 1/90 27

Abb. 2 *practic*, Nr. 1, 1990, 27

II. Der Bruch oder «ihr Gebot erfüllend und damit sie stürzend»[18]

Die Katachrese lässt sich also als Schnittpunkt von Reparaturpraxis und Reparatursprache begreifen, der an ‹Orten› wie der Zeitschrift *practic* sichtbar in Erscheinung tritt. Die anscheinende Spannung von ‹vorindustriellen Verhaltensweisen und Modernität› kann nun korrigiert werden: Die Verhaltensweisen sind durchaus so modern wie die Welt, der sie sich zuwenden. Sie entsprechen nur einem anderen, alternativ-aufgeklärten Bildungskonzept, das seinen Weltzugriff als eingreifende Veränderung in eine porös erfahrene Welt definiert. An ausgewählten Beispielen soll gezeigt werden, wie die Zeitschrift sich in den ‹Wende›-Prozess implizit-kritisch einschaltet. Mit Kommentaren zur Lage der politischen Dinge geht die *practic* sehr sparsam um. Gegen Ende der DDR erst ist ein verschärfter Ton zu spüren, der die kritischen Impulse des ‹Selbermachens› stärker in Richtung eines prekärer werdenden Mangels bzw. einer erschöpften Resilienz andauernder Knappheit gegenüber verortet. So heißt es etwa zu Beginn des Artikels «Heimsportgeräte auf engstem Raum»:

> Mit dem steigenden Bedürfnis zu sportlicher Tätigkeit und gesunder Lebensweise hält die Produktion von Heimsportgeräten nicht Schritt. Der für industrielle Geräte notwendige Platz und die Preise ‹fördern› den Eigenbau entsprechend der individuellen Möglichkeiten und Wünsche.[19]

Die DDR-eigene Produktion von Fitnessgeräten wird selbst als unfit markiert und die Konsequenz daraus bereits eindeutig ironisch als in Anführungsstrichen stehende Motivation des selbstbauerischen Bildungskonzepts erkannt. Der Eigenbau ist endgültig zum Mangelsignal geworden. Konstant bleibt dagegen der Verweis auf durch die Kompensation industrieller Fehlbestände ermöglichte Individualität, der bereits vorher eng mit dem ‹Reparatur›-Konzept der

18 Adorno, Horkheimer: *Dialektik der Aufklärung*, 67.

19 G. Paduschek: Heimsportgeräte auf engstem Raum. Kraftsport-Training in der Wohnung, in: *practic*, Nr. 1, 1990, 16–19, hier 16.

practic verknüpft war. In der letzten Ausgabe vor dem Relaunch wendet die Redaktion sich unter der Überschrift «An alle practic-Fans» noch einmal explizit an das Publikum:

> Mit den vielen Veränderungen, die jetzt in unserem Lande vor sich gehen, ergibt sich für uns auch endlich die Möglichkeit, eine bedarfsgerechte Auflage zu drucken und jedem die Gelegenheit zum Abonnement zu bieten. [...] Zu den Veränderungen in unserem Lande gehört aber auch, daß es für viele Dinge keine Subventionen mehr gibt, so daß auch die Verlage die Mittel zur Herausgabe ihrer Publikationen selbst erarbeiten müssen.
> Für unsere Zeitschrift bedeutet das, daß der Heftpreis ab Ausgabe 3/90 nicht mehr 1,- M, sondern 1,60 M betragen wird.[20]

Einer der sehr wenigen relativ direkten Kommentare zu den ‹Veränderungen in unserem Lande› formuliert das wiederum dialektische Dilemma gelöster Versorgungsengpässe bei gleichzeitiger wirtschaftlicher Deregulierung und wiederholt damit das Problem der Gemeinschaft der zu ‹Fans› werdenden Heikodysseuse: Wenn Not erfinderisch macht und diese Maxime zum implizit anerkannten Set des kulturellen Wertesystems gehört, dann wird ein Ende der Not, und mit ihr ein Ende der Anerkennung ihrer Lösungsstrategien und der Subjekte, die sie zirkulieren lassen, auch eine Krise des Erfindens sein. Und sofern das Erfinden, wie im hier gezeigten Fall in seiner Spielart als ‹Reparatur›, zum Bildungsmodell einer Gruppe gehört, wird sich unterhalb der systemischen Krise eine Vielzahl kleiner individueller Subjektkrisen vollziehen. Die Erfahrungen der ostdeutschen Transformationsgesellschaft nach dem Beitritt zum Geltungsbereich des Grundgesetzes legen hiervon Zeugnis ab.

Die *practic* gerät sehr schnell in diese systemische Krise und wird auf einer impliziten Ebene zum Indikator für recht ruckartige Veränderungen im Umgang mit Mangel, Fehlern und gebremstem Fortschritt, die als Fragmente eines neuen Subjektkonzepts auf die Leser_innen gespiegelt werden. Die Anzeichen dafür bleiben zunächst noch sehr implizit. Beispielsweise kündigt die Zeitschrift am Ende des letzten Heftes alter Machart ein neues Thema an, noch ohne zu sagen, dass es, in variierter Form, in Zukunft breiten Raum erhalten wird:

> Drachenfliegen und Ballonsport erfüllen den uralten Wunsch des Menschen zu fliegen in der ursprünglichsten Form. Auch das ist bei uns jetzt möglich, nachdem es jahrzehntelang verboten war.
> Wir werden für interessierte Leser über Aktivitäten und Möglichkeiten berichten.[21]

Der Drachensport wird in den folgenden Heften überraschend viel Aufmerksamkeit erhalten, allerdings nicht in seiner hier gemeinten, Menschen das Fliegen ermöglichenden und sie potenziell über innerdeutsche Grenzen hinwegtragenden Form. Vielmehr werden Fesseldrachen und andere größere und kleinere Boden-Luft-Systeme und vor allem ihnen gewidmete Feste vorgestellt, bei denen sich Enthusiast_innen des Drachensports treffen. Das Verbotene der

20 Walter Gutsche: An alle practic-Fans, in: *practic*, Nr. 2, 1990, 95.
21 Ebd.

Ballon- und Flugdrachenfahrt, die als ‹Reparatur›-Option durch den immer mitgedachten und durch zahlreiche konkrete Fälle aktualisierten Fluchtgedanken dem Spektrum der Kritik, das dem Heikodysseus zu üben erlaubt ist, entzogen bleibt, kehrt im Fesseldrachen als Angebot an den Himmel geschriebener Freiheit wieder. So heißt es im ersten Heft nach dem Relaunch bereits unter dem Motto «ONE SKY ONE WORLD!»:

> Unter diesem Slogan findet das alljährliche weltweite Fliegen mit Fesseldrachen am 14. Oktober statt. Es ist ein Symbol der Verbundenheit der Drachenfans der ganzen Welt in Frieden und Freundschaft. In diesem Jahre sind unsere Drachensportler erstmalig auch dabei.[22]

Die Zeitschrift nimmt ihre Ankündigung, den Traum vom Fliegen einzulösen, partiell zurück und hegt ihn in ein Konzept ideologischer Höhenflüge ein, bei denen zumindest die Drachenfans durch ein Symbol verbunden werden. Hier wird noch einmal der spezifische Umgang mit katachrestischer Realitätsbewältigung im Moment des systemischen Bruchs deutlich: Es bleibt bei der Überführung materieller Fehlbestände in semantische, in diesem Fall die Ersetzung des Menschenflugs durch sein vermitteltes Zeichen, bei dem der Mensch am Boden bleibt und «Symbol[e]» fliegen lässt.

III. Die Heimsuchung als Heimwerker oder «als prototypischer Bürger hat er in seiner Smartheit ein hobby»[23]

In den Heften nach dem Relaunch der *practic* und besonders ab Oktober 1990, also nach dem Beitritt der DDR zur BRD, taucht der Heikodysseus immer mehr ab in die kleinteiligen Heftregionen mit ausgewiesener Rezipient_innenbeteiligung, die Rubriken ‹Leserpost› und ‹Leserideen›. Hier wird, zunehmend von westdeutschen Beiträger_innen ergänzt, weiter an der Optimierung defizitärer Alltagsgegenstände gearbeitet, werden Lifehacks ausgetauscht und Erfindungen geteilt. Hier halten sich noch eine Weile Positionen, die im Rest der Zeitschrift dem steigenden Druck veränderter Bedingungen bereits nachgegeben haben. Pünktlich zum vorläufigen institutionellen innerdeutschen Schlusspunkt der politischen ‹Wende› im Oktober 1990 wird überdeutlich, wie das reparaturintelligente Magazin und seine Leser_innenschaft auf eine präexistente und nun vom nachzubauenden Mythos zur Realität gewordene Warenwelt trifft, die den Heikodysseus neu als Kunden anschreibt und eher auf den unasphaltierten Parkplatz einer schnell errichteten Massa-Filiale einlädt,[24] als seine Erfindungsgabe anzuerkennen. Die Zeitschrift lässt diese Welt, notgedrungen, hinein, schafft es aber nicht, sie mit den eigenen Formen, Designs und Verfahren zu koordinieren. Aus dem selbstbewussten *Magazin für Selbstbautechnik*, wie der Untertitel der *practic* zu DDR-Zeiten gelautet hatte, wird im neuen Design das *Magazin für Heimwerker, Bastler und Tüftler*. Harmlose Kategorien, deren am wenigsten kommodifizierbare, die

22 O.A.: One Sky One World, in: *practic*, Nr. 8, 1990, 67.

23 Adorno, Horkheimer: *Dialektik der Aufklärung*, 82.

24 Vgl. hierzu die Fotografien von Gerhard Gäbler aus Taucha vom Juli 1990, zu sehen etwa in Jan Wenzel (Hg.): *Das Jahr 1990 freilegen. Remontage der Zeit*, Leipzig 2019, 444–447.

Bastler und Tüftler, schon im nächsten Jahrgang kommentarlos verschwunden sind. Die Zeitschrift heißt nun vorläufig *Das Magazin der Heimwerker – Ideen, Tips und Tricks*.

Aus den Beobachtungen zum ästhetischen, printmedialen, vor allem aber epistemisch-medienlogischen Bruch sollen zwei herausgegriffen werden, die exemplarisch für Tendenzen der Zeitschrift und zugleich für Probleme eines ostdeutschen Krisen-Selbstverständnisses stehen können, das mit den ‹Wende›-Erfahrungen von einem schlagartig entwerteten positiven sozialistischen Bildungsdesign in die Diagnose eines Rückstands im Bereich bürgerlicher Begehrensökonomie kippt. Das Magazin kämpft dabei nur äußerlich um Autonomie, etwa in der neuen, unregelmäßig geführten Rubrik eines vom Chefredakteur an die Leser_innen gerichteten Editorials oder mit einer betont demokratisch anmutenden Auswahl von Leser_innenzuschriften, die auch drastische Formulierungen anscheinend wortgetreu zur Debatte zulässt, etwa hier, wenn es, neben Kritik an der Preiserhöhung, um rückversichernde Versuche der Zeitschrift geht, mit der Mehrfachverwertung interessanter Beiträge die erweiterte Zielgruppe zu erreichen:

> Sie machen nach, was anderen bereits Monate vorher eingefallen ist, nämlich den kleinen Mann schröpfen. Übrigens: Der Freibrandofen und der Bumerang waren schon einmal bei ihnen Thema.[25]

Das Bemühen um andauernde Authentizität trotz schwieriger und ungewohnter Verhältnisse wird performativ beteuert. Dennoch ändert sich das Konzept der Zeitschrift recht schnell grundlegend. Noch im Vorwort zum ersten ‹neuen› Heft hatte der Chefredakteur unter den drei wesentlichen «Gründe[n] für das Selbermachen» noch ausdrücklich «de[n] Wunsch, sich zu bilden», genannt.[26] Innerhalb der Zeitschrift wird von diesem zuvor dominanten Bereich allerdings zunehmend Raum an andere Themen abgetreten, etwa an die für Ostdeutsche neue Angebotsbreite an Elektrowerkzeugen, weiterhin an Produkttests, die Sicherung des eigenen Besitzes, das Basteln vornehmlich dekorativer, weniger nützlicher Dinge und in wachsendem Maß an Reklame.

Auf die verdrängten Prosumer_innen der *practic*, die zuvor ganz wesentlich den kuratierten Raum der Zeitschrift bespielt hatten, wird auch durch die Veränderungen im Heftdesign Druck aufgebaut. Bereits vor 1990 hatte es hin und wieder Hinweise an die Leser_innen gegeben, in welcher Form sie ihre Ideen und Erfindungen aufbereiten sollen, um möglichst gut von den anderen Mitgliedern der Community verstanden zu werden. Dieses sehr lockere Stylesheet wird mit dem Relaunch deutlich rigider und die Zugangswege werden für die Amateur_innen damit prekärer. Besonders die eingeforderte und im neuen Erscheinungsbild der Zeitschrift auch vorgegebene Qualität von Fotografien baut eine zuvor nicht existente Hürde auf. Ist den auf der ‹Leserideen›-Doppelseite vorgestellten ‹Reparaturen› noch deutlich der auf Klarheit und bildnerische Schlichtheit gepolte Amateurfotograf anzusehen, der aus aufrechter Position

25 Siegfried Kirscht: Nachdrucke unbeliebt, in: *practic*, Nr. 11, 1990, 13.

26 Reinhard Besser: Liebe Leserinnen und Leser!, in: *practic*, Nr. 8, 1990, 2.

seine Objekte ablichtet und von marktförmiger Inszenierung nicht zu viel weiß, erscheinen andere Heftbereiche zügig in experimentellerer Gestaltung, besser ausgeleuchtet, durch Freistellungen in der Trennung von Text und Bild geometrisch entgrenzt und vor allem üppig, wenn nicht gar redundant illustriert. Das Lavieren um Darstellungsstandards wird der Zeitschrift bald zum Problem und bereits Heft 12/90 enthält einen ausführlichen Artikel zum Thema «Gute Sachfotos», in dem der eigennützige Wunsch der Redaktion nach besseren Bildern als Begehren nach didaktischer Optimierung gerahmt wird:

> Weil wir wissen, daß viele unserer Leser veröffentlichungswürdige Heimwerkerleistungen vollbringen, wollen wir ihnen die wichtigsten Informationen und Hinweise geben, wie gute Sachfotos gemacht werden. Ihre Ideen beleben unsere «practic». Mit geeigneten Fotos kann jeder Leser – besser als verbal formuliert – Ihre Heimwerkerleistung, Baupläne und Leserideen nachvollziehen.[27]

Die Steigerung der heftinternen Standards koppelt sich mit der heimischen Ausstattung der treuen Leser_innen rück und macht ihre Defizite als Problem aus. Erneut wiederholt sich, was die Zeitschrift zuvor bearbeitet hat: Die Krise der Ausstattung hat Irritationen bei der Distribution von ‹Reparaturwissen› unter neuen Regeln zur Folge. In Abwandlung der zu Beginn des Jahrgangs getroffenen Diagnose über die dem Bedarf hinterherhinkende Produktion von Heimtrainern ließe sich nun sagen: Mit dem steigenden Bedürfnis nach fotografischem Westniveau und gesunden Verkaufszahlen hält die Fotoproduktion des zum Heimwerker erklärten Heikodysseus nicht Schritt. Dass die Zeitschrift dennoch Rücksicht nimmt und Amateurhaftigkeit nicht sofort ganz abschreiben kann, zeigt ihre im Vergleich zu den Überlebenskämpfen anderer Magazine, etwa der reichweitenstarken, deutlich professionalisierteren *Neuen Berliner Illustrierten (NBI)* oder dem Wohnmagazin *Kultur im Heim* (ab 1990 *neues wohnen. Kultur im Heim*), sehr viel schlechtere Gesamtbildqualität.

Ein auffälliges Zugeständnis an neue Magazinstandards, zumindest außerhalb der Reservate, in denen Teile des Heftprogramms von vor 1990 konserviert werden, ist die Präsenz von Frauen als illustrative Beigabe in Abbildungen, deren instruktiver Gehalt stark reduziert ist. Hatten Bilder in der Zeitschrift zuvor stets absolut funktionalen Charakter (eine Ausnahme bilden einige Titelabbildungen wie jenes auf S. 9 gezeigte) und dienten dazu, das Projekt nachvollziehbar zu machen, tauchen nun zunehmend Menschen in eindeutig gestellten Fotografien auf, deren Aufgabe es ist, als Versprechen des fertigen Dings Lebensqualität zu performen. Diese Aufgabe kommt gemeinhin Frauen, Kindern und selten Paaren zu, etwa bei der Montage einer Saunakabine im letzten Heft des Jahrgangs 1991, dessen Bebilderung nurmehr oberflächlich ‹Arbeit›, vor allem aber ‹Sex in der fertigen Sauna› kommuniziert (Abb. 3). Die *practic* integriert das neue Konzept ‹inszenierte Fotografie›, das zuvor nur sehr selten und sichtlich verschämt aufgegriffen

27 Frank Ihlow: Gute Sachfotos, in: *practic*, Nr. 12, 1990, 51–53, hier 51.

Abb. 3 *practic*, Nr. 12, 1991, 20. Der penetrierende Blick des Mannes signifiziert, in Korrespondenz mit dem Schraubenschlüssel auf Hüfthöhe der Frau, die Inszenierung des Bildes als Versprechen auf Geschlechtsverkehr in der Sauna nach getaner Arbeit.

Abb. 4 *practic*, Nr. 12, 1990, 46

wurde, und ersetzt auch hierüber ‹Reparatur› als Prozessor von Bildungsversprechen durch das in seiner Kopplung aus ‹Konsum› und ‹Erotik› typische und vorzugsweise visuell repräsentierte Modell in Aussicht gestellter Wunscherfüllung. Auch bildpraktisch überlagert die Zeitschrift also sehr rasch die auf Subjektivierung, fotografische Authentizität und menschenlose Repräsentation überwundener Katachresen im fertigen Objekt abgestimmte Triebökonomie des in einen separierten Heftbereich weggesperrten Heikodysseus mit der Darstellung von häufig funktionslosen Menschen innerhalb einer Katalogästhetik, die Erwerbbarkeit von Lösungen durch Rekurs auf ‹schöne Dinge› signalisiert.

Ende: «Der Kern der Weissagung ist das Verkennen des Ruders als Schaufel»[28]

Bis zur ‹Wende› trägt *practic* den für die hier angestellten Untersuchungen vielsagenden Untertitel *Magazin der Selbstbautechnik*. Seine doppelte Lesbarkeit als Aufruf zur autonomen Tätigkeit und als Projekt der kybernetischen Autokreation, in dem das Subjekt sich und sein Selbst eigenmächtig ‹baut›, zeigt die zwei Lagen des sozialistischen Bildungsmodells, das ‹Reparatur› als Umgangsform mit einer katachretischen Wirklichkeit relevant setzt. Mit der Figur des Heikodysseus verschwindet dieses Modell nach dem Relaunch Mitte 1990 zunehmend aus der Zeitschrift, bleibt vielleicht in der nun erstmalig auch bildlich auftauchenden Figur des Chefredakteurs, der zuvor bereits als Autor und stellvertretender Chefredakteur namentlich präsent war, und anderen hin und wieder abgebildeten Heimwerkern alten Schlags optisch im Spiel. Einer von ihnen ist Detlef Ganzert, der Gewinner des «großen Leserwettbewerbs» um das schönste selbstgebaute Regal (Abb. 4).[29] Ihm wird, neben dem «Superpreis»[30] einer Silvesterreise nach Paris, eine Homestory zuteil, in der seine Möbelbauprojekte im Stil einer Wohnzeitschrift ins Bild gesetzt werden (vgl. Abb. 5 und 6). ‹Tätigkeit› kommt nur durch ein einzelnes Foto von Herrn Ganzert als Heimwerker an der Oberfräse sowie durch seine Frau, die mit einer Sprühflasche die Yuccapalme wässert, als Signifikat funktionierenden ‹Wohnens› im vom Mann geschaffenen Interieur, ins Bild. Bei diesem Artikel handelt es sich um einen der seltenen Versuche der Zeitschrift, neue Konzepte mit alten zu vermitteln. Herr Ganzert wird eindeutig als Heikodysseus klassifiziert über seine zahlreichen Werkstücke und den Hinweis, dass er mit seiner Familie und mit ihm das «Wir» der Ostdeutschen «zu Millionen in Typenhäusern [wohnt]. Mehr Last als Lust?»[31] Der Artikel betont die ausgesprochene Individualität der Ganzert'schen Möbel, die dem schematischen «Typenbau», dessen Eigenschaften nicht weiter ausgeführt werden müssen, als Korrektiv gegenübergestellt werden. Das rustikale Design der selbstgebauten Möbel entspricht dabei einer bestimmten Vorstellung von ‹Bürgerlichkeit›, die Herrn Ganzerts offensichtlichem

28 Adorno, Horkheimer: *Dialektik der Aufklärung*, 84.
29 O. A.: *practic*, Nr. 12, 1990, 46.
30 Ebd.
31 O. A.: Individualität durch Wohnideen, in: *practic*, Nr. 12, 1990, 4–7, hier 4.

Wohnung

Wohnen im Typenbau

Individualität durch Wohnideen

Die Realitäten gebieten es — wir wohnen zu Millionen in Typenhäusern. Mehr Last als Lust?
Die Erfahrungen zeigen: »Wir schlafen so gut wie wir uns betten« oder »Wir wohnen so gut wie wir es verstehen, uns einzurichten«. Jede Wohnung kann ihre individuelle Note haben. Mit Ideen, mit dem Willen etwas zu verändern und mit handwerklichen Fähigkeiten lassen viele Leute die »trockene« Betonsubstanz aufleben. Nicht nur durch neue Tapeten und Gardinen! Auch durch das besondere »Etwas«, was eben wirklich nicht jeder hat.
Detlef Ganzert, vor gut einem Jahr mit seiner Familie nach Hohenschönhausen gezogen, stellt die Ergebnisse seiner Heimwerkerarbeiten als Anregung und wohl billigste Investition für alle Leser, die den Mut und etwas Geschick besitzen, um sich Eigenes zu schaffen, vor.
Angefangen hat alles mit Laub- und Stichsäge und dem festem Willen, einen Zeitungsständer zu bauen. Mittlerweile erleichtern außerdem Schwingschleifer, Bohrmaschine, Kreissäge, Oberfräse und Drechselbank die Arbeiten, und es entstehen wahre Heimwerker-Profi-Leistungen. Einige davon wollen wir Ihnen vorstellen.

Das neue Küchenfenster

Die doch recht kleine Küche und der Sinn für viel Grün in rustikaler Atmosphäre stellten die Frage: »Was macht man mit dem Küchenfenster?« Die einfache Lösung: eine Fensterbank für die Blumentöpfe und ein der Größe des Fensters angepaßter Leistenrahmen.
Zuerst werden jeweils drei Leisten in der Senkrechten und Waagerechten zusammengeleimt. Es ist erforderlich an den Leimpunkten eine Nut (10 mm x 15 mm) anzufertigen. Dazu legen Sie die drei waagerechten Leisten nebeneinander, zeichnen sich die genauen Schnittpunkte der senkrechten Leisten auf und arbeiten mit der Oberfräse ganz präzise Nuten von 10 mm Tiefe und 15 mm Breite ein (mit Säge und Stechbeitel kann man diese Arbeiten auch ausführen). Mit den drei senkrechten Leisten verfahren Sie genauso und das symmetrische Gitter kann verleimt werden. Auf den Fensterrahmen schrauben Sie links und rechts die vorbereiteten Winkelleisten auf. Diese gewährleisten ein einfaches Festklemmen und Lösen des Gitters, z. B. zur Fensterreinigung.

Türbogen

Wohnungen haben zwar in jedem Zimmer eine Tür, jedoch zum großen Teil dort, wo keine benötigt wird oder besser, wo die Tür dem Raum durch ihren Schwenkbereich wert-

Herr Ganzert, Heimwerker mit Leib und Seele

Materialliste Fenstergitter
6 Holzleisten, 15 mm x 20 mm (entsprechend Fenstergröße)
4 Winkelleisten, 20 mm x 20 mm (entsprechend Fenstergröße)
Holzschrauben, Leim, Farbe

Küchenfenster: Leistengitter bringt wohnlichere Atmosphäre

Das Leistengitter ist abnehmbar

Mit diesem Zeitungsständer fing alles an

4 practic 12/90

vollen Platz raubt. Aus diesem Grund hat Herr Ganzert die Tür vom Flur zum Wohnzimmer herausgenommen und durch einen Bogen ersetzt.
Sie nehmen eine Spanplatte und zeichnen sich die Innenmaße Ihres gewünschten Bogens auf. Die Maße wählen Sie selbst, aber Achtung: denken Sie an Ihre Körpergröße und an eventuell noch zu transportierende Möbel!
Anschließend sägen Sie mit der Stichsäge den aufgezeichneten Bogen aus, legen das bearbeitete Teil auf die unbearbeitete (zweite) Fläche/Platte und zeichnen den ausgesägten Bogen nach. Jede Türbogenplatte erhält von innen zwei Leisten aufgeschraubt. Diese dienen zur eigentlichen Befestigung der Teile. Damit auch von »innen« alles sauber aussieht, sind im Türdurchgang beidseitig Hartfaserplatten aufzuschrauben. Zum Schluß ist alles sorgfältig mit Möbelfolie zu überziehen, eventuell zu lackieren.

Das besondere Detail

Zwei Teile ergänzen die Schrankwand. Ausgangspunkt war, den Luftspalt zwischen Schrank und Wand zu schließen, sowie Pflanzen wirkungsvoll zur Geltung zu bringen.
Der Blumenständer wurde aus einer Tischlerplatte gefertigt und beidseitig mit 2 mm dickem Sperrholz beklebt. Seine Größe richtet sich nach der Schrankwandtiefe. Die Form wurde selbst erdacht, auf einer Pappschablone entworfen (wie auch die Beine) und auf die Platte übertragen. Mit der Stichsäge sind Platte und Beine auszusägen, mit Fräse nachzuarbeiten, eventuell Kanten zu fräsen ... fertig sind die Einzelteile.
Die Beine sind an der Platte verleimt und mit angeschraubten U-förmigen Holzteilen genau fixiert. Halteplatten aus 15 mm dickem Holz — verdübelt mit der Schrankwand und angeschraubt an der Wand, garantieren, daß der Blumenständer stark belastet werden kann.
Weil das Licht für die Blumen nicht ausreicht, mußte eine zusätzliche Lichtquelle geschaffen werden. Dazu wurde die Schrankwand oben ergänzt. Aus 18 mm dickem Kiefernholz mit Zierleisten beklebt entstand das 6-eckige Lampen-Teil.
Ein 10 cm breites Holzbrett verbindet Blumenständer und Lampenteil und schließt gleichzeitig den störenden Luftspalt. Alle Oberflächen wurden veredelt: gebeizt und lackiert.
Zu erwähnen wäre unbedingt, daß fast alle Materialien von alten ausrangierten Möbelstücken, teilweise auch aus Sperr-Müll-Containern stammen.

Materialliste Türbogen
2 Spanplatten, 18 ... 20 mm dick
6 lfd. Meter Holzleisten, 20 mm x 30 mm
Hartfaserplatten, etwa 2 m x 0,2 m
Holzschrauben, Leim, Farbe oder Möbelfolie

Türbogen — für Heimwerker kein Problem

Bis ins Detail: standfester Blumenständer

Diese »Eigenbau-Wand« teilt den Korridor — dahinter verbirgt sich die Werkstatt

Mehr Licht für die Pflanze

Fotos: Peter Hein, Zeichnungen: R. Jäger

Viel Arbeit machte der Stubentisch — ein Profi kann es kaum besser

Wandregal: Sperrmüll-Holz-Verarbeitung á la Ganzert

Das Schuhregal dient gleichzeitig als Sitzfläche. Eigenbau aus Spanplatten, mit Stützsäulen und Verzierungen; Schaumgummiauflagen mit Leder überzogen — eine Augenweide

Gleiche Bauart: Hocker

6 practic 12/90

12/90 practic 7

Abb. 5/6 *practic*, Nr. 12, 1990, 4–7

Begehren nach Repräsentation und einer abgesicherten Individualität Ausdruck verleiht und die eher im Selbstgemachtsein der Dinge als in ihrer ausgestellten Besonderheit besteht, die wiederum mehr vom Kontrast zur Plattenbauumgebung gespeist wird, als tatsächlich evident zu sein. Eine in die Wohnung integrierte Werkstatt des Protagonisten wird nicht gezeigt, sondern nur als hinter einer leicht geöffneten «Eigenbau-Wand»[32] liegend verortet und damit bildlogisch zum mystisch verborgenen Transitionsraum eines inzwischen unklaren Hybrids bürgerlich-ostdeutscher Subjektivität. Die Homestory über Detlef Ganzerts Wohnungseinrichtung kann exemplarisch für die Versuche der Zeitschrift stehen, das Projekt einer in Hochgeschwindigkeit nachgeholten bürgerlichen Initiation durch Entsagung vom vorgängigen Modell darzustellen. Der Heikodysseus wird, so ließe sich schließen, an den Sirenen seiner früheren Welt vorbeigefahren und vor die Wahl gestellt, Leserbriefe zu schreiben, es wie früher zu tun und im Reservat zu leben oder den Ausbruch in den Kompromiss zu wagen, belohnt am Einzelnen mit einer Reise nach Paris.

32 Ebd., 6.

FRANCIS HUNGER

SOZIALISTISCHE CO-INNOVATION

Wie in der DDR die relationale Datenbank DABA-1600 entwickelt wurde

Der vorliegende Beitrag verläuft orthogonal zum *ZfM*-Schwerpunkt *Reparaturwissen: DDR*, da er Innovation in der DDR in den Vordergrund stellt.[1] Innovation tritt allerdings nicht als technologische Höchstleistung auf, sondern als Alltagspragmatik einer Planwirtschaft, die Auswege aus der Fixierung auf die Industrieproduktion der 1950er bis 1970er Jahre suchte. Dass in der DDR-Wirtschaft viel repariert wurde, da Investitionsmittel fehlten bzw. nach Plan jeweils anderswo zugeteilt waren, ist unumstritten. Doch «Reparieren als eine den DDR-Alltag bestimmende Praxis»[2] ist eine Setzung, die sich selbst fragen muss, ob sie die Verhältnisse nicht allzu sehr romantisiert. Ausgangspunkt der zweifellos existierenden Reparaturkultur waren schließlich die politischen Programme der SED, die sich an ökonomischen Bedürfnissen und Rahmenbedingungen orientierten, welche die Verteilungen der Ressourcen strukturierten.[3]

Aus dieser Perspektive ließe sich das Reparieren in der DDR als Schatten begreifen, den die Innovation wirft, denn wo immer Mittel für Investitionen geplant und ausgegeben wurden, etwa im Wohnungsbau oder in der Mikroelektronik, fehlten diese an anderer Stelle. Die ab 1971 postulierte Einheit von Wirtschafts- und Sozialpolitik versprach den DDR-Bürger_innen eine Lösung des Wohnungsproblems und eine erweiterte Konsumgüterproduktion, wodurch wiederum die Investitionen z. B. in Computertechnologie sanken.[4] Sie war auch eine Reaktion auf den durch den ungarischen Wirtschaftswissenschaftler János Kornai analysierten Konsumgütermangel in sozialistischen Planwirtschaften. Dieser zeichnete sich durch einen Überschuss an Kaufkraft, verursacht durch Subventionierung und steigende Gehälter, und das Fehlen entsprechender Konsumgüter und Dienstleistungsangebote aus.[5] Die Investition in bestimmte innovative Industriezweige und der daraus resultierende Verschleiß in unterinvestiven Branchen sowie die unzureichende Konsumgüterproduktion erscheinen somit als Voraussetzung des Reparierens im DDR-Sozialismus. Denn indem große Investitionen beispielsweise in den Neubau von Plattenbauwohnungen gelenkt wurden, verfiel der reparaturbedürftige Bestand an Altbauten,

1 Der vorliegende Text basiert auf einer Durchsicht der DDR-Fachzeitschriften *Rechentechnik/Datenverarbeitung* und *Neue Technik im Büro* der Jahrgänge 1973–1990, auf eigens durchgeführten Interviews mit Zeitzeug_innen, Archivrecherchen und der Durchsicht von Bedienungsanleitungen der Softwareprodukte.

2 Zit. nach Call for Papers ZfM 27: *Reparaturwissen: DDR*.

3 Siehe u. a. die Beiträge von Hans-Hermann Hertle und Mario Rainer Lepsius sowie das Gespräch mit Claus Krömke in: Theo Pirker, Mario Rainer Lepsius (Hg.): *Der Plan als Befehl und Fiktion. Wirtschaftsführung in der DDR. Gespräche und Analysen*, Opladen 1995; André Steiner: Kein freies Spiel der Kräfte!? Das neue ökonomische System als Einheit von Plan und Markt, in: Heinz-Gerhard Haupt, Jörg Requate, Maria Köhler-Baur (Hg.): *Aufbruch in die Zukunft. Die 1960er Jahre zwischen Planungseuphorie und kulturellem Wandel*, Weilerswist 2004, 43–64.

4 Gerhard Merkel: «Da wurden unsere Investitionen alle auf die Hälfte reduziert», Interview mit Gerhard Merkel, Transkript, 16.12.2018.

5 János Kornai: *Economics of Shortage*, Bd. B: *Contributions to Economic Analysis*, Amsterdam, New York 1980.

und indem Mittel in den Aufbau einer eigenen DDR-Computerindustrie flossen, fehlten diese für die Erneuerung von Maschinerie in anderen Betrieben oder für die Versorgung der Bevölkerung mit Konsumgütern. Entsprechend wurde Vorhandenes repariert.[6]

Der vorliegende Text beleuchtet am Beispiel einer Softwaretechnik, der relationalen Datenbank, Momente des Nacherfindens und der Co-Innovation in der DDR als ‹Kehrseite› der Reparatur. Der Bedarf an der Automatisierung der bis dahin manuell erfolgenden Datenverarbeitung war in West und Ost groß und neben der Notwendigkeit mathematisch komplexer Berechnungen eine wesentliche Motivation für die Erfindung elektronischer Computer. Diese wurden in der DDR-Industrie in vorhandene Abläufe, die sich auf Kulturtechniken der Kooperation stützten, z. B. Laufzettel und Tabellen, integriert. Die neue Produktmanagementsoftware ersetzte jene Anteile in der Produktionssteuerung, die formalisierbar waren.[7] Ebenso wie im Westen entstanden daher neben dem Dienstleistungssektor, welcher der transaktionalen Informationsverarbeitung bedurfte,[8] zahlreiche Softwareanwendungen zur Produktionsverwaltung: z. B. in den frühen 1970er Jahren die Sachgebietsorientierten Programmiersysteme (SOPS) von Robotron,[9] ein Pendant zum westlichen SAP und IBM COPICS.[10]

Als eines der zentralen automatisierenden Elemente dieser Produktionsverwaltungen formierten sich mit der Zeit Datenbanken, um Daten zentral und automatisiert zu verwalten. Der Bedarf an Datenbanken in der DDR verfugte sich mit dem Bedarf, Halbfertigerzeugnisse und Produkte auszudifferenzieren, um z. B. im Maschinenbau am Weltmarkt teilnehmen zu können oder um innerhalb der DDR die Konsumgüterproduktion zu intensivieren. Die Investition in automatisierende Technologien versprach eine Entlastung des Arbeitskraftbedarfs und der Materialressourcen. Ein weiteres Versprechen, so meine Lesweise, war die informatorische Bewältigung einer flexibleren, postfordistischen Produktionsweise jenseits der fordistischen Fließbandproduktion, die sich allein an hohen Ausstoßzahlen orientierte, der sogenannten Tonnenideologie.[11] Beispielhaft für diese ökonomisch verankerten medientechnologischen Veränderungen steht die Aussage Birgit Demuths, Informatikerin und Co-Entwicklerin des relationalen Datenbanksystems DABA-1600, dass Datenbanken ein «objektives Erfordernis» für die DDR-Volkswirtschaft geworden wären.[12]

Elektronische Datenbanken entstanden ab den 1960er Jahren, um die computerinterne Verwaltung von Daten zu automatisieren, und sie positionierten sich als Software zwischen dem Betriebssystem und den aufkommenden Graphical User Interfaces (GUI). Sie erlaubten es, die Logik der Datenspeicherung auf Festplatten von der Logik des Datenzugriffs abzulösen.[13] Ab den 1970er Jahren führten Forschungsarbeiten zu einer Datenlogik, die als ‹relational› bezeichnet wurde. Sie basierte auf der mathematischen Logik der Mengenlehre (mathematisch begründete Ein- und Ausschlüsse) und der Boole'schen Logik (UND/ODER/NICHT), die auf Datensätze immer

6 Vgl. u. a. Kurt Möser: Thesen zum Pflegen und Reparieren in den Automobilkulturen am Beispiel der DDR, in: *Technikgeschichte*, Bd. 79, Nr. 3, 2012, 207–226, hier 225.

7 Vgl. Reiner Dollner, Lutz Weickert: Einheitliche technologische Auftragsbelege. Ein Mittel zur effektiven Anwendung der EDV für innerbetriebliche Rationalisierung, in: *Rechentechnik/Datenverarbeitung*, Bd. 10, Nr. 2, 1973, 11–15.

8 Vgl. Francis Hunger: Transaktionsverarbeitung in relationalen Datenbanken. Zur Materialität von Daten aus Perspektive der Transaktion, in: Friedrich Balke, Bernhard Siegert, Joseph Vogl (Hg.): *Kleine Formen. Archiv für Mediengeschichte*, Berlin 2021, 101–111.

9 Vgl. Rolf Gräßler: *Möglichkeiten der Rationalisierung der Einsatzvorbereitung elektronischer Datenverarbeitungsanlagen durch sachgebietsorientierte Programmiersysteme für die Probleme der Planung und Leitung von sozialistischen Industriebetrieben und Kombinaten*, Dissertation, TU Dresden, 1972.

10 Vgl. Herrmann Meier, Dietmar Hopp, Hasso Plattner: *Auftragssteuerung, Disposition, und Versandsteuerung integriert im Realzeitbetrieb*. Bd. 1: *IBM Beiträge zur Datenverarbeitung*, Stuttgart 1972; IBM: *Communication-Oriented Production Information Control System (COPICS)*, White Plains (NY) 1972.

11 Vgl. Joachim Radkau: Revoltierten die Produktivkräfte gegen den real existierenden Sozialismus. Technikhistorische Anmerkungen zum Zerfall der DDR, in: *1999. Zeitschrift für Sozialgeschichte des 20. und 21. Jahrhunderts*, Bd. 5, Nr. 4, 1990, 13–42, hier 29.

12 Birgit Starke (nach Heirat: Demuth): *Übersetzung und Optimierung relationaler Anfragen am Beispiel der Datenbanksprache SQL*, Dissertation, TU Dresden, 1983, 144.

13 Vgl. Thomas Haigh: A Veritable Bucket of Facts. Origins of the Data Base Management System, in: *ACM SIGMOD Record*, Bd. 35, Nr. 2, 2006, 33–49; ders.: How Data got its Base. Information Storage Software in the 1950s and 1960s, in: *IEEE Annals of the History of Computing*, Bd. 31, Nr. 4, 2009, 6–25; Marcus Burkhardt: *Digitale Datenbanken. Eine Medientheorie im Zeitalter von Big Data*, Bielefeld 2015.

gleicher Struktur in Form von Tabellen (Relationen) angewendet wurden. Für die Verständlichkeit der relationalen Logik war die Verwendung der Tabelle als User-Interface ebenso ausschlaggebend wie die an das Englische angelehnte Abfragesprache Structured Query Language (SQL). Schließlich zeichneten sich die Datenbanken durch ihre Transaktionsfähigkeit aus: Verschiedene Nutzer_innen konnten parallel auf die Datenbestände zugreifen, wobei die Datenbank automatisch dafür sorgte, dass gemeinsam genutzte Datensätze unterschiedlicher Nutzer_innen konsistent blieben. Heute machen relationale Datenbanken circa zwei Drittel aller verwendeten Datenbanken aus und sind Grundlage zahlreicher Datenbankanwendungen, wie z. B. von Fahrkarten-Buchungssystemen im ÖPNV, von Computerspielen, von Logistik- und Produktionssystemen, von E-Mail-Programmen oder Fotodatenbanken. Datenbanken ermöglichen, durch die Technologie der Transaktion, die Synchronisierung und Koordinierung lokal verstreuter Akteure. Kurz: Datenbanken sind infrastrukturelle «Medien der Kooperation».[14]

Die DDR verfügte ab den 1970er Jahren über eine Reihe unterschiedlicher Datenbanktechnologien: die Adaptionen BASTEI (IBM BOMP), DAKS (IBM CICS), Redabas (dBASE II und dBASE III), ALLDBS (Oracle 5.1), ING_DB (INGRES 6) sowie die Eigenentwicklungen SAWI, AIDOS, DBS/R, DABA-1600, TOPAS und das Großprojekt Robotron INTERBAS, das 1990 unvollendet eingestellt wurde. Einer der damals bei Robotron involvierten Ingenieure, Jürgen Bittner, definierte ‹Adaption› im Interview wie folgt: «[Die] Adaption des originalen Programmcodes [erfolgte] durch Ersetzen der Namen aller Programmelemente wie Datenobjekte, Variablen, Konstanten usw. und eigene Entwicklung einiger Zusatzfunktionen.»[15] Für das Adaptieren musste der Quellcode einer Software vorhanden sein, der für die jeweiligen DDR-Betriebssysteme und Hardwarearchitekturen kompiliert werden konnte. Den Quellcode besorgte zum Teil das Ministerium für Staatssicherheit durch Industriespionage, zum Teil war er aber auch durch BSD-ähnliche Lizenzen im Westen verfügbar, konnte dort erworben und in die DDR importiert werden (z. B. INGRES). Das Adaptieren von Software ist spätestens seit den 1980er Jahren auch unter dem Begriff des Reverse Engineering bekannt[16] und eng verwandt mit anderen Praktiken des Softwareschreibens, wie dem Refactoring,[17] dem Forking[18] oder dem Cloning.[19] Adaption stellt eine Strategie des Nacherfindens durch Anpassung dar. All diese programmiertechnischen Praktiken verweisen auf das Instandhalten und Reparieren von Software. In der DDR handelte es sich bei der Adaption von Software um eine weit verbreitete Aneignungsstrategie, die, unter Umgehung westlicher Lizenzrechte und -kosten, der Ressourcenknappheit des Landes entsprach. Doch wie in der Aufzählung ersichtlich ist, verfügte die DDR nicht nur über adaptierte Datenbanksoftware, sondern auch über Eigenentwicklungen. Letztere sollen am Beispiel von DABA-1600 als Momente der Co-Innovation charakterisiert werden, die eine Reihe von Fragen nach sich ziehen: Wie verhielt sich in der DDR-Planwirtschaft das Reparieren zur Innovation? Welche

14 Erhard Schüttpelz: Infrastrukturelle Medien und öffentliche Medien, in: *Media in Action*, Nr. 0, 2016, 1–21, hier 5, www.mediacoop.uni-siegen.de/wp-content/uploads/2016/06/schuettpelz_infrastrukturelle_medien.pdf (15.5.2022).

15 Jürgen Bittner in: ders., Rolf Heinemann: «Robotron hatte ja im Staat DDR die besondere Pflicht, die anderen zu versorgen». Interview mit Rolf Heinemann und Jürgen Bittner, Transkript, 14.11.2018.

16 Vgl. Michael G. Rekoff: On Reverse Engineering, in: IEEE *Transactions on Systems, Man, and Cybernetics* SMC, Bd. 15, Nr. 2, 1985, 244–252, hier 244.

17 Vgl. William G. Griswold: *Program Restructuring as an Aid to Software Maintenance*, Dissertation, University of Washington, 1991, cseweb.ucsd.edu/~wgg/Abstracts/gristhesis.pdf (15.5.2022).

18 Vgl. Gregorio Robles, Jesús M. González-Barahona: A Comprehensive Study of Software Forks. Dates, Reasons and Outcomes, in: Imed Hammouda u. a. (Hg.): *Open Source Systems. Long-Term Sustainability*, Berlin, Heidelberg 2012, 1–14.

19 Vgl. Dhavleesh Rattan, Rajesh Bhatia, Maninder Singh: Software Clone Detection. A Systematic Review, in: *Information and Software Technology*, Bd. 55, Nr. 7, 2013, 1165–1199, hier 1167.

Abb. 1 K-1600-Computer in einer sowjetischen Forschungseinrichtung, Mitte der 1980er Jahre in Kirow. Links die Recheneinheit mit Festplatten, in der Mitte die Bedieneinheit und rechts der Drucker

Übertragungen und Ähnlichkeiten zwischen westlicher und östlicher Softwaretechnik gab es? Wie verhalten sich die medial-ökonomischen Ähnlichkeiten und Unterschiede von Datenbanksystemen zu den Ähnlichkeiten und Unterschieden sozialistischer Planwirtschaft und kapitalistischer Marktwirtschaft? Welche neuen Nutzer_innenschichten konnten mit relationalen Datenbanken, als Medien der Kooperation, erschlossen werden? Und wie positionieren sich die Eigenentwicklungen der DDR-Datenbanken zu den westlichen Pendants in Bezug auf Innovation und Reparieren?

Die Entwicklung des relationalen Datenbankmanagementsystems DABA-1600

Die Genese des Datenbanksystems DABA-1600 begann mit dem Verständnis der Verantwortlichen, dass für den bei Robotron in Entwicklung befindlichen Rechner K-1600 entsprechende Software benötigt werden würde.[20] Es handelte sich beim Robotron K-1600 um einen sogenannten Kleinrechner, vergleichbar der Leistungsklasse der ‹westlichen› DEC PDP-11. Da aufgrund eigener Hardware-Komponenten und eines eigenentwickelten Betriebssystems keine vollständige Kompatibilität zur PDP-11 erreicht wurde, entstand der Bedarf an einem eigenen Datenbankmanagementsystem, denn ‹westliche› Software konnte nicht einfach installiert werden, wie dies auf anderen vollkompatiblen Computern der DDR der Fall war. Der Rechner K-1600 (Abb. 1) fand in unterschiedlichsten Konfigurationen in der DDR und später auch in den Ländern des Rates für Gegenseitige Wirtschaftshilfe (RGW) Verbreitung und wurde für Alltagsaufgaben eingesetzt, z. B. für Büro- und Verwaltungsaufgaben, Textverarbeitung, Konstruktions- und Digitalisierungsaufgaben sowie Datenerfassung in Rechenzentren, Handel und Medizin.[21] Er war Teil der Bemühungen des RGW um ein Einheitliches System Elektronischer Rechner (ESER) und zählte zum System Kleinrechner (SKR), in dessen Rahmen mehrere RGW-Länder die Produktion solcher Kleinrechner untereinander abstimmten.

Spezifisch kennzeichnet das Projekt DABA-1600 in der DDR die enge Verflechtung von akademischer und industrieller Forschung, die auf wirtschaftspolitische Beschlüsse der SED zur Rationalisierung und Automatisierung zurückzuführen ist. Für die DDR versprach Automatisierung eine gesteigerte Intensität der Industrialisierung, um international konkurrenzfähige Produkte, z. B. in Maschinenbau und Optik, und ab den 1980er Jahren verstärkt einheimische Konsumgüter produzieren zu können. Dieses Versprechen beinhaltete, dass die frei werdende Arbeitskraft nicht in individualisierte Arbeitslosigkeit münden würde, sondern einen gesamtgesellschaftlichen Nutzen hätte: die Verbesserung der Lebens- und Arbeitsbedingungen. Allerdings bahnte sich im Einerseits der Lebensverhältnisse in der DDR und dem Andererseits der Exportfähigkeit ein Konflikt an, der in den 1980er Jahren in der DDR an vielen Stellen sichtbar wurde.

DABA-1600 ist ein wichtiges Beispiel für die Geschichte der Softwareproduktion am Übergang vom zentralen Großrechner zum Kleincomputer. Der Historiker Paul Ceruzzi bezeichnete diesen Übergang im nordamerikanischen Kontext als «die abermalige Neuerfindung des Computers».[22] Mit dem (immer noch raumfüllenden) Kleincomputer änderten sich die interne Struktur, die Programmierung, die Vermarktung, die Anwendungsgebiete und die infrastrukturelle Einbettung. Die Datenverarbeitungsmaschine rückte näher an ihre Nutzer_innen. Diese erhielten zunehmend direkten Zugriff auf die Struktur, die Modelle und die Inhalte der Datenbanken. Diese Tendenz zur Dezentralisierung ist auch für die DDR nachweisbar: Dominierten in den frühen 1960er Jahren noch Großrechner in Rechenzentren in den Bezirksstädten, verteilten sich neue Praktiken der Datenverarbeitung ab Ende des Jahrzehnts in den Betrieben und Organisationen des Landes. Diese Dezentralisierung der Datenverarbeitung erscheint heute als Folge sich ändernder Anwendungsbedürfnisse nach einem weniger vermittelten, unmittelbareren Zugang zu Daten, deren Speicherung und Verarbeitung und sie zeigt sich im Osten ebenso wie im Westen.

DABA-1600 wurde von 1981 bis 1989 in der DDR als ein Projekt der TU Dresden in Zusammenarbeit mit dem VEB Kombinat Robotron, das die Praxisumsetzung begleiten sollte, entwickelt. Robotron war der größte Computerhersteller der DDR. Der ausgegliederte Teil Robotron Projekt Dresden

20 Die Rahmenbedingungen der Forschungskooperation aus Sicht der Beteiligten werden detailliert dargestellt in Birgit Demuth, Karl-Heinz Wiggert: Technologietransfer am Beispiel von DABA 1600, in: Birgit Demuth (Hg.): *Informatik in der DDR. Grundlagen und Anwendungen*, Bonn 2008, 280–291, hier 283.

21 Vgl. Gerhard Merkel: *VEB Kombinat Robotron, Sitz Dresden – Ein Kombinat des Ministeriums für Elektrotechnik und Elektronik der DDR*, Manuskript, Dresden 2005, 31.

22 Paul E. Ceruzzi: *A History of Modern Computing*, Cambridge 2003, 110.

konzentrierte sich ab 1984 auf die Softwareproduktion. Darin befand sich auch eine Fachabteilung für Datenbanksoftware.

Eingebettet war die Kooperation zwischen Robotron und der TU Dresden in den größeren Kontext wirtschaftlicher Reformen des *Neuen Ökonomischen Systems der Planung und Leitung der Volkswirtschaft der DDR* durch das ZK der SED ab 1962. Ein Grund für die Reformen war der Entschluss, dass für den DDR-Sozialismus die Wissenschaft als unmittelbare Produktivkraft einen zentralen Platz einzunehmen habe. Dies zog eine Neuausrichtung von Forschung und Bildung nach sich, die in das 1965 beschlossene Gesetz über das einheitliche Bildungssystem flossen und eine stärkere Orientierung der akademischen Ausbildung an den Erfordernissen der Industrieproduktion forcierte. Gemeinsame Forschung und Überführung in Produkte, in der DDR als ‹Auftragsforschung› bezeichnet, galten als ein wichtiges Steuerungsmittel, um die industrienahe Forschung zu stärken. Die Auftragsforschung wurde zwischen den Sektionen und Betrieben direkt ausgehandelt, wobei sich, so der Historiker Reiner Pommerin, die SED eine Steuerungsfunktion vorbehielt: «Die Profilierung der [Auftrags-]Forschung nimmt in der TU bezeichnenderweise jetzt die Kreisleitung der SED [der TU] vor; sie achtet darauf, daß sich diese nach der gesellschaftlichen Aufgabenstellung richtet.»[23]

Die Zusammenarbeit zwischen dem VEB Robotron und verschiedenen Sektionen der TU Dresden legten die Beteiligten in einer institutionellen Vereinbarung, einer sogenannten Komplexvereinbarung, vom 6. Dezember 1977 fest.[24] Diese verzeichnete als Ziele, den «wissenschaftlich-technischen Fortschritt zu beschleunigen, planmäßig neueste, dem wissenschaftlich-technischen Höchststand entsprechende Ergebnisse» zu erreichen und «ihre schnelle Überführung sowie Anwendung in der Produktion zu sichern» sowie «eine hochqualifizierte und praxiswirksame Ausbildung und Weiterbildung der Kader» zu gewährleisten.[25] In der konkreten Forschungsplanung schlug der an der TU Dresden lehrende Prof. Dieter Schubert vor, sich mit einer «Datenmanipulationssprache auf COBOL-Basis für Kleinrechner», mit einem «Relationalen Datenbanksystem für ESER» und einer «Technologie der Programmbanksysteme und experimentelle[n] Entwicklung einer Programmbank am Beispiel der mathematischen Statistik» auseinanderzusetzen.[26]

Innerhalb des Zentrums für Forschung und Technik (ZFT) Robotron diskutierten die Beteiligten die Idee, eine relationale Datenbank für Kleinrechner zu erarbeiten, anfangs kontrovers:

> Eine Datenbank auf einem Kleinrechner betreiben zu wollen, wie er z. B. damals mit den Anlagen der Familie Robotron K-1600 zur Verfügung stand – Ende der siebziger Jahre schätzte man das zunächst als ein durchaus ungewöhnliches Vorhaben ein. Zumindest zweifelten die Entwickler des für die Großrechner (R 300 bzw. die nachfolgenden ESER-Rechner) ausgelegten Datenbankbetriebssystems DBS/R im damaligen [...] ZFT des Kombinats Robotron den Erfolg eines solchen Vorhabens stark an.[27]

Trotz dieser anfänglichen Vorbehalte kam es zur Zusammenarbeit, da Robotron für die K-1600-Kleinrechner Software benötigte. Zur Vereinbarung zwischen

23 Reiner Pommerin: 175 *Jahre TU Dresden. Geschichte der TU Dresden 1828–2003*, Bd. 1, Köln 2003, 311.

24 Sektion Informationsverarbeitung: Komplexvereinbarung über wissenschaftlich-technische Zusammenarbeit zwischen dem VEB Kombinat Robotron und der Technischen Universität Dresden, Akte DFo 4658/I/01–19, Universitätsarchiv der TU Dresden, 12.6.1977.

25 Ebd.

26 [o. Vorname] Bode: [Entwurf Forschungsplan] Kombinat Robotron 1979/80. Abschrift für Genossen Peter Klick, Akte DFo 4658/I/01–19, Universitätsarchiv der TU Dresden, 10.1979.

27 Demuth, Wiggert: Technologietransfer am Beispiel von DABA 1600, 280.

dem ZFT Robotron und der TU Dresden gehörte nicht allein, die Forschung auf diesem Gebiet zu betreiben, sondern deren Realisierung und Überführung in Softwareanwendungen. Beide Seiten einigten sich darauf, dass Robotron die untere Schicht der Datenbank bereitstellen würde und die TU als Aufsatz den Compiler, der die SQL-Anfragen in maschinennahen Code übersetzte, und die SQL-Optimierungskomponente. Finanzielle Leistungen erfolgten laut Vertrag nicht, jedoch konnte Rechenzeit im Robotron-Rechenzentrum Dresden für die TU Dresden und die Bibliotheken und Informationsdienste genutzt werden. Die Planung einer neuen, innovativen Softwarekomponente war hier also Folge politischer Aushandlungen.

Von der Reparatur zur Co-Innovation

Die Informatikerin Birgit Demuth zählt zu einer Gruppe von Doktorand_innen, die an der TU Dresden in die Vorarbeiten und die Ausarbeitung von DABA-1600 involviert waren, darunter Vera Wenk, Bernd Keller und Michael Starruß. Demuths im September 1983 verteidigte Dissertation *Übersetzung und Optimierung relationaler Anfragen am Beispiel der Datenbanksprache SQL* hatte dabei einen anderen Status als die vorhergehenden Forschungsarbeiten, denn es handelte sich nicht mehr allein um eine Vorarbeit, sondern um eine zentrale Ausarbeitung, aus der heraus die anwendbare Abfragesprache SQL-1630 für DABA-1600 entstand, die mit internationalen Standards kompatibel war. Nach Demuths Promotion erfolgte die Übergabe der Auftragsforschung von der TU Dresden an den VEB Robotron.

Über den Quellcode der westlichen relationalen Datenbanken INGRES oder IBMs System R verfügte Robotron zu dem Zeitpunkt nicht, sodass eine Adaption innerhalb von Robotron nicht in Betracht kam. Stattdessen musste im Rahmen universitärer Forschung die relationale Technologie nacherfunden werden. Dafür sprach auch, dass INGRES und vor allem IBMs System R sehr gut durch akademische Publikationen dokumentiert waren, die zum Teil auch in der DDR zur Verfügung standen, so Demuth:

> Wir haben uns nur die Prinzipien, worauf man achten muss, angeschaut und die Artikel, worüber theoretisch geschrieben worden ist, haben wir versucht zu verstehen. [...] Wir haben die Ansätze, die es gab, nachvollzogen. Die waren ja auch nicht im Detail beschrieben, [und dann haben wir] die Ideen aufgegriffen und das selber weiterentwickelt.[28]

Hier zeigt sich, wie die Notwendigkeit des Nacherfindens Raum für eigene Innovationen schafft: Indem der Code nicht einfach nur adaptiert wird, sind eigene Lösungen möglich und notwendig.

In der Einleitung zu ihrer Dissertation verweist Demuth auf die wachsende Verbreitung von Kleinrechnern in der DDR: «Eines der wichtigsten Ziele dieses Rechnereinsatzes ist die Unterstützung geistiger Prozesse in Forschung und

28 Birgit Demuth: «Da war die DDR ein bisschen übermütig» – Interview mit Birgit Demuth, Transkript, 28.11.2018.

Entwicklung, in der Projektierung, Konstruktion und technologischen Vorbereitung der Produktion.» Daraus ergäben sich «qualitativ neue Anforderungen», da die verbreiterte Nutzer_innenbasis auch eine Zugänglichkeit für «Nichtprogrammierer» bedeute.[29] Der K-1600 stand somit paradigmatisch für den Umzug des maschinellen Rechnens aus den Bezirksrechenzentren und Großcomputeranlagen in kleinere betriebliche Einheiten – er rückte näher an die Nutzer_innen.

Demuth argumentiert auch mit dem «internationalen Maßstab», z. B. mit der Situation in den USA:

> So sind z. B. im Jahre 1980 von den 54 in den USA kommerziell verfügbaren DBBS [Datenbankbetriebssystemen] 19 DBBS für Klein- und Mikrorechner; davon wiederum 10 DBBS für Rechner der Familie PDP-11 unter Steuerung des Betriebssystems RSX-11M; 4 relationale Kleinrechner-DBBS […] generierbar.[30]

Im Unterschied zu den vorrangig konzeptuellen Arbeiten aus den späten 1970er Jahren konstatiert Demuth für die beginnenden 1980er die zunehmende Überführung von Datenbanken aus dem Forschungsstadium in Softwareanwendungen und verweist explizit auf die Datenbanken INGRES (University of Berkeley) und SQL/DS (IBM), das kommerzielle Nachfolgeprojekt des relationalen IBM-Prototypen System R. Für die weitere Forschung an der Abfragesprache SQL spräche deren zunehmende internationale Bedeutung.[31]

In der Zusammenfassung ihrer Dissertation weist Demuth darauf hin, dass «[d]er Einsatz der Datenbanktechnologie im Rahmen automatisierter Informationssysteme […] mehr und mehr zum objektiven Erfordernis und zu einer wichtigen Voraussetzung für die […] Volkswirtschaft [wird]».[32] Demuths Dissertation belegt, dass die Einführung der relationalen Algebra erfolgte, als durch die vorhergehenden Netzwerkdatenbanken und hierarchische Datenbanken die Verwendung von Datenbanken bereits grundlegend in die Infrastrukturen der Informationsverarbeitung eingewoben war. Die industriellen und organisatorischen Prozesse hatten auch in der DDR eine Komplexität angenommen, die nur mittels Datenbanken ‹objektiv› bewältigbar blieb, zumindest wenn die DDR am Weltmarkt teilnehmen wollte.

Nach einer Reihe technologischer Erwägungen zum SQL-Compiler, zur Abfragesprache und zur Optimierung der Abfragen für die automatisierte Datenverarbeitung vergleicht Demuth abschließend ihren eigenen Lösungsvorschlag mit denen von IBMs System R und INGRES. Durch einige Erweiterungen erreicht die Autorin nach eigener Einschätzung einen gegenüber System R größeren Freiheitsgrad der Optimierung. Dabei war in der erreichten Funktionalität der Dresdener SQL-1630-Compiler an den kalifornischen System-R-Compiler angelehnt, während sie sich im internen Aufbau voneinander unterschieden.[33] Hier wird sichtbar, wie das Nacherfinden in Co-Innovation übergeht, wie ein Konzept nicht nur übernommen, sondern durch ‹Reparatur› erweitert wird. Während das durch den Historiker Simon Donig eingeführte und an das Reverse Engineering angelehnte Konzept des Nacherfindens[34]

29 Starke (Demuth): *Übersetzung und Optimierung relationaler Anfragen am Beispiel der Datenbanksprache SQL*, 1.

30 Ebd., 3 f.

31 Ebd.

32 Ebd., 144.

33 Ebd., 135–137.

34 Simon Donig: Vorbild und Klassenfeind. Die USA und die DDR-Informatik, in: *Osteuropa*, Bd. 59, Nr. 10, 2009, 89–100, hier 96.

35 Vgl. u. a. Franz Menhart, Jürgen Stumpf: SQL 1630. Datenbanksprache von DABA 1600, in: *Rechentechnik/Datenverarbeitung*, Bd. 24, Nr. 9, 1987, 15–18; dies.: Wertung des relationalen Datenbankbetriebssystems DABA 1600, in: *Rechentechnik/Datenverarbeitung*, Bd. 24, Nr. 4, 1987, 5–8; dies.: Zum Entwurf des Datenbankbetriebssystems DABA 1600, in: *Rechentechnik/Datenverarbeitung*, Bd. 24, Nr. 7, 1987, 9–12; dies.: Das Datenbankbetriebssystem DABA 1600 Version 2.0, in: *Rechentechnik/Datenverarbeitung*, Bd. 24, Nr. 2, 1987, 16–18; Horst Giebler: Mikrorechnersystem Robotron K1600, in: *Neue Technik im Büro*, Bd. 24, Nr. 2, 1980, 39–40; D. Horn, Jürgen Stumpf, F. Ziegenbalg: Datenorganisation für das Mikrorechnersystem Robotron K-1600, in: *Neue Technik im Büro*, Bd. 25, Nr. 1, 1981, 1–3; Karl-Heinz Wiggert, G. Bulla, J. Ernst: Problemorientierte Systemunterlagen für das Mikrorechnergerätesystem robotron K-1600. Datenbankbetriebssystem DABA 1600, in: *Neue Technik im Büro*, Bd. 25, Nr. 2, 1982, 168–171; Rolf Heinemann: Datenbanken als Rationalisierungsmittel in der Projektierung. Ergebnisse und Tendenzen, in: *Neue Technik im Büro*, Bd. 29, Nr. 4, 1985, 108–109; Dietrich Schubert: Das relationale Datenbankbetriebssystem DABA 1600. Ein weiteres Ergebnis der Kooperation von Robotron und TU Dresden, in: *Neue Technik im Büro*, Bd. 29, Nr. 4, 1985, 110–112; Karl-Heinz Wiggert: Die Ausbaustufe 2.0 des Datenbankbetriebssystems DABA 1600, in: *Neue Technik im Büro*, Bd. 30, Nr. 2, 1986, 58–60.

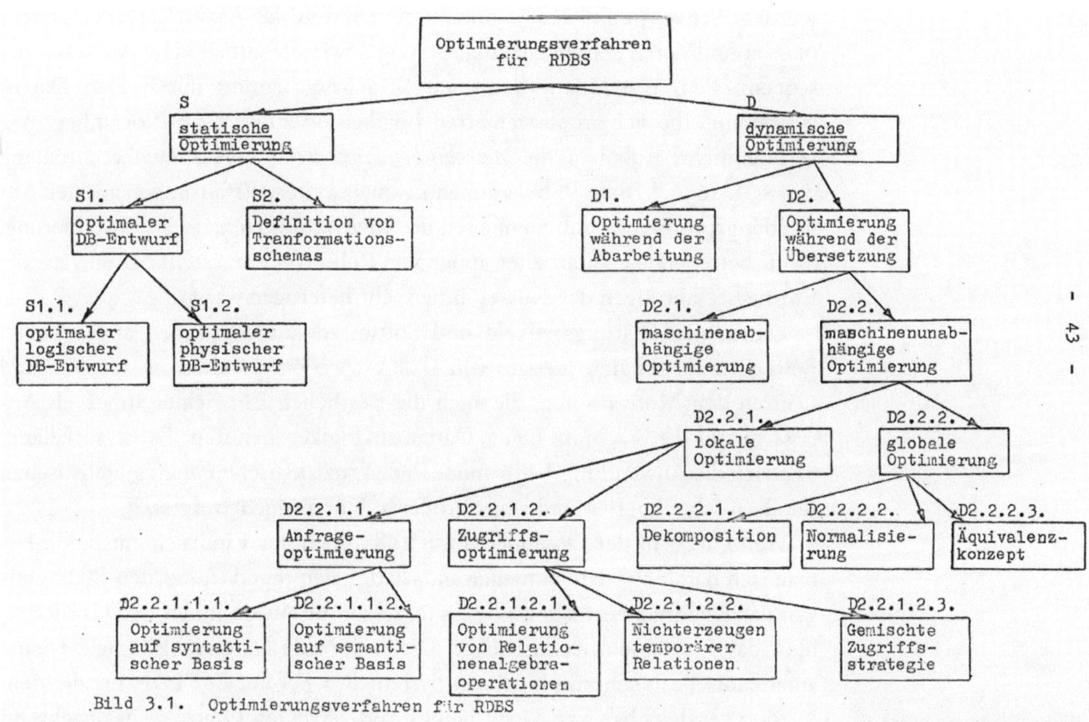

Abb. 2 Verschiedene Optimierungsstrategien Relationaler Datenbanksysteme (RDBS), die in der Dissertation von Demuth diskutiert werden. Aus: Starke (Demuth): *Übersetzung und Optimierung relationaler Anfragen am Beispiel der Datenbanksprache SQL*, 43

sprachlich auf die Wiederholung einer bereits existierenden Technologie fokussiert, rückt ‹Co-Innovation› die aktive Entwicklung in Auseinandersetzung mit vorhandener und dokumentierter Technologie in den Vordergrund. Co-Innovation bedeutet eine Entwicklung, die über das Vorbild konzeptuell hinausgeht und es nicht nur wiederholt. Was ursprünglich lediglich als ‹Reparatur›, also als Übertragen auf spezifische Hardware-Systeme gedacht war, produziert neues Wissen.

Softwareproduktion in ‹kleinen Ländern›

Im Anschluss an Demuths Ausarbeitungen und Prototyp-Programmierung wurde das Projekt an Robotron übergeben und dort zu einer lauffähigen Software weiterentwickelt. In den beiden wichtigsten Fachzeitschriften für Computertechnik in der DDR, *Neue Technik im Büro* und *Rechentechnik/Datenverarbeitung*, erschien begleitend zur Veröffentlichung durch Robotron eine Reihe von Artikeln zum Rechnersystem K-1600 und auch zu DABA-1600,[35] während parallel auch weiter über die ältere und weit verbreitete netzwerkorientierte Datenbank Robotron (DBS/R) berichtet wurde. Die erste von drei DABA-1600-Dokumentationen eröffnete 1981 mit dem Thema der Informationsmanagementsysteme,[36] die in der DDR als Automatisierte Informationssysteme (AIS) bezeichnet

36 Zu den Informationssystemen des Westens siehe Thomas Haigh: Inventing Information Systems. The Systems Men and the Computer, 1950–1968, in: *The Business History Review*, Bd. 75, Nr. 1, 2001, 15–61.

wurden. Schwerpunkt der Argumentation waren das Anwachsen der Datenmassen und deren ständige Aktualisierung sowie die allmähliche Ablösung der sequenziellen, maschinenorientierten Stapelverarbeitung durch eine Datenverwaltung, die sich an abstrahierten Logiken orientiert.[37] Im November 1984 veröffentlichte Robotron die *Methodischen Hinweise* und die Sprachbeschreibung von SQL 1630.[38] Diese Publikationen nahmen weitere Erfahrungen aus den Anwendungsprototypen auf. So dienten die *Methodischen Hinweise* als Orientierung, da die betreuenden Mitarbeiter_innen von Robotron festgestellt hatten, dass die Einstiegserfahrungen der Nutzer_innen sehr heterogen waren.

Die in den Zeitungsartikeln und Softwaredokumentationen angegebenen Beweggründe für den Einsatz von DABA-1600 entsprechen im Großen und Ganzen den Motivationen, die auch die westlichen Entwickler_innen als Anlässe für die Erforschung neuer Datenbanklogiken nannten. Es ist auffallend, dass sich die Anwendungsbedürfnisse in den sozialistischen und kapitalistischen Ländern sehr ähnelten und keine größeren Unterschiede zeigten.[39]

Wenn auch in der Dokumentation 1984 noch der Eindruck entstand, dass man sich damit auf dem aktuellen internationalen Stand (unter den Bedingungen der Kleinrechnertechnik) bewegte, sahen die Autor_innen 2008 im Rückblick das Erreichte selbstkritischer: Die relationale Datenbank Oracle 2, eine amerikanische Nacherfindung von System R,[40] lief auf der PDP-11, die dem K-1600 vergleichbar war. Doch bereits 1981 erschien Oracle 3, das nach und nach auf verschiedensten Plattformen, d. h. Großrechnern, Kleinrechnern und Personal Computern, unter verschiedenen Betriebssystemen lief,[41] während in der DDR DABA-1600 auf ein System begrenzt blieb. Ab 1986 wurde eine neue Version, die ‹Ausbaustufe 2.0›, als Produkt aktiv unterstützt und bis 1989 wurden circa 100 Installationen verzeichnet.

Mit der Verabschiedung der sozialistischen Planwirtschaft zugunsten des kapitalistischen Marktgeschehens endete die Produktlinie der Mikrorechner K-1600 und damit auch die Ära des ersten eigenentwickelten relationalen Datenbanksystems der DDR. Dieses Ende kommentieren Demuth und Karl-Heinz Wiggert in einem retrospektiven Artikel mit einem knappen, trockenen Satz: «Als mit dem Ende des Kombinats Robotron auch keine K-1630-Rechner mehr produziert wurden, war der Einsatz von DABA-1600 gegenstandslos geworden.»[42] Dieses Gegenstandslos-Werden unterscheidet sich deutlich von den Kontinuitäten der Adaptionen Redabas, DBS/R und ALLDBS, die in den Jahren nach 1989, insofern die betreffenden Firmen und Institutionen fortbestanden, weiter im Einsatz waren. Die K-1630-Rechner jedoch scheinen schnell entsorgt worden zu sein. Für die DDR-Eigenentwicklung DABA-1600 gab es keine Nachfolgefirma.[43] Darüber hinaus war längst die Zeit der Personal Computer angebrochen, die ihre ganz eigenen Datenbank-Bedürfnisse und Datenbanksysteme mit sich brachten.

Ab 1988 arbeitete Birgit Demuth im Auftrag der TU Dresden an der Standardisierung von SQL in der DDR in einer TGL-Norm (Technische Normen,

37 VEB Robotron (Hg.): *DABA 1600 Datenbankbetriebssystem. Anwendungsbeschreibung*, Dresden 1981.

38 VEB Robotron (Hg.): *DABA 1600 Datenbankbetriebssystem. Methodische Hinweise*, Dresden 1984.

39 Diese These verhandle ich ausführlich in meiner Dissertation, vor allem im vergleichenden Kapitel zu den frühen Versionen der Warenwirtschaftssysteme Robotron SOPS (DDR), IBM COPICS (USA) und SAP (BRD), vgl. Francis Hunger: *Die Form der Datenbank – Genealogien, Operationalitäten und Praxeologien relationaler Datenbanken in Ost und West*, Dissertation, Bauhaus-Universität Weimar, 2022, im Erscheinen.

40 Vgl. Computer History Museum (Hg.): *RDBMS Plenary 1. Early Years*, Mountain View 2007, 30 f., *archive.computerhistory.org/resources/access/text/2013/05/102702562-05-01-acc.pdf* (18.4.2022).

41 Vgl. Demuth, Wiggert: Technologietransfer am Beispiel von DABA 1600, 282.

42 Vgl. ebd., 288.

43 Die Nachfolgefirmen des Robotron ZFT konzentrierten sich auf die ‹westlichen› Datenbanksysteme Sybase (heute: SAP Sybase) und Oracle, vgl. Interview mit Jürgen Bittner, Rolf Heinemann, 14.11.2018.

Gütevorschriften und Lieferbedingungen; DDR-Pendant zur DIN) und nach 1990 beteiligte sie sich an der Standardisierung von SQL im internationalen Standardisierungsgremium ANSI-ISO. Bis heute lehrt sie an der TU Dresden als wissenschaftliche Mitarbeiterin.

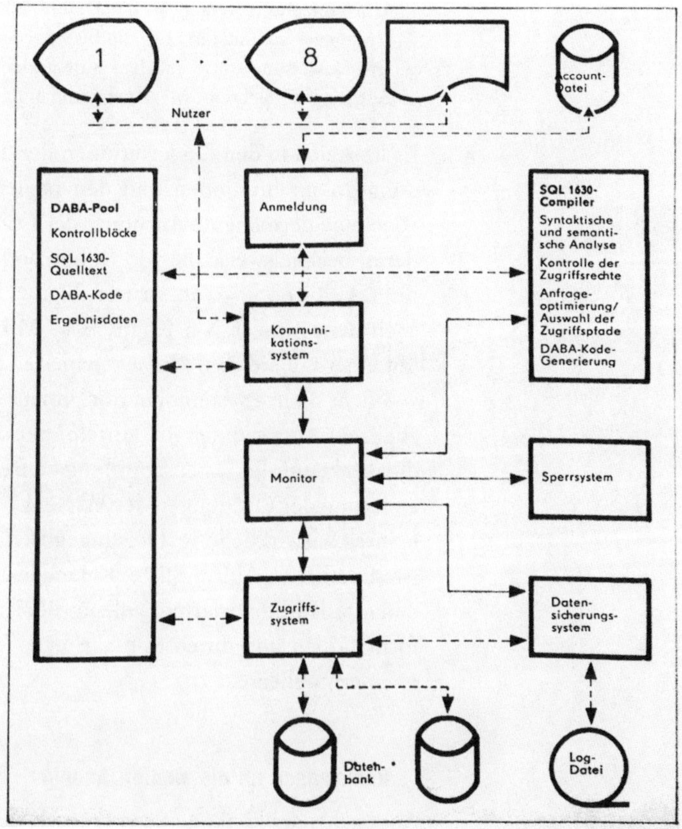

Abb. 3 Funktionsschema von DABA-1600 im Überblicksartikel *Neue Technik im Büro*, 1985. Aus: Schubert: Das relationale Datenbankbetriebssystem DABA-1600, 111

Die Ausarbeitungen zu DABA-1600 in der DDR sind paradigmatisch für die weltweit verstreuten konzeptuellen Nacherfindungen der relationalen Algebra Anfang und Mitte der 1980er Jahre, wie z. B. das 1981 am Centrum Projektowania i Zastowan Informatyki Warszawa entwickelte SQL für RODAN, das auf INGRES basierende DBMS DG/SQL auf einem Data-General-NOVA-1220-Computer von 1984, das seit den frühen 1980er Jahren bestehende relationale MIMER von der Universität Uppsala/UDAC und Merkur/Transbase, das Informatiker_innen an der TU München ab Anfang der 1980er Jahre entwickelten. Die Studien zu DABA-1600 geben einen Einblick, welche Auswahlkriterien für technologische Entscheidungen eine Rolle spielten, wie Kooperationen den Forschungs- und Entwicklungsprozess begleiteten und welche personell-institutionellen Überlagerungen und Verbindungen notwendig waren, um ‹in kleinen Ländern› (Demuth) mit geringen personellen und finanziellen Ressourcen ein relationales Datenbanksystem zur Produktreife zu bringen.

Neue Zugriffsweisen für ein Medium der Kooperation

Schließlich ermöglichten diese vergleichsweise kleinen Systeme neue Einsatzweisen als Medien der Kooperation: nicht mehr zentral in Rechenzentren, sondern verteilt an verschiedenen Standorten, mit direktem Zugriff für die Nutzer_innen. So sahen die Entwickler_innen von DABA-1600 großes Innovationspotenzial in der vergleichsweise einfachen Erlernbarkeit der grundlegenden Sprachelemente von SQL-1630, das sich auf 100 englische Wörter beschränkte und für ungeübte Anwender_innen schnell erschließbar sein sollte. In der Sprachbeschreibung, welche die Funktionalität von SQL-1630 darstellt, heißt es:

> Um einfache Anfragen an die Datenbank richten zu können, reicht es für einen Endnutzer aus, sich in etwa ein bis zwei Stunden mit der einfachsten Form der Anfrageanweisung sowie mit dem Aufbau der Informationsbasis (insbesondere mit den festgelegten Sichten-, Merkmals- und anderen Namen) vertraut zu machen.[44]

Es lässt sich in den Dissertationen der TU-Forschungsgruppe, in den Anwendungsdokumentationen und den begleitenden Fachpublikationen zu DABA-1600 eine permanente Anrufung der Endnutzer_innen feststellen. So argumentieren beispielsweise die von Robotron herausgegebenen *Methodischen Hinweise* für DABA-1600: «Unbestritten bleibt die international erkennbare Tendenz, auch dem Nutzer von Klein- bzw. Mikrorechnern Möglichkeiten zur Arbeit mit einer DB auf dem hier erreichbaren Niveau zu bieten.»[45]

Nicht mehr ‹Systemoperator_innen› als Servicemitarbeiter_innen eines Rechenzentrums standen im Mittelpunkt der Überlegungen, sondern diejenigen, die direkt auf die Datensammlung zugreifen sollten. Hier deutet sich eine Veränderung der Ordnungen des Wissens und der Kooperation an, an der Schwelle ihrer Verwirklichung. Die eingeübten manuellen Verfahren der Kooperation, wie Laufzettel, Auftragsliste, Kalender und Tabelle, wurden in Datenbanken in einen teilautomatisierten Vollzug übertragen, der durch Verdichtung von Informationen und durch transaktionale Vernetzung neue kooperative Formationen ermöglichte.

Rückfragen an die Medientheorie

Angesichts der konkreten, geografisch verortbaren konzeptuellen Herkünfte fällt es mir – nach dem Durchgang durch das Material – schwer, eine Dezentrierung der US-Geschichtsschreibung in dem Maße vorzunehmen wie ursprünglich angestrebt, da tatsächlich die maßgebenden Konzepte relationaler Datenbankmanagementsysteme in den USA entstanden.[46] In den USA entwickelte Teilkonzepte zur Realisierung der relationalen Algebra als Softwarefiguration, wie Compiler-Optimierung, Drei-Schichten-Modell und Transaktionskomponenten, zirkulierten international. Der starke konzeptuelle Bezug auf amerikanische Forschungsergebnisse (z. B. Compilertechnik, SQL) wurde in den hier gesichteten Dissertationen der DDR-Forscher_innen und den Anwendungsdokumentationen durch Quellenangaben stärker sichtbar als in den Veröffentlichungen der DDR-Fachzeitschriften, welche die westlichen Herkünfte größtenteils verschwiegen.

Die Co-Innovation relationaler Konzepte in der DDR ging zudem mit einer Übernahme der ‹westlichen› Argumente für die (beabsichtigte) Nutzung einher, wie beispielsweise Hartmut Wedekinds Auffassung, dass hierarchische und netzwerkorientierte Ansätze zu kompliziert seien[47] oder Edgar F. Codds Forderung, die Nutzer_innen ins Zentrum der Überlegungen zu stellen.[48] Diese mussten freilich durch DDR-eigene medienkulturelle Erfahrungen bestätigt werden, bevor sie in die sozialistische Narration integriert werden konnten. Teil dieser Aneignung war die Strategie der Co-Innovation.

44 VEB Robotron (Hg.): *DABA 1600 Datenbankbetriebssystem. Sprachbeschreibung*, 7 f.

45 VEB Robotron (Hg.): *DABA 1600 Datenbankbetriebssystem. Methodische Hinweise*, 3.

46 Vgl. Thomas Haigh, Paul E. Ceruzzi: *A New History of Modern Computing*, Cambridge (MA) 2021, 274 f.

47 Vgl. Hartmut Wedekind: *Datenbanksysteme I*, Bd. 1, Reihe Informatik 16, Mannheim 1974.

48 Vgl. Edgar F. Codd: Access to Relational Data Bases for a Casual User, in: *ACM SIGART Bulletin*, Nr. 61, 1.2.1977, 31 f.

Aus diesen Beobachtungen ergibt sich eine neue Fragestellung, die eine zugleich medientheoretische und eine ökonomiehistorische ist: Wenn sich Kapitalismus und Sozialismus im 20. Jahrhundert konzeptuell unterschieden haben sollen, wieso glichen sich dann die eingesetzten Medien und Denkwerkzeuge der Datenverarbeitung und -speicherung in dem hier aufgezeigten weitreichenden Maße? Es scheint, diese voreilige Einschätzung sei erlaubt, dass das mediale Konzept der relationalen Datenbank in der Lage war, Anwendungsbedürfnisse zu erfüllen, die über die Systemgrenzen hinausreichten. Ein wesentlicher Unterschied der Mediennutzung lässt sich allein in den Rahmungen der Veröffentlichungen finden: Während im Sozialismus volkswirtschaftlich mit Rationalisierung argumentiert wurde, wurde im Kapitalismus die Datenbank in den Dienst betriebswirtschaftlich orientierter Konkurrenz genommen. Dies würde oberflächlich gesehen Auffassungen stützen, die Technologie als politisch neutral einschätzen. Auf den zweiten Blick verweist es hingegen auf eine stärkere Bedeutung der Kulturen ihrer Nutzung (und deren Geschichte), die gegenüber dem Prozess der technologischen Genese hervorzuheben ist. Der Historiker Donig konstatiert, dass der fast identische Aufbau der Software in Ost und West möglich war, «weil auf beiden Seiten des Eisernen Vorhangs grundlegende Vorstellungen wie Effizienz, Kosten-Nutzen-Relationen oder Rationalität geteilt wurden».[49]

Ein weiterer Deutungsansatz besteht in der Beobachtung, dass die DDR versuchte, mit nicht-kapitalistischen Mitteln Produkte für den kapitalistischen Markt zu schaffen und sie dort zu verkaufen. Dies unterwarf die Produktionslogiken und die Informationslogiken der DDR mittelbar auch dem Vorgehen auf den Weltmärkten, wobei eine Externalisierung von Kosten durch Externalisierung von Teilen der Produktion (z. B. ‹Gastarbeiter_innen›, Auslagerung in Länder des globalen Südens) im Vergleich zur BRD nur in geringen Maßen erfolgte. Die Weltmärkte wiederum waren ab den 1970er Jahren gekennzeichnet durch postfordistische kooperative Verfahren wie Lean Production, Just-in-Time-Produktion und globale Vernetzung,[50] denen auf medialer Ebene neben den vielfach besprochenen Netzwerken[51] die bisher weniger beachteten Datenbanken[52] zuspielten. Die mittlere Leitungsebene der DDR erkannte diesen Wandel und reagierte auf ihn durch die Einführung von Kleincomputern und Personal Computern. So lässt sich argumentieren, dass im Rahmen einer sozialistischen Planwirtschaft versucht wurde, postfordistische Produktionsverfahren zu etablieren. Der Versuch endete, abgesehen von den oben beschriebenen Kontinuitäten einzelner Datenbanktechnologien, 1990.

Durch Co-Innovation wurden die westlichen Produkte nicht einfach übernommen und technisch angepasst, wie im Zuge der sogenannten Adaption, sondern erforscht und neu entwickelt, sodass neues Wissen entstand. Handelte es sich bei der ‹Adaption› westlicher Software allenfalls um eine Reparatur, also um eine Wiederherstellung und Anpassung aus dem westlichen

49 Donig: Vorbild und Klassenfeind, 100.

50 Vgl. Ned Rossiter: *Software, Infrastructure, Labor. A Media Theory of Logistical Nightmares*, New York 2016.

51 Vgl. Manuel Castells: *The Rise of the Network Society*, Chichester 2010.

52 Vgl. Burkhardt: *Digitale Datenbanken*.

Quellcode auf DDR-Hardware, so erzeugt die Co-Innovation, wie am Beispiel DABA-1600 gezeigt, neues Wissen. Aufgrund des weitestgehenden Ausschlusses der DDR-Wissenschaftler_innen aus den akademischen Fachblättern des Westens verblieb dieses Wissen jedoch hinter dem Eisernen Vorhang. Diese ‹versteckte› Wissensressource wurde allerdings 1990 aktiviert, als der Osten zum Westen wurde. Aus der abgewickelten Datenbankabteilung Robotrons gingen neue Firmen hervor, welche die westlichen relationalen Datenbanksysteme Oracle RDB, dBase, Sybase und Nixdorf DDB 4 in Ostdeutschland nahtlos einführten.[53]

In der Planwirtschaft der DDR wurden die für Innovationen eingesetzten Ressourcen anderen Planaufgaben als Investivmittel entzogen. Somit könnte das Reparieren in der DDR weniger als ‹alltagsbestimmend›, sondern als Kehrseite der Innovation oder als Schatten, den die Allokation planwirtschaftlicher Investitionen warf, gekennzeichnet werden. Es scheint, als benötigten die Beschreibungen der DDR auch 30 Jahre nach dem Ende der undemokratischen Planwirtschaft der DDR fortwährende Reparaturen.

53 Vgl. Interview mit Bittner und Heinemann, 14.11.2018.

FRANZISKA KLEMSTEIN

RECHENTECHNISCHE REPARATURKOMPETENZ

—

Vom staatlich verordneten technischen Fortschritt zur Entwicklung der Digital Humanities

Einleitung

Der umfangreiche Einsatz von Rechentechnik in der DDR diente vor allem als Mittel für die Produktions- und Leistungssteigerung in verschiedenen Berufszweigen. Die Rechentechnik sollte die Ökonomie der DDR stärken und die Effektivität steigern. Zu Beginn diente ihr Einsatz dem Lösen mathematischer Aufgaben, die durch die Datenverarbeitungsanlagen schneller kalkuliert werden konnten als durch den Menschen. So fanden sich die Einsatzfelder zunächst in verschiedenen Produktionsbetrieben in der DDR.[1] Zugleich sollten diese Entwicklungen auch technisch-wissenschaftlich begleitet werden, um weitere Einsatzbereiche zu definieren, neue Programme zu entwickeln und den Einsatz der Rechentechnik im Austausch mit den anderen sozialistischen Ländern zu koordinieren.[2] Mit der weiteren technischen Entwicklung und dem stetigen Vergleich der technischen Errungenschaften in der westlichen Welt dehnten sich auch die Einsatzmöglichkeiten der Rechentechnik sukzessive aus. Von besonderer Bedeutung für ihre weitere Ausbreitung in der DDR war die Entwicklung von Mikroprozessoren zu Beginn der 1970er Jahre.[3] Der technische Fortschritt der DDR stand in engem Zusammenhang zum marxistischen Fortschrittsglauben und fand seine Verankerung in der revidierten Verfassung der DDR von 1974:

> Der Mensch steht im Mittelpunkt aller Bemühungen der sozialistischen Gesellschaft und ihres Staates. Die weitere Erhöhung des materiellen und kulturellen Lebensniveaus des Volkes auf der Grundlage eines hohen Entwicklungstempos der sozialistischen Produktion, der Erhöhung der Effektivität des wissenschaftlich-technischen Fortschritts und des Wachstums der Arbeiterproduktivität ist die entscheidende Aufgabe der entwickelten sozialistischen Gesellschaft. (Art. 2 Abs. 2 der Verfassung der DDR, Fassung vom 7.10.1974)

1 Zu nennen wäre hier exemplarisch der VEB Industrieprojektierung Jena, der einen Kooperationsvertrag mit der Hochschule für Architektur und Bauwesen Weimar (HAB) bzw. mit dem Wissenschaftlichen Rechenzentrum der HAB hatte.

2 Der Austausch zwischen den sozialistischen Ländern erfolgte u. a. über die Entwicklungsgemeinschaft des Einheitlichen Systems Elektronischer Rechentechnik (kurz: ESER).

3 Die Entwicklungen im Bereich der Mikroelektronik wurden auch durch die Tagespresse der 1970er Jahre in die Bevölkerung getragen. Zu nennen wäre hier als einer der ersten Beiträge zu Mikroprozessoren und ihrem Anwendungsbereich ein Artikel im *Neuen Deutschland*, siehe Jupp Kern: Spezialrein aus Apoldaer Retorten. Betriebe der Labor- und Feinchemie tragen entscheidend zur Entwicklung der Mikroelektronik bei, in: *Neues Deutschland*, 26.9.1977, 3.

Zu diesem Anspruch gehörte auch eine möglichst früh einsetzende technische Erziehung der Bevölkerung. In diesem Sinne kann die neue monatlich erscheinende Jugendzeitschrift *Jugend und Technik* gelesen werden, die bereits 1954 durch die Hauptabteilung Außerschulische Erziehung des Ministeriums für Volksbildung gegründet worden war. In der Verfügung des Ministeriums hieß es dazu:

> Den Leitern der Grund- und Oberschulen, der Pionierhäuser und der Stationen der Jungen Techniker wird empfohlen, für die Arbeitergemeinschaften und Interessengemeinschaften der Jungen Techniker die Zeitschrift Jugend und Technik zu abonnieren. Die Zeitschrift bringt wertvolle Beiträge zur Unterstützung der polytechnischen Bildung und Anleitungen zum Selbstbau verschiedener Geräte und Modelle. Unter anderem ist vorgesehen, monatlich eine Bauplananleitung erscheinen zu lassen.[4]

Technisches Wissen, das Verständnis für Prozesse sowie Kenntnisse der Funktionsweisen, die sich sowohl auf die Hardware der Geräte als auch auf die Software bezogen, gehörten – zumindest wenn man im weitesten Sinne mit Rechentechnik oder EDV im Büroalltag in Kontakt kam – zum Alltagswissen in der DDR. Gründe hierfür sind zum einen in der Materialknappheit zu finden, die einen kreativen Umgang mit dem Vorhandenen (nicht nur im Bereich der Rechentechnik) einforderte und zum Selbstbau, im Sinne eines stetigen Verbesserns, Optimierens und Reparierens, animierte.[5] Zum anderen findet sich die Ursache aber auch in der gesellschaftstheoretischen Einbettung der (rechen-)technischen Entwicklungen in die Theorie der Kybernetik.[6] Im Folgenden wird zunächst ein kurzer Einblick in die Geschichte der Rechentechnik und ihre Verschränkung mit dem Bedeutungszuwachs der Kybernetik in der DDR gegeben. Am Beispiel der Hochschule für Architektur und Bauwesen Weimar (HAB Weimar) soll die Geschichte der Entwicklung und Forschung im Bereich der Rechentechnik und Datenverarbeitung vor und nach 1989 vorgestellt werden.

Damit können die Auswirkungen von Zäsuren verdeutlicht werden, die nicht nur als institutionsgeschichtliche Brüche verhandelt werden sollen, sondern auch das Unsichtbarmachen ostdeutscher Forschungsleistungen thematisieren, die jedoch in zahlreichen lokalen Archiven und zum Teil in privaten Sammlungsbeständen überliefert und zum Großteil auch zugänglich sind.

Ein rechentechnisches Reparaturwissen wird im Folgenden anhand der verfügbaren Quellen des Universitätsarchivs der Bauhaus-Universität Weimar sowie mittels einer ersten holzschnittartigen Analyse der Zeitschrift *Rechentechnik/Datenverarbeitung* in drei konkreten Ausformungen betrachtet:

1. Reparaturwissen als Technikkompetenz im Alltag: Rechentechnik und Kybernetik in der DDR;
2. Reparaturwissen als Technikkompetenz an Hochschulen: Rechentechnik und Kybernetik an der HAB Weimar;
3. Reparaturwissen als Grundlage des Experimentierens: Rechentechnik und Reparaturwissen am Beispiel der HAB Weimar als Geschichte des (Um-)Bruchs in den 1990er Jahren.

4 O. A.: Zeitschrift «Jugend und Technik» vom 15. Januar 1954, in: *Verfügungen und Mitteilungen des Ministeriums für Volksbildung*, 27.1.1954, Nr. 2, 13.

5 Dass sich diese Schlussfolgerung nicht nur aus der retrospektiven Analyse ergibt, sondern durchaus auch der zeitgenössischen Wahrnehmung entsprach, zeigt sich auch an der Berichterstattung in der Tagespresse der DDR. Exemplarisch hierzu: o. A.: Erfahrungen bei der Verwirklichung der Parteitagsbeschlüsse. Schlüsseltechnologien und was sie uns bringen, in: *Neues Deutschland*, 8.7,1986, 3; o. A.: Jugendliche entwickelten neuen Kleincomputer, in: *Berliner Zeitung*, 11.8.1988, 2.

6 So gab es z. B. verschiedene öffentliche Veranstaltungsreihen zu Kybernetik und Rechentechnik an Universitäten oder auch in der URANIA – Gesellschaft zur Verbreitung wissenschaftlicher Kenntnisse im VEB Kabelwerk Oberspree; siehe hierzu o. A.: Veranstaltungsreihe Kybernetik, in: *Neues Deutschland*, 13.4.1968, 12; sowie aus dem URANIA-Verlag: Walter Conrad: *Chips, Sensoren, Computer*, Leipzig 1988. Eine eingehende Auseinandersetzung mit dem Stellenwert der Kybernetik in der DDR findet sich u. a. bei Jérôme Segal: Kybernetik in der DDR. Begegnung mit der marxistischen Ideologie, in: *Dresdner Beiträge zur Geschichte der Technikwissenschaften*, Nr. 27, 2001, 47–75; Oliver Sukrow, Lucian Hölscher: *Arbeit. Wohnen. Computer. Zur Utopie in der bildenden Kunst und Architektur der DDR in den 1960er Jahren*, Heidelberg 2018.

7 O. A.: Im Zeichen der Wissenschaft und Einheit. Pawlow-Tagung in Leipzig, in: *Neue Zeit*, 17.1.1953, 1. In dem Bericht heißt es: «Prof. Dr. Hollitscher widerlegte die sich in den USA und Westdeutschland verbreitenden Pseudowissenschaften der ‹Reflexologie›, ‹Kybernetik› und des sogenannten ‹schleichenden Empirismus›.»

Reparaturwissen als Technikkompetenz im Alltag

Abb. 1 ZRA 1

Die (Weiter-)Entwicklung der Rechentechnik und die damit verbundene Theorie der Kybernetik war in der DDR ab den 1960er Jahren von enormer Bedeutung. Während man auf der 1953 in Leipzig stattfindenden Pawlow-Tagung die Kybernetik noch als US-amerikanische und westdeutsche Pseudowissenschaft diffamierte,[7] gelang es vor allem dem Philosophen Georg Klaus ab den 1960er Jahren, die Kybernetik als Gesellschaftswissenschaft zu etablieren.[8] Voraussetzung dafür waren nicht zuletzt die schnell voranschreitenden Entwicklungen und Produktionen im Bereich der Rechentechnik, die sich aus dem Funkwesen heraus intensivierten.

Die Tageszeitung *Neue Zeit* vermeldete 1958 die Fertigstellung des «erste[n] elektronische[n] programmgesteuerte[n] Rechenautomat[en]» der DDR,[9] der durch die Zusammenarbeit des VEB Funkwerk Dresden und des Instituts für maschinelle Rechentechnik der Technischen Hochschule Dresden entstanden war. Drei Jahre später übergab der Technische Direktor des VEB Carl Zeiss Jena den ersten serienmäßig produzierten Rechner, den ZRA 1 (Abb. 1), dem Zentralinstitut für Automatisierung in Dresden. In der Folge begannen der Ausbau von Rechenzentren und damit der Ausbau und die weitere Entwicklung der Rechentechnik (Soft- und Hardware) in der gesamten DDR.[10] In der Bundesrepublik existierte bereits im Rahmen der Notgemeinschaft der Deutschen Wissenschaft (nach der Wiedergründung 1949) ein Sonderausschuss für die Entwicklung elektronischer Rechenmaschinen. Ab 1952 wurde die weitere Entwicklung in diesem Bereich durch die Senatskommission für Rechenanlagen für die Wissenschaft und die Förderung der Datenverarbeitung in der BRD unterstützt.[11] Begleitet wurden die Entwicklungen in der DDR durch verschiedene Zeitschriften, Bücher und Handreichungen, die sowohl über die Benutzung als auch über die Funktionsweise der Technik aufklären und eigenständige Fehlersuchen und Reparaturen ermöglichen sollten. Zu einer der ersten Zeitschriften gehörte die *Rechentechnik/Datenverarbeitung* (*rd*), die regelmäßig von 1964 bzw. 1966 bis Ende 1991 im Verlag Die Wirtschaft erschien (Abb. 2). Sie zählte zu den ersten deutschsprachigen Computerzeitschriften in der DDR und veröffentlichte Aufsätze zu verschiedenen Aspekten der Rechentechnik. Dazu gehörten Überblicksdarstellungen, aber auch Beiträge zu neuen Geräten und Systemen, zu Programmierung und Programmiersprachen, zu

8 Bereits 1961 veröffentlichte Georg Klaus sein Buch *Kybernetik in philosophischer Sicht*, das bis 1965 in vier Auflagen erscheinen sollte. Weiter folgten die Veröffentlichungen *Über die Existenz kybernetischer Systeme in der Gesellschaft* (1962), *Kybernetik und Gesellschaft* (1964) sowie das *Wörterbuch der Kybernetik* (1968). Jüngst erschien zudem der Reprint eines Tagungsbandes zur Kybernetik in der DDR von 1963, vgl. Georg Klaus (Hg.): *Kybernetik in Wissenschaft, Technik und Wirtschaft der DDR*, Reprint, Berlin, Boston, 2022 [1963], doi.org/10.1515/9783112598009.

9 O. A.: Elektronischer Rechenautomat, in: *Neue Zeit*, 30.7.1958, 3.

10 O. A.: Erster Serien-Rechenautomat in Betrieb, in: *Neues Deutschland*, 29.7.1961, 1.

11 DFG: *Bedarf an Investitionsmitteln zur Beschaffung von Datenverarbeitungsanlagen für die Hochschulen der Bundesrepublik Deutschland in den Jahren 1980 bis 1984*, Empfehlung der Kommission für Rechenanlagen, DFG, Bonn-Bad Godesberg 1979, 5.

Abb. 2 Cover der Zeitschrift *Rechentechnik/Datenverarbeitung*

mathematischen Modellen oder auch zum Thema Fertigungs- und Prozesssteuerung. Ergänzt wurden diese Beiträge durch die Rubrik ‹Was bedeutet eigentlich …?›, in der einzelne Begriffe aus dem Bereich der Rechentechnik erläutert wurden. Abgerundet wurde jedes Heft durch eine Zusammenstellung zu Neuerscheinungen und eine Zeitschriftenumschau aus der ganzen Welt, die die Entwicklungen im Bereich der Rechentechnik in einen internationalen Kontext einordnete. Die Umschau verdeutlicht, dass die internationalen Entwicklungen im Bereich der Rechentechnik in der DDR bekannt und Informationen verfügbar waren. Auch im ‹nicht-sozialistischen Westen› wurde über die Entwicklungen ‹des Ostens› berichtet. Beispielsweise berichtete die Zeitschrift *Communications of the Association for Computing Machinery* 1959 unter der Überschrift «Central-European Computers» über die Entwicklung des ZRA 1. Der Bericht basierte auf den Erkenntnissen, die der Verfasser des Berichts nach eigener Aussage auf der *Auto-Math Computer Exposition*[12] von 1959 in Paris über die Entwicklungen von Zeiss in Jena gewinnen konnte, und lässt vermuten, dass die Entwicklungen im Bereich der Rechentechnik in der DDR durchaus international anschlussfähig waren.[13] Politische oder gesellschaftstheoretische Kontextualisierungen der rechentechnischen Entwicklungen spielten in der *rd* eine untergeordnete Rolle, durften aber grundsätzlich nicht fehlen. So mussten beispielsweise die «Ziele und Aufgaben der Datenverarbeitung in der DDR» vom VII. Parteitag der SED (1967) abgeleitet und den Lesenden der Zeitschrift nähergebracht werden.[14] Betont wird dabei, dass sich

> seit dem VI. Parteitag der SED […] die Einführung und Anwendung der Datenverarbeitungstechnik in der Deutschen Demokratischen Republik stärker entwickelt [hat]. […] Ein wesentliches Kennzeichen dieser Entwicklung [ist], daß durch die ständige Orientierung des Zentralkomitees der SED und des Ministerrats der DDR die Anwendungsgebiete der elektronischen Datenverarbeitung schwerpunktmäßig zur Lösung von Aufgaben in den Produktions- und technologischen Prozessen sowie zur Lösung wissenschaftlich-technischer Aufgaben verändert wurden.[15]

Die Steigerung der Produktivität und Effektivität sollte demnach gemäß der Losung aus dem Bauwesen «Besser, billiger und schneller bauen» auch im Bereich der Rechentechnik Anwendung finden.[16] Die Verbindung zur Kybernetik blieb dabei aber unerwähnt. Auch in späteren Versuchen der DDR-Regierung,

12 Vermutlich die UNESCO-Ausstellung «Auto-Math 59».
13 Nelson M. Blachman: Central-European Computers, in: *Communications of the ACM*, Bd. 2, Nr. 9, 1959, 14–18, hier 14 f.
14 Günther Kleiber: Ziele und Aufgaben der Datenverarbeitung in der DDR nach dem VII. Parteitag, in: *Rechentechnik/Datenverarbeitung*, Nr. 6, 1967, 3–4.
15 Ebd., 3.
16 Vgl. Walter Ulbricht: *Das Programm des Sozialismus und die geschichtliche Aufgabe der Sozialistischen Einheitspartei Deutschlands*, Referat auf dem VI. Parteitag der SED, 15.–21. Januar 1963, Berlin 1963; vgl. o. A.: Eine höhere Stufe der Planung und Leitung unserer Volkswirtschaft, in: *Neues Deutschland*, 28.6.1963, 5.

die Jugend im Sinne der Partei für die Rechentechnik zu begeistern, verzichtete man auf kybernetische Kontextualisierungsversuche.[17] Die Konzentration auf das Technikverständnis und das Reparaturwissen war dafür umso ausgeprägter. Ausführlich wurde in der *rd* die Funktionsweise von neuen Geräten oder neuer Software sowie das Suchen und Finden von Fehlern erläutert.[18] Das Ziel war dabei nicht allein die Vermittlung von Funktionsweisen, sondern auch die Vermittlung von Kompetenzen zum Finden von neuen oder andersartigen Einsatzmöglichkeiten, die den Rahmen des gängigen Reparaturwissens überstiegen. Durch das stetige Suchen und Finden von Fehlern und Optimierungsmöglichkeiten sowie das umfassende Technikverständnis wurden neue Anwendungsfelder und Konzepte erprobt, die nicht immer zwangsläufig mit den ursprünglichen Erwartungen an die jeweilige Technologie übereinstimmten. Hier offenbart sich eine Vielschichtigkeit der Medien- und Technikgeschichte der DDR, die es an vielen Stellen noch zu erforschen gilt.

Die stetige technische Weiterentwicklung sowie das Implementieren von Geräten und neuen Programmen in den Arbeitsalltag von zahlreichen Berufsgruppen ließ darüber hinaus neue Ausbildungsberufe entstehen, die ebenfalls in der *rd* vorgestellt wurden. Zu diesen Berufen gehörten unter anderem der ‹Facharbeiter für Datenverarbeitung› sowie der ‹Wartungsmechaniker für Datenverarbeitungs- und Büromaschinen›. Auch im Rahmen der Ingenieur_innenausbildung sollte die elektronische Datenverarbeitung eine größere Rolle spielen. Zum einen sollten die Hochschulen den Studierenden einen möglichst umfangreichen Überblick in die elektronische Datenverarbeitung und Rechentechnik vermitteln; zum anderen mussten die bereits im Beruf stehenden Ingenieur_innen entsprechend den steigenden Anforderungen weitergebildet werden.[19] Im Rahmen der Grundausbildung sollte dabei auch die Kybernetik als «theoretische Basis für die Anwendung der Rechentechnik und Datenverarbeitung» vermittelt werden.[20]

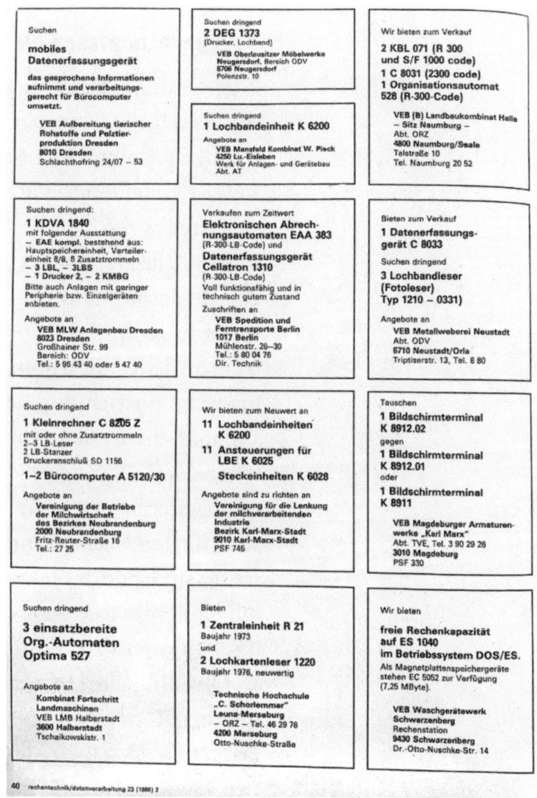
Suchen
mobiles Datenerfassungsgerät
das gesprochene Informationen aufnimmt und verarbeitungsgerecht für Bürocomputer umsetzt.
VEB Aufbereitung tierischer Rohstoffe und Pelztierproduktion Dresden
8010 Dresden
Schlachthofring 24/07 – 53

Suchen dringend
2 DEG 1373
(Drucker, Lochband)
VEB Oberlausitzer Möbelwerke Neugersdorf, Bereich ODV
8706 Neugersdorf
Polenzstr. 10

Suchen dringend
1 Lochbandeinheit K 6200
Angebote an
VEB Mansfeld Kombinat W. Pieck
4250 Lu.-Eisleben
Werk für Anlagen- und Gerätebau
Abt. AT

Wir bieten zum Verkauf
2 KBL 071 (R 300 und S/F 1000 code)
1 C 8031 (2300 code)
1 Organisationsautomat 528 (R-300-Code)
VEB (B) Landbaukombinat Halle
– Sitz Naumburg –
Abt. ORZ
4800 Naumburg/Saale
Talstraße 10
Tel. Naumburg 20 52

Suchen dringend:
1 KDVA 1840
mit folgender Ausstattung
– EAE kompl. bestehend aus: Hauptspeichereinheit, Verteilereinheit 8/8, 8 Zusatztrommeln
– 3 LBL, – 3LBS
– 1 Drucker 2, – 2 KMBG
Bitte auch Anlagen mit geringer Peripherie bzw. Einzelgeräten anbieten.
Angebote an
VEB MLW Anlagenbau Dresden
8023 Dresden
Großhainer Str. 99
Bereich: ODV
Tel.: 5 96 43 40 oder 5 47 40

Verkaufen zum Zeitwert
Elektronischen Abrechnungsautomaten EAA 383
(R-300-LB-Code) und
Datenerfassungsgerät Cellatron 1310
(R-300-LB-Code)
Voll funktionsfähig und in technisch gutem Zustand
Zuschriften an
VEB Spedition und Ferntransporte Berlin
1017 Berlin
Mühlenstr. 26–30
Tel.: 5 80 04 76
Dir. Technik

Bieten zum Verkauf
1 Datenerfassungsgerät C 8033
Suchen dringend
3 Lochbandleser (Fotoleser) Typ 1210 – 0331)
Angebote an
VEB Metallweberei Neustadt
Abt. ODV
6710 Neustadt/Orla
Triptiserstr. 13, Tel. 6 80

Suchen dringend
1 Kleinrechner C 8205 Z
mit oder ohne Zusatztrommeln
2–3 LB-Leser
2 LB-Stanzer
Druckeranschluß SD 1156
1–2 Bürocomputer A 5120/30
Angebote an
Vereinigung der Betriebe der Milchwirtschaft des Bezirkes Neubrandenburg
2000 Neubrandenburg
Fritz-Reuter-Straße 16
Tel.: 27 25

Wir bieten zum Neuwert an
11 Lochbandeinheiten K 6200
11 Ansteuerungen für LBE K 6025
Steckeinheiten K 6028
Angebote sind zu richten an
Vereinigung für die Lenkung der milchverarbeitenden Industrie
Bezirk Karl-Marx-Stadt
9010 Karl-Marx-Stadt
PSF 745

Tauschen
1 Bildschirmterminal K 8912.02
gegen
1 Bildschirmterminal K 8912.01
oder
1 Bildschirmterminal K 8911
VEB Magdeburger Armaturenwerke „Karl Marx"
Abt. TVE, Tel. 3 90 29 26
3010 Magdeburg
PSF 330

Suchen dringend
3 einsatzbereite Org.-Automaten Optima 527
Angebote an
Kombinat Fortschritt Landmaschinen
VEB LMB Halberstadt
3600 Halberstadt
Tschaikowskistr. 1

Bieten
1 Zentraleinheit R 21
Baujahr 1973
und
2 Lochkartenleser 1220
Baujahr 1976, neuwertig
Technische Hochschule „C. Schorlemmer" Leuna-Merseburg
– ORZ – Tel. 46 29 78
4200 Merseburg
Otto-Nuschke-Straße

Wir bieten
freie Rechenkapazität auf ES 1040 im Betriebssystem DOS/ES.
Als Magnetplattenspeichergeräte stehen EC 5052 zur Verfügung (7,25 MByte).
VEB Waschgerätewerk Schwarzenberg
Rechenstation
9430 Schwarzenberg
Dr.-Otto-Nuschke-Str. 14

40 rechentechnik/datenverarbeitung 23 (1986) 2

Abb. 3 Annoncenteil aus der Zeitschrift *Rechentechnik/Datenverarbeitung*

Trotz neuer Berufsgruppen blieb der Mangel an rechentechnischen Anlagen für die DDR ein stetes Problem. Deutlich wird dies unter anderem an einer Rubrik innerhalb der *rd*, die im Inhaltsverzeichnis keine Erwähnung findet: der Annoncenteil mit Suche/Biete-Anzeigen (Abb. 3), die das Problem des Mangels an Rechentechnik und Rechenprogrammen zu lösen versuchten. Auffallend ist dabei, dass diese Angebote nicht von Privatpersonen annonciert wurden, sondern von staatlichen Betrieben der DDR.

17 Exemplarisch hierfür die Zeitschriften: *Der Parteiarbeiter* von 1983 zum Thema ‹Jugend, Wissenschaft und Technik› sowie *Jugend und Technik* von 1987 zum Thema ‹Computer aus der DDR›.

18 So führte Wilhelm Röder z. B. aus, dass die «Ermittlung von Fehlerursachen […] eine Haupttätigkeit der Systemprogrammierer» sei, Wilhelm Röder: Fehlersuche an EDVA des ESER aus der Sicht der Systemprogrammierung, in: *Rechentechnik/Datenverarbeitung*, Nr. 3, 1976, 40–45.

19 Vgl. Gottfried Schwarzig: Die elektronische Datenverarbeitung im Rahmen der Ingenieursausbildung, in: *Rechentechnik/Datenverarbeitung*, Nr. 6, 1967, 32–34, hier 32.

20 Ebd., 33.

Reparaturwissen als Technikkompetenz an Hochschulen

Nicht nur in Betrieben spielte der Einsatz der Rechentechnik eine immer stärkere Rolle, sondern auch an Hochschulen. Zwischen 1962 und 1967 entstanden an zehn Hochschulstandorten der DDR Rechenzentren, die mit einem Zeiss-Rechen-Automaten (ZRA 1) und dem Analogrechner Endim 2000 ausgestattet waren.[21]

Der Einsatz der Rechentechnik an den Hochschulen erfolgte auf Beschluss der Regierung und war darauf ausgerichtet, den ‹wissenschaftlich-technischen Fortschritt› in der DDR und der sozialistischen Staatengemeinschaft voranzutreiben. Jeder dieser Standorte hatte dabei eine spezifische Aufgabe bzw. thematische Ausrichtung, um seinen jeweiligen Beitrag hierzu zu leisten. Der HAB Weimar, die zu den zehn Standorten zählte, oblag die Aufgabe, die mathematischen Methoden und die Rechentechnik im Bereich des Bauwesens anzuwenden und weiterzuentwickeln.[22] Die Inbetriebnahme des ZRA 1 erfolgte im Wissenschaftlichen Rechenzentrum (WRZ) des Instituts für Mathematik der HAB «vorfristig am Ende des Jahres 1962».[23] Seit dem Zeitpunkt der Aufstellung des Digitalrechners wurde vom WRZ «die Verbindung mit der Praxis auf allen Gebieten des Bauwesens zur Einführung des elektronischen Rechnens vertieft».[24]

Obwohl jede Hochschule bzw. Universität ihren eigenen Schwerpunkt verfolgte, gab es einen regelmäßigen Austausch zwischen den verschiedenen Nutzer_innen des ZRA 1, die zusammen die ‹Benutzergemeinschaft ZRA 1› bildeten. Bei Tagungen wurde über aktuelle Entwicklungen und Anwendungen gesprochen, aber auch über die Rahmenbedingungen der Programmentwicklung und -weitergabe diskutiert. Aus dem Protokoll der Tagung der ‹Benutzergemeinschaft ZRA 1› vom 6. November 1964 im VEB Carl Zeiss Jena geht hervor, dass die Finanzierung und der Austausch von Programmen unter den Institutionen einen Hauptdiskussionspunkt darstellte.[25] Die Nutzenden bemängelten, dass nicht alle «Rechenzentren hiernach […] in der Lage sind, austauschfähige Programme zu erstellen», wodurch der Programmaustausch nur mit zeitraubenden Anpassungen möglich sei.[26] Statt hierfür Kosten zu veranschlagen, einigte sich die Nutzer_innengemeinschaft darauf, «bei der Anmeldung von neuen Programmen auf einem besonderen Deckblatt das Problem in der Algolsprache zu notieren»,[27] um – so lässt sich vermuten – eine bessere Weiternutzung des jeweiligen Programms zu ermöglichen und die Fehleranfälligkeit zu minimieren. Mit dem Finden solcher Behelfslösungen, die auch als eine Art Reparaturwissen verstanden werden können, sollte vor allem die Nutzung und Weiterentwicklung des ZRA 1 gewährleistet werden. Da die Produktionszahl des ZRA sehr gering, die Bedeutung für die weitere Entwicklung der Rechentechnik in der DDR jedoch sehr groß war, existierte diese Vorgehensweise – nach derzeitigem Stand – lediglich innerhalb der Nutzer_innengemeinschaft des ZRA. Trotz des regen Austauschs innerhalb der Nutzer_innengemeinschaft konnte die «Forschungs- und Entwicklungsarbeit […] nicht immer in voller Breite durchgeführt

21 Vgl. Martin Schmitt: *Die Digitalisierung der Kreditwirtschaft. Computereinsatz in den Sparkassen der Bundesrepublik und der DDR 1957–1991*, Göttingen 2021, S. 611–613; Details zur Computerserie ZRA: *www.robotrontechnik.de/index.htm?/html/computer/zra.htm* (10.3.2022); Norbert Sieber: Die rechentechnische und datenverarbeitende Ausbildung an Universitäten und Hochschulen, in: *Rechentechnik/Datenverarbeitung*, Nr. 6, 1967, 35–38, hier 36.

22 Vgl. Sieber: Die rechentechnische und datenverarbeitende Ausbildung, 35 f.

23 Jahresbericht des Instituts für Mathematik 1962, 1, in: Universitätsarchiv der Bauhaus-Universität Weimar, Signatur: I/04/158.

24 Ebd., 3.

25 Protokoll zur Tagung der Benutzergemeinschaft ZRA vom 6.11.1964, 1–4 , in: Universitätsarchiv der Bauhaus-Universität Weimar, Signatur: I/04/154.

26 Vgl. ebd., 3.

27 Vgl. ebd., 4.

werden, da die Maschinenaggregate, die zur Verfügung stehen, nicht allen Anforderungen gerecht werden»,[28] bemängelte Horst Matzke als Direktor des Instituts für Mathematik an der HAB in seinem Jahresbericht für das Jahr 1963. Mängel und Probleme in der Bereitstellung der entsprechenden Technologien bestanden daher nicht nur für die Produktionsbetriebe, sondern auch für die an den Technologien forschenden Institutionen.

Im August 1962 wandte sich Ludwig Küttner, Professor für Gebiets- und Stadtplanung an der HAB, an Matzke, um ihn über seine Vorbereitungen für das dritte Symposium über Gebietsplanung zu informieren, das im Folgejahr in Weimar stattfinden sollte. Das Schreiben diente zugleich als Einladung zum Symposium und überrascht zunächst dadurch, dass kein Bezug zu rechentechnischen Fragestellungen ersichtlich wird. Aus dem Programmentwurf, den Küttner an Matzke gesandt hatte, wird jedoch deutlich, dass kybernetische Fragestellungen im Mittelpunkt der Tagung stehen sollten. Selbst die übliche[29] Begehung des Rechenzentrums stand seitens Küttner zur Disposition, insofern er die Frage formulierte, inwieweit diese Besichtigung im Interesse der Teilnehmer_innen wäre.[30] Sowohl die Kontaktaufnahme Küttners als auch die Ausrichtung des Symposiums zeigen, dass die Entwicklung und Nutzung von Rechentechnik in der DDR nicht auf informationstechnologische Bereiche begrenzt blieb, sondern relativ früh in sozial- und geisteswissenschaftlichen sowie planerischen Fächern auf Interesse stieß. Als Gebiets- und Stadtplaner beobachtete Küttner die Entwicklungen der Rechentechnik und arbeitete daran, mithilfe kybernetischer Kontextualisierungen diese Entwicklungen (auch praktisch) für seine Forschungen greifbar zu machen, weshalb er den Austausch mit Matzke suchte. Bereits im April 1962 hatte Küttner selbst auf dem zweiten Symposium über Gebietsplanung einen Vortrag mit dem Titel «Über die Rolle der Kybernetik und mathematischen Programmierung in der Gebiets-, Stadt- und Dorfplanung» gehalten und damit die Rolle der Mathematik und Rechentechnik betont. Vorlesungen zur Kybernetik wurden sowohl am Institut für Mathematik als auch am Lehrstuhl für Gebiets- und Stadtplanung gehalten, die im Fall des Instituts für Mathematik den Zusammenhang zwischen Rechentechnik und Kybernetik herausstellten und im Fall der Gebiets- und Stadtplanung eher den Charakter einer Einführungsveranstaltung hatten, die «einen wesentlichen Einblick in die Aufgaben, Probleme und den wissenschaftlichen Stand der Kybernetik [...] und neue Beispiele über praktische Anwendungsmöglichkeiten» vermittelte.[31]

Auch Matzke war an einer Nutzung der Rechentechnik außerhalb seines mathematischen Bereichs interessiert und suchte den Austausch mit anderen, indem er auf Programmierkurse und Einführungen in die elektronische Rechentechnik aufmerksam machte. Matzke kam auf diese Weise unter anderem auch in Kontakt mit dem Geologen Otfried Wagenbreth, der am Institut für Geologie und Technische Gesteinskunde der HAB tätig war. Wagenbreth bedankte sich für die Initiative seitens des Institutsdirektors für Mathematik

28 Jahresbericht 1963 über die Forschungs- und Entwicklungsarbeit des Instituts für Mathematik der HAB Weimar vom 8.3.1964, 9, in: Universitätsarchiv der Bauhaus-Universität Weimar, Signatur: I/07/475.

29 Das Rechenzentrum der HAB Weimar konnte regelmäßig an jedem zweiten Mittwoch im Monat nach schriftlicher Anmeldung besichtigt werden, vgl. Hochschule für Architektur und Bauwesen Weimar/Institut für Mathematik (Hrsg.): *Automatisches Rechnen. Wissenschaftliches Rechenzentrum*, Weimar 1965, o. S.

30 Anschreiben und Programmentwurf von Ludwig Küttner an Horst Matzke vom 10.8.1962, in: Universitätsarchiv der Bauhaus-Universität Weimar, Signatur: I/04/527.

31 Schreiben von Ludwig Küttner betreffend die Vorlesungsreihe Kybernetik 1966/67 vom 15.9.1966, in: Universitätsarchiv der Bauhaus-Universität Weimar, Signatur: I/04/527.

und ging auf das Angebot ein, «über die Möglichkeiten der elektronischen Rechentechnik in unserem Fachgebiet zu sprechen».[32] Zugleich dämpfte er jedoch die Erwartungen, indem er zu bedenken gab, dass die «bisherigen Arbeiten [...] kaum solche Anwendungsmöglichkeiten haben deutlich werden lassen».[33] Matzkes Engagement für die Vermittlung der Rechentechnik an der eigenen Hochschule stieß offenbar auf Interesse, wobei aus der zurückhaltenden Antwort Wagenbreths zugleich erkennbar wird, dass die Möglichkeiten und Potenziale der rechentechnischen Entwicklungen in vielen Bereichen noch unbekannt waren.[34] Schon 1967 zeigte sich aber, dass immer mehr Studierende und Mitarbeiter_innen das Wissenschaftliche Rechenzentrum der HAB Weimar nutzen wollten und das WRZ so an seine personellen Kapazitätsgrenzen brachten. Im November 1967 wandte sich der Leiter der Abteilung Wissenschaftliches Rechenzentrum Horst Kretzschmar an Erhard Hampe, Professor für Stahlbeton und Massivbau, um über eine Neuregelung der Nutzungszeiten zu sprechen, die durch den hohen Bedarf der Studierenden «der Fakultät II und auch der anderen Fakultäten in größerem Umfange» entstanden.[35] Die Nachfrage seitens der Studierenden, die die Rechentechnik im Rahmen ihrer Beleg- und Diplomarbeiten nutzten, war enorm.

Insbesondere an Hochschulen entstand durch den Einsatz der Rechentechnik ein Möglichkeitsraum, in dem neue Wege erprobt und mit der vorhandenen Technik experimentiert werden konnte. Durch verschiedene Publikationen und Publikationsformate, wie die hier vorgestellte Zeitschrift *Rechentechnik/Datenverarbeitung*, sowie verschiedene Veranstaltungsreihen und Seminare in den Hochschulen und Universitäten existierte eine Technik- und Reparaturkompetenz im Alltag, die einen überaus kreativen Umgang mit Technik und Technologien beförderte. Hierdurch etablierte sich zum einen ein komplexes Reparaturwissen abseits vordefinierter Schemata und zum anderen führte dies auch dazu, dass mögliche Einsatzfelder für (neue) Technologien selbst erprobt, vorhandene Software angepasst und für die eigenen Themen und Fragestellungen angeeignet wurden. Die Einsatzmöglichkeiten der Rechentechnik zu erproben war seitens des Staates gewollt – wenngleich hier zumeist die Produktionssteigerung im Vordergrund stand.

Reparaturwissen als Grundlage des Experimentierens

Die Vermittlung von Wissen über die Rechentechnik der DDR sowie über Kybernetik gehörte spätestens ab den 1960er Jahren zum Studium an der HAB Weimar – unabhängig vom Studiengang. Es entstanden verschiedene Arbeiten, die den Einsatz, den möglichen Nutzen und weiterführende Entwicklungen von Rechentechnik im Bauwesen thematisierten. Häufig ging es bei diesen Arbeiten um die Optimierung und Prozessierung von einzelnen Produktionsschritten, aber auch um die Nutzungsmöglichkeiten des *computer-aided design* (CAD) im Entwurfsprozess.[36]

32 Schreiben von Otfried Wagenbreth an Horst Matzke vom 26.5.1966, in: Universitätsarchiv der Bauhaus-Universität Weimar, Signatur: I/04/527.

33 Ebd.

34 Diese Zurückhaltung ist durchaus heute noch in vielen Fächern vorhanden, wenn es um den möglichen Einsatz von Werkzeugen und Methoden aus dem Bereich der sogenannten Digital Humanities geht.

35 Schreiben von Horst Kretzschmar an Erhard Hampe vom 30.11.1967, in: Universitätsarchiv der Bauhaus-Universität Weimar, Signatur: I/04/527. Die HAB Weimar bestand aus der Fakultät Architektur (Fakultät I), der Fakultät Bauingenieurwesen (Fakultät II), der Fakultät Baustoffkunde und Baustofftechnologie, ab 1960 Fakultät Baustoffingenieurwesen (Fakultät III) sowie aus zentralen Einrichtungen und zahlreichen Instituten. Zur Fakultät III gehörte das Institut für Mathematik mit Lehrstühlen für Mathematik und Konstruktive Geometrie sowie der Abteilung Wissenschaftliches Rechenzentrum, dessen Direktor Horst Matzke war.

36 Exemplarisch zu nennen wären hier die Dissertationen von Reinhard Hübler: *Zur rechnerinternen Darstellung baulicher Objekte im Rahmen des automatengestützten konstruktiven Entwicklungsprozesses*, Weimar 1974 und von Sergej Alekseev: *Beitrag zur Entwicklung eines Projektierungsbausteines (CAD-Bausteines) für das gesteuerte Entwerfen der funktionellen Lösung mehrgeschossiger Mehrzweckgebäude bei der Minimierung des Energieverbrauchs für die Lüftung*, Weimar 1988. Weitere Dissertationen, die an der HAB Weimar entstanden, sind hier zu finden: Frank Simon-Ritz (Hg.): *50 Jahre Dissertationen an der Hochschule für Architektur und Bauwesen und der Bauhaus-Universität Weimar*, Weimar 2005.

Eine gänzlich andere Einsatzmöglichkeit von Rechentechnik fand Folke Dietzsch 1990 in seiner Dissertation *Die Studierenden am Bauhaus. Eine analytische Betrachtung zur strukturellen Zusammensetzung der Studierenden, zu ihrem Studium und Leben am Bauhaus sowie zu ihrem späteren Wirken*. Im Rahmen seiner Arbeit entwickelte Dietzsch nicht nur einen Beitrag zur Aneignung des Bauhauserbes in der DDR, indem er die sozialen, politischen und geistig-kulturellen Bedingungen des Lebens der Studierenden am Bauhaus untersuchte und dabei insbesondere auch Aspekte des Studiums, der Ausbildung und des Verhältnisses zwischen den Studierenden und den Lehrenden analysierte, sondern er entwickelte und nutzte auch eine Redabas-Datenbank zu den Studierenden. Diese Datenbank umfasste 1258 Personen und bildete die Basis für eine Analyse zur Sozialstruktur der Studierenden nach Geschlecht, Alter, Nationalität, Herkunft, Verwandtschaftsbeziehungen, Vorbildungen und vielem mehr.[37] Während der erste Band der Arbeit den Textteil und damit vor allem die Quellenarbeit und Auswertung in den Vordergrund stellte, umfasste der zweite Band die Quellen sowie tabellarische Übersichten aus der Datenbank.

Bei Redabas handelte es sich um ein *Re*lationales *Da*ten*ba*nksystem aus dem VEB Kombinat Robotron, das auf dem Datenbankmanagementsystem dBase II basierte.[38] Durch die große Verbreitung dieses Programms sowohl auf Bürocomputern als auch auf Großrechnern hatten Entwickler_innen Schnittstellen für dieses System entworfen, wodurch seine weitere Verbreitung wiederum stetig zunahm.[39] So konnten beispielsweise Datenbankkopien auch in anderen Formaten erzeugt werden, sodass andere Programme die Datenbank öffnen, weiterverarbeiten und nachnutzen konnten. Zur Anwendung kam dBase II zumeist innerhalb von Bürosystemen, die das effektive Ablegen und Wiederfinden von Daten ermöglichen sollten.

Mithilfe der Rechentechnik bzw. des relationalen Datenbanksystems, das ihm über das Rechenzentrum der HAB zur Verfügung stand, hatte Dietzsch die Daten für seine Dissertation nicht nur strukturiert erfassen, analysieren und auswerten können, sondern auch eine neue Nutzungsform des Systems entwickelt, die über reine Kalkulationstabellen oder einfache Büroverwaltungsaufgaben hinausging. So erfasste er in mehreren Teildatensätzen die Personendaten, die Schul- und Berufsbildung, die Tätigkeiten vor, während und nach der Zeit am Bauhaus sowie spätere Lehrtätigkeiten am Bauhaus. Diese Teildatensätze konnten durch Selektion oder Verknüpfung gezielt zu einzelnen, mehreren oder allen Studierenden abgefragt werden. Durch zusätzliche Attribute konnte die Suche darüber hinaus noch verfeinert werden. Damit hatte Dietzsch seine Technikkompetenz für die Umnutzung von Redabas angewandt und zugleich neue bzw. weitere Einsatzmöglichkeiten abseits des Bürobereichs zum Vorschein gebracht. Mit dieser Herangehensweise an sein Forschungsthema und durch seine Arbeitsweise mit den Quellen, die zugleich eine – für die damalige Zeit – neuartige Umgangsweise darstellte, könnte man Dietzsch als Vorreiter im Bereich der Digital Humanities (DH) in Weimar bezeichnen, obgleich sich diese Bewertung nicht

37 Vgl. Folke Dietzsch: *Die Studierenden am Bauhaus*, Bd. 1, Weimar 1991, v.

38 Zur Vorgeschichte vgl. den Beitrag von Francis Hunger in diesem Heft, 65–78.

39 Vgl. Informationen zum Datenbankprogramm REDABAS, *www.robotrontechnik.de/index.htm?/html/software/dbprg.htm* (28.2.2022).

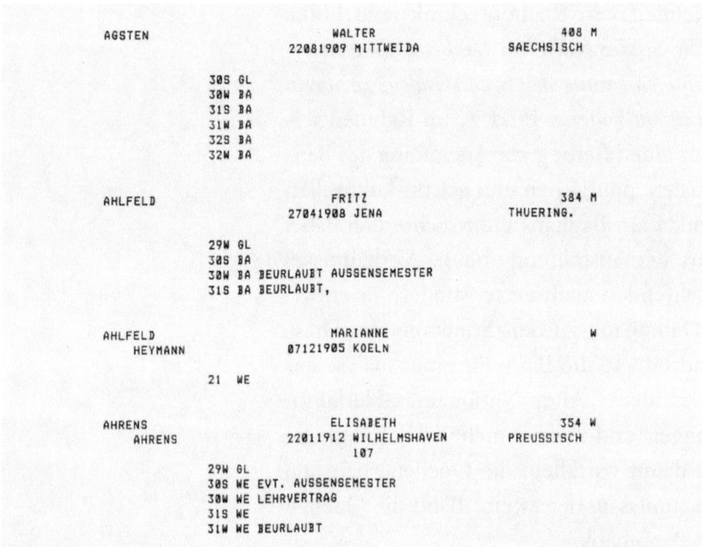

```
AGSTEN                    WALTER                 408 M
                   22081909 MITTWEIDA       SAECHSISCH

          30S GL
          30W BA
          31S BA
          31W BA
          32S BA
          32W BA

AHLFELD                   FRITZ                  384 M
                   27041908 JENA            THUERING.

          29W GL
          30S BA
          30W BA BEURLAUBT AUSSENSEMESTER
          31S BA BEURLAUBT,

AHLFELD                   MARIANNE                   W
   HEYMANN         07121905 KOELN

          21  WE

AHRENS                    ELISABETH              354 W
   AHRENS          22011912 WILHELMSHAVEN   PREUSSISCH
                          107
          29W GL
          30S WE EVT. AUSSENSEMESTER
          30W WE LEHRVERTRAG
          31S WE
          31W WE BEURLAUBT
```

Abb. 4 Datenbankauszug aus der Dissertationsschrift von Folke Dietzsch

an den heutigen Standards und Entwicklungen in den Digital oder Computational Humanities messen lässt. Vor dem Hintergrund der Anfänge der DH – insbesondere im deutschsprachigen Raum – die zunächst vorrangig darauf abzielten, Archivalien und Quellenbestände der Geistes- und Kulturwissenschaften strukturiert zu erfassen, zu analysieren, auszuwerten und in neuer Form zu visualisieren und zu veröffentlichen, erscheint diese Einordnung der Dissertation von Dietzsch allerdings durchaus zulässig.[40] Auch wenn die Visualisierung (Abb. 4) der Daten in der Arbeit als rudimentär bezeichnet werden muss, entspricht die Arbeit dem frühen Grundverständnis der DH, aus dem sich in den letzten Jahren verschiedene technik-, medien- und methodenkritische Strömungen (weiter-)entwickelt haben.[41]

Doch während Dietzsch 1991 seine Dissertation in Weimar verteidigte, war die Zeit der DDR zu Ende gegangen und die HAB Weimar fand sich in einer Zeit des Umbruchs wieder, die vor allem für die Sektion Rechentechnik bzw. die Fakultät Informatik und Mathematik wenig Hoffnung ließ. So hatte der Wissenschaftsrat 1991 die Fakultät als nicht notwendig für den weiteren Erhalt der Hochschule erachtet und eine engere Zusammenarbeit mit den Universitäten in Jena und Ilmenau gefordert.[42] Der Wissenschaftsrat bestand auf der Auflösung der Fakultät, und obwohl sie sich noch bis 1995 behaupten konnte, war ihr Ende besiegelt, als die Bewilligung von Bundesmitteln für den Ausbau des Standorts Steubenstraße[43] von ihrer Auflösung abhängig gemacht wurde.[44] Die Rechentechnik der DDR galt als obsolet, veraltet und nicht anschlussfähig an die Entwicklungen, die in der Bundesrepublik bereits stattgefunden hatten. Diese Einschätzung entsprach nur sehr bedingt den tatsächlichen Verhältnissen: So basierte beispielsweise Redabas auf dem Datenbankmanagementsystem dBase und konnte daher wie schon dargelegt mit unterschiedlichen Programmen weiterverwendet werden. Auch die Programmschnittstellen und Programmiersprachen, wie Fortran/Basic oder Pascal, existierten in Ost wie West. Ebenso war im Hardwarebereich, beispielsweise in der Entwicklung von Mikroelektronik, die Technologie, die vom VEB Robotron und dem Zentrum für Mikroelektronik (ZMD) entwickelt wurde, weder unbrauchbar noch veraltet. Lediglich die Produktion war um ein Vielfaches teurer gewesen als die westlichen Produkt- und Technologieentwicklungen.[45] Dennoch sollte die Fakultät Informatik und Mathematik – wie vieles andere auch – abgewickelt werden.

40 Exemplarisch für diese frühen DH-Projekte sind: Roberto Busa: The Annals of Humanities Computing: The Index Thomisticus, in: *Computers and the Humanities*, 1980, 83–90; sowie: Paolo d'Iorio: Principles of HyperNietzsche, in: *Diogenes*, 2002, 58–72.

41 Exemplarisch für diese Entwicklungen sind zu nennen: Safiya Umoja Noble: *Algorithms of Oppression. How Search Engines Reinforce Racism*, New York 2018; sowie: Domenico Fiormonte, Sukanta Chaudhuri, Paola Ricaurte (Hg.): *Global Debates in the Digital Humanities*, Minnesota 2022.

42 Vgl. Ekkehard Schönherr: Zwischen Autonomie und Zwang. Die Umstrukturierung der HAB Weimar zur Bauhaus-Universität, 1988–1996, in: Frank Simon-Ritz, Klaus-Jürgen Winkler, Gerd Zimmermann (Hg.): *Wir sind! Wir wollen! Und wir schaffen! Von der Großherzoglichen Kunstschule zur Bauhaus-Universität Weimar 1860–2010*, Bd. 2, Weimar 2012, 303–339, hier 312 f.

Dabei zeigt gerade die Dissertation von Dietzsch das Innovationsvermögen auf, das sich durch das Experimentieren mit Rechentechnik und Datenbanksystemen im Bereich der Geistes- und Sozialwissenschaften ergab, welche trotz des Fehlens der aktuellsten technischen Neuheiten möglich und zugleich zugänglich, interoperabel und wiederverwendbar war. Dietzschs Forschungsleistung geriet beinahe in Vergessenheit, unter anderem weil seine Datenbank nicht als Bestandteil der Dissertation oder anderweitig öffentlich zugänglich gemacht wurde. Erst durch die Masterarbeit von Jens Weber und Andreas Wolter im Studiengang Media Architecture an der Bauhaus-Universität Weimar wurden die von Dietzsch erstellten Redabas-Datensätze in aktuelle Datenformate konvertiert, für die Plattform *Impuls-Bauhaus* in neuer Form verwendet und der Öffentlichkeit präsentiert.[46]

Schlussbemerkungen

Die Entwicklung der Rechentechnik sowie die Durchdringung des Alltags mit Großrechnern und Kleincomputern, integrierten Bürosystemen und anderen rechentechnischen Soft- und Hardwarelösungen wurde von der DDR-Regierung unter der Losung des technischen Fortschritts bereits seit den 1950er Jahren gefordert und gefördert. Der ‹wissenschaftlich-technische Fortschritt› sollte die sozialistische Gesellschaft formen sowie einen technischen Aufschwung bewirken. Mit der sechsten Tagung des Zentralkomitees der SED vom 23./24. Juni 1977 und den damit verbundenen Beschlüssen auf dem Gebiet der Elektrotechnik und Elektronik wurde die Entwicklung von Mikroprozessoren bzw. Mikroelektronik und Halbleitern ins Zentrum der Wirtschafts- und Entwicklungsbestrebungen gerückt – auch um den Rückstand gegenüber den Entwicklungen im Westen zu minimieren.[47] In der Folge entstanden neue Klein- und Lerncomputer sowie rechnergesteuerte Werkzeugmaschinen, Anlagen und Messinstrumente und Apparaturen für die Medizin.[48]

Die Auswirkungen des CoCom-Embargos,[49] die zu einem immerwährenden Mangel an Rechentechnik führten, konnten trotz aller Maßnahmen nicht ausreichend abgemildert werden, sodass die Nachnutzbarkeit von Rechentechnik unabdingbar wurde. Dies beförderte zugleich ein rechentechnisches Reparaturwissen und ein relativ weit verbreitetes Technikwissen wie auch das Bestreben, Technologien nicht nur anzuwenden, sondern sie den eigenen Bedürfnissen und Themen anzupassen durch das Experimentieren mit neuen Einsatz- bzw. Anwendungsmöglichkeiten, wie es Dietzsch in seiner Dissertation unternommen hatte. Er hatte damit sowohl die erste Datenbank zu den Studierenden am Bauhaus aufgebaut als auch den Wert der Rechentechnik für weiterführende Forschungen aufgezeigt, indem er seine Daten auffindbar, zugänglich, interoperabel und wiederverwendbar angelegt hatte.

Anhand dieses Fallbeispiels an der HAB Weimar wird ersichtlich, dass die Zugänge von Studierenden und Lehrenden zur Rechentechnik zwischen ‹Ost›

43 Der Standort Steubenstraße umfasst u. a. die Universitätsbibliothek sowie das Servicezentrum für Computersysteme und Computerkommunikation der Bauhaus-Universität Weimar.

44 Vgl. Schönherr: Zwischen Autonomie und Zwang, 325–326. Vgl. auch die Erinnerungen des Rektors der HAB/Bauhaus-Universität Weimar, Gerd Zimmermann, in der Rubrik ‹Debatte› in diesem Heft, 132–152.

45 Vgl. exemplarisch Christian Fuchs: Der Überläufer. Computerprogramme aus der DDR?, in: *Brand eins*, Bd. 7, Nr. 11, 2011, 32–38; Gerhard Merkel: *VEB Kombinat Robotron. Ein Kombinat des Ministeriums für Elektrotechnik und Elektronik der DDR*, Dresden 2006.

46 Jens Weber, Andreas Wolter: ImpulsBauhaus. *Kulturelle Interventionen eines sozialen Netzwerks*, Weimar 2012 sowie Screencast der Plattform Impuls-Bauhaus: vimeo.com/2128067 (28.2.2022).

47 Gerhard Grüneberg: *6. Tagung des ZK der SED 23./24.6.1977. Aus dem Bericht des Politbüros an das ZK der SED*, Berlin 1977, passim.

48 Reinhard Krüger: Vom metergroßen Schrank zum winzigen Plättchen, in: *Neues Deutschland*, 16.7.1977, 12.

49 Das Coordinating Committee for Multilateral Export Controls (kurz: CoCom) diente zur Exportkontrolle westlicher Technologie in die Staaten des sogenannten Ostblocks. Die Exportkontrolle wurde in regelmäßigen Abständen angepasst und erweitert. Eine Zusammenstellung aller Listen der aus strategischen Gründen kontrollierten Güter aus der Zeit von 1954 bis 1993 kann hier eingesehen werden: evansresearch.org/cocom-lists/ (10.3.2022).

und ‹West› nicht unbedingt ungleich waren. Auch wenn für die Bevölkerung der DDR der Zugang zu Technologien aus den nicht-sozialistischen Staaten erschwert war, basierten viele Entwicklungen auf ähnlichen Technologien oder waren zumindest in denselben Programmiersprachen geschrieben worden.

Das erarbeitete Reparaturwissen im Bereich der Rechentechnik diente in der DDR als Voraussetzung für innovative Herangehensweisen und innovativen Gebrauch. Kybernetische Ideen und Modelle dienten dabei häufig als Brücke zwischen Theorie und Praxis sowie zwischen Geistes- und Sozialwissenschaften und Ingenieurswissenschaften, wie der Austausch zwischen Wissenschaftlichem Rechenzentrum (Horst Matzke) und Gebiets- und Stadtplanung (Ludwig Küttner) zeigt.

Die strukturellen Veränderungen der ‹Nachwendezeit› an den ostdeutschen Hochschulen im Allgemeinen und der HAB Weimar im Besonderen müssen als Zäsur für das Reparaturwissen im Bereich der Rechentechnik bewertet werden. Die Auflösung der Sektion Rechentechnik bzw. der Fakultät Informatik und Mathematik sowie die weiteren Strukturveränderungen an der Hochschule lösten die engen Verbindungen zwischen dem Bereich der Rechentechnik und den anderen Studiengängen, die seit den 1960er Jahren existiert hatten. Die Gründung der Fakultät Medien im Jahr 1996 war zwar ein wegweisendes Signal für die Medienwissenschaft, der Bezug zur Informatik als zentrale technische Voraussetzung für die Auseinandersetzung mit gegenwärtigen Medienphänomenen blieb jedoch zunächst ungenutzt.[50] Gleichwohl wurde durch die Ansiedlung der Medieninformatik, die zunächst unter der Bezeichnung ‹Mediensysteme› firmierte, ein vollständiger Bruch bzw. der Verlust der ‹Rechentechnikgeschichte› verhindert.[51] Mit den Bestrebungen im Bereich der Digital bzw. Computational Humanities in den letzten Jahren und dem Ausbau der Kompetenzen im Bereich des Forschungsdatenmanagements knüpft die Hochschule nun wieder an jene frühere Konstellation an.

50 Während in der Mediengestaltung Themen wie Interface-Design, Mensch-Maschine-Kommunikation und vernetzte Medien und Mediensysteme durchaus eine Rolle spielten, sollte sich das Studium der Medienwissenschaft auf die Lehrgebiete Wahrnehmungslehre, Geschichte und Theorie der Kommunikation und der Medien, die Geschichte und Theorie künstlicher Welten sowie Soziologie konzentrieren. Siehe hierzu: Kurzbeschreibung der Studiengänge Mediengestaltung und Medienwissenschaft, in: Konzeption für die Medienausbildung an der HAB Weimar, bestätigt durch den Senat am 6. November 1995, in: Universitätsarchiv der Bauhaus-Universität Weimar, Signatur: I/16/390.

51 Vgl. die Erinnerungen des damaligen Rektors Gerd Zimmermanns in der Rubrik ‹Debatte› in diesem Heft, 132–152.

BILDSTRECKE

LAURA HORELLI

«Namibia Today», 2017/18

Vorgestellt von ANNETT JAHN

Ein Mann bleibt stehen und liest im Buch *Namibia and Germany. Negotiating the Past.*[1] Hinter ihm sind die Plakatwände einer U-Bahn-Station mit dem Schriftzug «Namibia Today» zu sehen. Der Lesende, Philemon Sheya Kaluwapa, ist ein Protagonist des Films *Namibia Today* von der finnischen Künstlerin Laura Horelli. Die Arbeit widmet sich der kaum bekannten Zeitschrift *Namibia Today*, die zwischen 1980 und 1985 in der Erfurter Druckerei Fortschritt unter anderem mit Papier gedruckt wurde, das vom Finnischen Friedenskomitee gespendet wurde. Herausgeber der Zeitschrift war die Befreiungsbewegung SWAPO (South West Africa People's Organisation), der Druck wurde finanziert von der DDR. Horelli arrangierte Titelseiten von *Namibia Today* mit Collagen zur Geschichte des Heftes zu einer Plakatserie, die 2017 in der Berliner U-Bahn-Station Schillingstraße unterhalb der Karl-Marx-Allee zu sehen war.[2] Vor Ort wurde ein 22-minütiger Film als Weiterentwicklung des temporären öffentlichen Kunstwerks gedreht.

Großformatige Cover von *Namibia Today* erschienen neben Details der Produktionsgeschichte oder Fotografien von politischen Akteur_innen dieser Jahre. Solidarische Gesten und Gruppenbilder, Fidel Castro als Coverboy im Paparazzi-Stil freigestellt.[3] Die Übertragung der Zeitschriftenmotive in eine statische Plakatserie schließt im Untergrund der Haltestelle einerseits an Traditionen der Sichtagitation eines proletarischen Internationalismus an[4] und wird andererseits den flüchtigen Sinneseindrücken des U-Bahn-Transits gegenübergestellt. Bilder ziehen während der Fahrt vorüber, sie spiegeln sich in den Scheiben und durchdringen unsere Wahrnehmung während des Wartens oder Eilens. In den individuellen Rezeptionssituationen deutet sich die Vielschichtigkeit der Arbeit und des Umgangs mit ihr an. Im Übertragungsraum der Haltestelle erhält eine ungeklärte Geschichte Aufmerksamkeit, und das ‹Heute› aus dem Zeitschriftentitel hallt nach: Was ist Namibia heute, was war Namibia im damaligen Heute? Welchen Einfluss hatte die Zeitschrift und welchen Einfluss hatte darüber die DDR oder das Finnische Friedenskomitee auf Namibia? Mit *Namibia Today* treten Widersprüche zu Tage, die sich nicht auflösen lassen: Ist doch die staatlich gelenkte ‹Völkerfreundschaft› kein Mittel gegen rassistische Verhaltensmuster oder Formen der Ausbeutung und Bevormundung.[5] Solidarisch unterstützte die DDR die Freiheitsbewegung der SWAPO, versuchte jedoch gleichzeitig die Rufe nach einem freien Leben im eigenen Land zum Verstummen zu bringen.

1 Vgl. Reinhart Kößler: *Namibia and Germany. Negotiating the Past*, Windhoek, Münster 2015.

2 Vgl. Website von Laura Horelli: laurahorelli.com/namibia-today_de/ (10.7.2022).

3 Die Zeitschrift *Namibia Today* ist u. a. im Bestand der Staatsbibliothek zu Berlin zu finden.

4 Und damit auch an die Geschichte von Kunst im Untergrund; vgl. www.artmagazine.cc/content102207.html (14.7.2022).

5 Vgl. z. B. das Interview mit Julia Oelkers und Isabel Enzenbach zu ihrer Web-Doku *Eigensinn im Bruderland*: blog.grimme-online-award.de/2020/06/sie-gehoerten-nicht-dazu (14.7.2022).

NAMIBIA TODAY
OFFICIAL ORGAN OF THE
SOUTH WEST AFRICA PEOPLE'S ORGANISATION
Vol. 4 No. 1/1980

Ausgang
Karl-Marx-Allee
Otto-Braun-Straße
Schillingstraße

NAMIBIA TODAY
OFFICIAL ORGAN OF THE
SOUTH WEST AFRICA PEOPLE'S ORGANISATION
Vol.4 No.9/10/80
21
5

Karl-Marx-Allee
Otto-Braun-Straße
Information

NAMIBIA

NAMIBIA TODAY
Schillingstraße

Schillingstraße

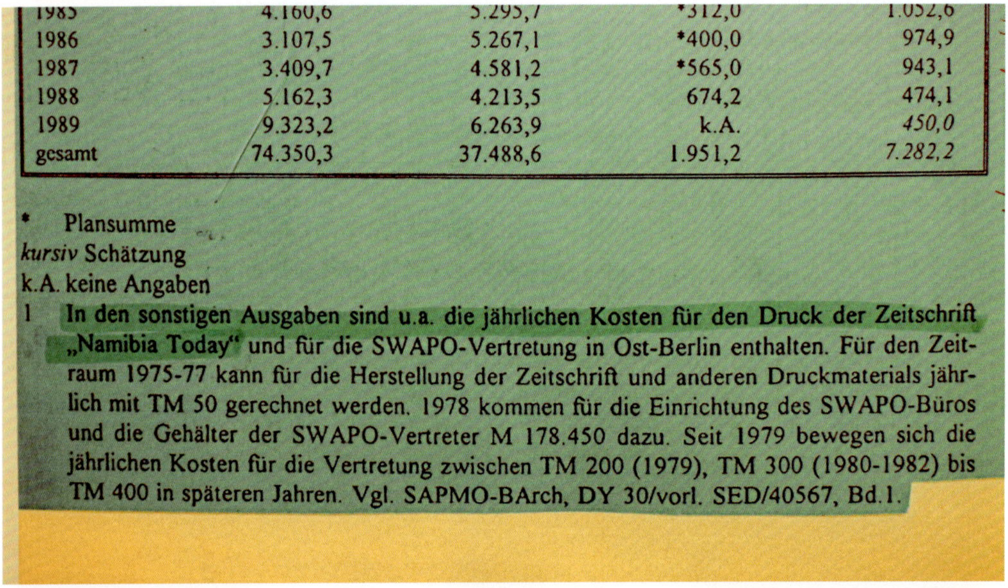

1985	4.160,6	5.295,7	*312,0	1.052,6
1986	3.107,5	5.267,1	*400,0	974,9
1987	3.409,7	4.581,2	*565,0	943,1
1988	5.162,3	4.213,5	674,2	474,1
1989	9.323,2	6.263,9	k.A.	*450,0*
gesamt	74.350,3	37.488,6	1.951,2	*7.282,2*

* Plansumme
kursiv Schätzung
k.A. keine Angaben
1 In den sonstigen Ausgaben sind u.a. die jährlichen Kosten für den Druck der Zeitschrift „Namibia Today" und für die SWAPO-Vertretung in Ost-Berlin enthalten. Für den Zeitraum 1975-77 kann für die Herstellung der Zeitschrift und anderen Druckmaterials jährlich mit TM 50 gerechnet werden. 1978 kommen für die Einrichtung des SWAPO-Büros und die Gehälter der SWAPO-Vertreter M 178.450 dazu. Seit 1979 bewegen sich die jährlichen Kosten für die Vertretung zwischen TM 200 (1979), TM 300 (1980-1982) bis TM 400 in späteren Jahren. Vgl. SAPMO-BArch, DY 30/vorl. SED/40567, Bd.1.

Rostock

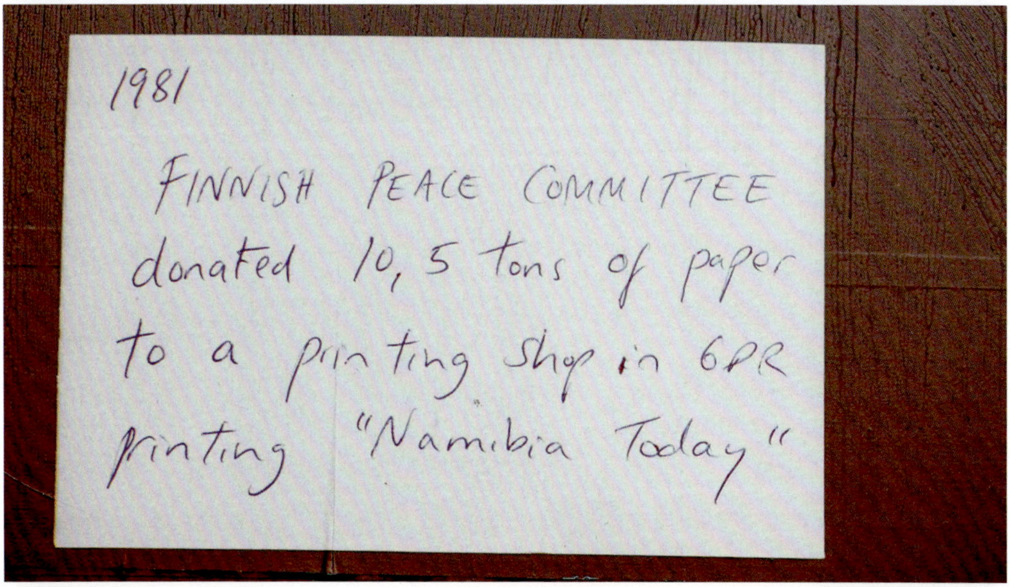
1981
FINNISH PEACE COMMITTEE
donated 10,5 tons of paper
to a printing shop in GDR
printing "Namibia Today"

NAMIBIA TODAY
OFFICIAL ORGAN OF THE
SOUTH WEST AFRICA PEOPLE'S ORGANISATION
Vol.5 7/81
2

NAMIBIA TODAY

Unser
in aller
ND-Gespräch mit K
Mitt
die in
len Or
nisatio
chaba

IMMER AUF
DEM SPRUNG?

NTERFLUG

1
NAMIBIA TODAY

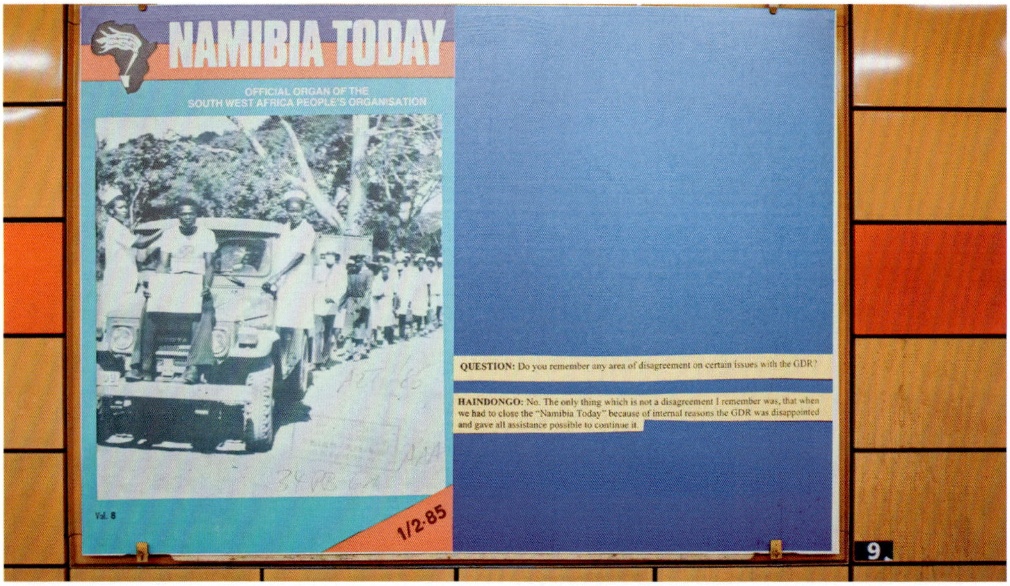
NAMIBIA TODAY
OFFICIAL ORGAN OF THE
SOUTH WEST AFRICA PEOPLE'S ORGANISATION
Vol. 8
1/2·85
QUESTION: Do you remember any area of disagreement on certain issues with the GDR?
HAINDONGO: No. The only thing which is not a disagreement I remember was, that when we had to close the "Namibia Today" because of internal reasons the GDR was disappointed and gave all assistance possible to continue it.
9

EXTRA

REY CHOW

NACHDENKEN ÜBER «RACE» MIT FOUCAULT[1]

Es ist heute generell anerkannt, dass eine wissenschaftliche Definition von *race* unmöglich ist.[2]

Wenn rassisierter Essentialismus und seine jüngere Geschichte ein Verständnis von Rassismus begünstigen, das unbedingt zu bekämpfen ist, hat es auch Widerstand hervorgerufen – intellektuellen wie aktivistischen, als Identitätspolitik bekannt. Die beiden Tendenzen erwachsen aus einem ähnlichen Impuls und teilen bestimmte Annahmen über *race* und Rassismus.[3]

Rassisierte Kategorien müssen denaturalisiert werden. Wir müssen sehen [...] wie [...] Weißsein zusammengesetzt ist und zu tatsächlichem und virtuellem Leben erweckt wird. Was sind seine historischen, ökonomischen und sozialen Existenzbedingungen? Wie artikuliert es sich in juristischen, medizinischen, ästhetischen, militärischen und technologischen Formen der Expertise?[4]

Was ist der Rassismus letztendlich? Zunächst ein Mittel, um in diesen Bereich des Lebens, den die Macht in Beschlag genommen hat, eine Zäsur einzuführen: die Zäsur zwischen dem, was leben, und dem, was sterben muß.[5]

Geht es um Foucault und Fragen von *race*, dann stellt der naheliegende Vorwurf des Eurozentrismus – die Kritik, dass die durch seine genauen Untersuchungen europäischer Kulturen und Geschichten gewonnene Perspektive andere Teile der modernen Welt vernachlässigt – bis heute eine wesentliche Herausforderung dar. Vor allem die disziplinären Institutionen in Europa, die er so brillant analysiert, bildeten sich zur selben Zeit wie die aggressiven imperialen und

1 Gekürzte Fassung von: Rey Chow: Thinking «Race» with Foucault, in: dies.: *A Face Drawn in Sand. Humanistic Inquiry and Foucault in the Present*, New York 2021, 87–112. Übersetzung mit freundlicher Genehmigung der Columbia University Press. Wo dt. Übers. der Zitate vorlagen, wurden diese verwendet, alle anderen übers. v. Maja Figge.

2 W.E.B. Du Bois: *The Negro*, Philadelphia 2001 [1915], 13.

3 Roxann Wheeler: *The Complexion of Race. Categories of Difference in Eighteenth-Century British Culture*, Philadelphia 2000, 302.

4 George Yancy, Paul Gilroy: What ‹Black Lives› Means in Britain, in: *New York Times*, 1.10.2015, opinionator.blogs.nytimes.com/2015/10/01/paul-gilroy-what-black-means-in-britain (28.4.2022).

5 Michel Foucault: Vorlesung vom 17. März 1976, in: ders.: *In Verteidigung der Gesellschaft. Vorlesungen am Collège de France 1975/1976*, übers. v. Michaela Ott, Frankfurt / M. 2002, 301.

kolonialen Unternehmungen europäischer Staaten in Übersee heraus, aber Foucault liefert keine Analyse solcher Unternehmungen. […] Der vorliegende Aufsatz versucht, im Unterschied zu diesem berechtigten, aber meiner Ansicht nach nicht notwendigerweise produktiven Ansatz, die Relevanz von Foucaults Werk für die Untersuchung von *race* aufzuzeigen.

Der Foucault'sche Diskurs und seine postkoloniale Wendung

In seiner Kritik des europäischen Imperialismus stellt sich Edward Said, stark beeinflusst von Foucaults frühen Arbeiten zum Diskursbegriff, die wegweisende Aufgabe, die systemischen und strukturellen Korrelationen zwischen textuellen und ökonomisch-politischen Formationen zu benennen. In seiner klassischen Studie *Orientalismus*[6] zeigt er, dass diese Korrelationen eine Art materieller Geschichte erzeugen, die gleichermaßen auf repräsentationalen Traditionen wie auf physischen Invasionen und Annexionen basiert.

> Also muss man vor allem auf den Stil, die Redefiguren, das Szenario, die Erzählformen, die historischen und gesellschaftlichen Umstände achten und *eben nicht* auf die richtige oder originalgetreue Darstellung. Um das Prinzip der Offenlegung zu legitimieren, zieht man immer irgendeine Spielart der Binsenweisheit heran, dass der Orient gewiss selbst für sich sprechen würde, wenn er nur könnte; da er dies aber nicht könne, müssten westliche Sachwalter ihm diese Aufgabe wohl oder übel abnehmen.[7]

Said entwirft damit eine methodologische Blaupause für die Kritik einer Geschichte, die dazu beigetragen habe, dass der Orient im Westen als eine ‹andere›, minderwertige Entität konstruiert wurde. […]

In ähnlicher Weise befragt Johannes Fabian in seinem Buch *Time and the Other. How Anthropology Makes Its Object*[8] die philosophischen, theologischen und historischen Grundlagen des westlichen anthropologischen Denkens, wobei er sich an Foucaults frühen Arbeiten wie etwa *Die Ordnung der Dinge* orientiert. Fabian, der im Fahrwasser von Saids antiorientalistischer Kritik schreibt, geht über Foucault hinaus, wenn er eine grundlegende Ungleichheit herausstreicht, die in die ethnografische Praxis eingebettet sei – und zwar in die Art und Weise, in der westliche Anthropolog_innen üblicherweise ihre Beobachtungen und Ergebnisse zu nicht-westlichen Kulturen ihrem westlichen Publikum kommunizieren. In einer geistreichen Volte definiert Fabian diese Ungleichheit in Begriffen einer Geopolitik der Zeit: Wenn westliche Forschende für westliche Lesende über andere Kulturen schreiben, tun sie dies in einem vorwärts gerichteten Präsens. Dabei werden die untersuchten Kulturen, so Fabian, typischerweise derart objektifiziert, dass sie in einer anderen Zeitlichkeit eingefroren scheinen – einer Zeitlichkeit, die darüber hinaus implizit als primitiv, rückwärtsgewandt und unveränderlich angesehen wird. […]

6 Edward Said: *Orientalismus*, übers. v. Hans Günter Holl, Frankfurt/M. 2014 [i. Orig.: *Orientalism*, New York 1978].

7 Ebd., 32 (Herv. i. Orig.). Vgl. auch ders.: *Kultur und Imperialismus. Einbildungskraft und Politik im Zeitalter der Macht*, Frankfurt/M. 1994.

8 Johannes Fabian: *Time and the Other. How Anthropology Makes Its Object*, New York 1983.

Wie etwa im Fall des transatlantischen Sklav_innenhandels im Kontext der Vereinigten Staaten haben die politischen und ökonomischen Aspekte, die bei der Bildung europäischer Imperien in den vergangenen Jahrhunderten eine Rolle gespielt haben, im globalen postkolonialen Kontext ein Verständnis von *race* geformt, dem zufolge *race* mehr oder weniger unwiderruflich durch diese Beziehung der Ungleichheit und ihre ungeheuren Konsequenzen geprägt ist. Wie Roxann Wheeler schreibt: «Zu oft wurde *race* nur als eine Teilmenge von Sklaverei und Kolonialismus behandelt, eine Betonung, die den falschen Glauben verstärkt hat, dass *race* hauptsächlich mit Schwarzsein oder afrikanischer Herkunft zu tun hat.»[9] Ausgehend von ihrer sorgfältigen Untersuchung der elastischer formulierten Kategorien menschlicher Vielfalt in der britischen Kultur des 18. Jahrhunderts stellt Wheeler fest, dass die meisten gegenwärtigen kolonialen und kritischen Theoretiker_innen dazu tendieren, «ihre Annahmen über *race* stillschweigend auf einem Erbe des biologischen Rassismus des 19. Jahrhundert gründen».[10] Dieser biologische Rassismus zeichne sich vor allem durch «eine Sorge um kulturelle und rassisierte Reinheit, durchdringenden weißen Suprematismus, die Bürde des weißen Mannes, indigene Bevölkerungen zu zivilisieren, und eine interventionistische politische Herrschaft» aus.[11]

Wheelers Beobachtungen erhärten, was Foucault bereits in *Überwachen und Strafen* festgestellt hatte. In seiner Diskussion der Herausbildung der Delinquenz als eines bestrafbaren Persönlichkeitsmerkmals beschreibt er das frühe 19. Jahrhundert als den

> Augenblick, da die Wahrnehmung einer anderen Lebensform von der Wahrnehmung einer anderen Klasse und einer anderen menschlichen Spezies abgelöst wird. Was sich hier parodistisch abzeichnet, ist eine Zoologie von gesellschaftlichen Subspezies, eine Ethnologie von Übeltäter-Zivilisationen mit ihren Riten und ihrer Sprache.[12]

Angesichts des gewaltigen Einflusses dieses Erbes aus dem 19. Jahrhundert können wir an dem, was Nikolas Rose als «eine konzertierte Biologisierung von *race*» beschrieben hat,[13] sehen, wie die infrastrukturellen Beziehungen zwischen Kolonisierenden und Kolonisierten – ganz ähnlich den infrastrukturellen Beziehungen zwischen Sklavenhändler_innen/-halter_innen und Versklavten – weitgehend bestimmen, was in gegenwärtigen Debatten über *race* und westliches modernes Denken auf dem Spiel steht, selbst wenn sie nicht explizit adressiert werden.[14]

In diesen Debatten wird *race* weiterhin hauptsächlich im Hinblick auf die Unveränderbarkeit von Hautfarbe oder anderer biomedizinisch determinierender (molarer) statt auf probabilistischer (molekularer) Klassifikationen bestimmt;[15] Rassismus wird als Praxis der Ausbeutung und Diskriminierung verstanden – ausgeübt von denjenigen, die historisch auf der Seite der Sieger_innen stehen (assoziiert mit politischem Erfolg und ökonomischem Privileg),

9 Wheeler: *The Complexion of Race*, 10.

10 Ebd., 45.

11 Ebd. Für eine ehrgeizige Darstellung im Sinne Wheelers vgl. Denise Ferreira da Silva: *Toward a Global Idea of Race*, Minneapolis 2007. Darin beschreibt die Autorin ihr Projekt als «Analytik der Rassisierung», basierend auf einer Untersuchung, «wie die Werkzeuge der wissenschaftlichen Wissensprojekte des 19. Jahrhunderts den Begriff des Rassischen produzierten» (xviii, xii f.).

12 Michel Foucault: *Überwachen und Strafen. Die Geburt des Gefängnisses*, übers. v. Walter Seitter, Frankfurt/M. 1976, hier 325.

13 Nikolas Rose: *The Politics of Life Itself. Biomedicine, Power, and Subjectivity in the Twenty-First Century*, Princeton 2007, 162.

14 Für eine kenntnisreiche Diskussion vgl. Sylvia Wynter: Unsettling the Coloniality of Being/Power/Truth/Freedom: Towards Human, After Man, and its Overrepresentation – an Argument, in: CR. *The New Centennial Review*, Bd. 3, Nr. 3, 2003, 257–337. Wynter beginnt ihren Aufsatz mit einem Zitat aus *Die Ordnung der Dinge* über die geopolitische Geschichtlichkeit der Idee des ‹Menschen› seit dem 16. Jahrhundert.

und gegen diejenigen gerichtet, die historisch auf der Seite der Opfer stehen (und linguistisch, kulturell sowie institutionell als unterlegen erachtet und ungerechterweise ihrer Möglichkeiten der sozialen Mobilität und des Aufstiegs beraubt werden).[16]

In der bereitwilligen, wenngleich auch verständlichen Reifikation von *race* und Rassismus, wie sie in diesen anachronistischen Begriffen am Werk ist, wird häufig ein wichtiger und wohl entscheidenderer Beitrag Foucaults übersehen. Dass der Foucaultsche Begriff des Diskurses durch seine Said'sche Wendung solch einen Einfluss ausgeübt hat, ist allerdings nicht notwendigerweise Saids bahnbrechender und paradigmensetzender Politisierung westlicher Repräsentationen des Ostens geschuldet. Wir sollten zur Kenntnis nehmen, dass Saids eigene rhetorischen Bewegungen einer Foucault'schen Analytik durchaus würdig sind: Said hat nicht nur divergierende (und für gewöhnlich diskontinuierliche) Serien historischer Ereignisse in eine kohärente Anordnung gebracht, sondern er hat auch deren multidirektionale, unkoordinierte Bewegungen strategisch zum Stillstand gebracht, indem er sie an einem bestimmten Knotenpunkt zusammenführt. Wenn es nämlich keine intrinsischen oder essentiellen Verbindungen zwischen kolonialen territorialen Eroberungen, militärischen Besatzungen und ökonomischen Ausbeutungen auf der einen Seite *und* linguistischen, textuellen sowie visuellen Repräsentationen auf der anderen gibt, so hat Said, wie auch die postkolonialen Studien in seiner Folge, sein Publikum mit der Verwendung des Diskursbegriffs auf beeindruckende Weise interpelliert, indem er darauf insistiert und wiederholt hat, dass solche Verbindungen eine unanfechtbare Gewissheit darstellen.

In mancher Hinsicht sind die Kontroversen um *race*, wie sie kontinuierlich in der angloamerikanischen *academia* auftreten, das Ergebnis eines solchen strategischen Anhaltens und Zusammenbindens – man könnte sagen Essentialisierens – der fluiden Übergänge zwischen kontingenten Ereignissen zu einer kontinuierlichen unterirdischen Meistererzählung. Dies ist einer der Gründe, warum manche Wissenschaftler_innen z. B. die Ursprünge (oder Ursachen) des Orientalismus, wie sie von Said und seinen Anhänger_innen eingebracht wurden, anfechten und als Hauptgegenbeispiel auf den deutschen Orientalismus verweisen: Demzufolge sei die scheinbare Verbindung zwischen Imperium und orientalistischen textuellen Studien hier nicht notwendigerweise offensichtlich oder konsistent, und es seien eher ältere religiöse, spirituelle und philosophische Auseinandersetzungen gewesen, die in den Begegnungen des modernen Europas mit dem Osten eine zentrale Rolle gespielt hätten, als jene zeitlich weniger weit zurückliegenden politisch-ökonomischen Eroberungen.[17] Auch wenn dieses Argument durch die Berücksichtigung der schwindelerregend multilingualen Erwägungen verschiedener orientalistischer Traditionen unterfüttert werden müsste, geht es mir hier vor allem darum, dass wir eine sorgsame Neubetrachtung und Neubewertung von Foucaults Beitrag zur Politik des Diskurses im Kontext gegenwärtiger Critical Race Studies brauchen. Wenn

15 Mit Blick auf die vorherrschende ‹Rassenkunde›, die sich im 18. Jahrhundert herausbildete, stellt Nikolas Rose fest: «Welche Differenzen es auch immer in ihren verschiedenen Versionen gab, *race* wurde auf einer molaren Ebene verstanden. Es wurde als eine vererbte Konstitution begriffen, die den gesamten Charakter und alle Eigenschaften eines jeden rassisierten Individuums forme. Diese Konstitution könne an den sichtbaren Eigenschaften beobachtet werden, nicht einfach an Hautfarbe, sondern auch an Physiognomie, Körpermorphologie und ähnlichem. Und als die rassisierte Wissenschaft der Genetik begegnete, war es dieser molare Begriff einer rassischen Spezifität und rassischen Differenz, der in Genen kodiert wurde, die gleichfalls molar verstanden wurden, wodurch diese individuellen physischen, geistigen und moralischen Eigenschaften festgelegt wurden und die Reichweite für Modifizierung durch die Umwelt oder durch Erfahrungen stark einschränkt wurde. Aber der molekulare Blick aktueller Genomik transformiert diese Wahrnehmung.» Rose: *The Politics of Life Itself*, hier 161.

16 Für eine Untersuchung der historischen Verwendungen des Begriffs Rassismus und für Analysen des aktuellen Antirassismus vgl. Pierre-André Taguieff: *Die Macht des Vorurteils. Der Rassismus und sein Double*, Hamburg 2000. George M. Fredrickson sagt dazu: «Der französische Soziologe Pierre-André Taguieff hat zwischen Varianten oder ‹Logiken› des Rassismus unterschieden – ‹der Rassismus der Ausbeutung› [i. Orig. frz. ‹le racisme d'exploitation›, Anm. d. Übers.] und ‹der Rassismus der Auslöschung› [i. Orig. frz. ‹le racisme d'extermination›, Anm. d. Übers.] [...] man könnte diese beiden Möglichkeiten des Rassismus auch den Rassismus der Inklusion und den Rassismus der Exklusion nennen.» George M. Fredrickson: *Racism. A Short History*, Princeton 2015, 9.

17 Vgl. Suzanne Marchand: *German Orientalism in the Age of Empire. Religion, Race, and Scholarship*, Cambridge 2009; Urs App: *The Birth of Orientalism*, Philadelphia 2010.

unser aktuelles Verständnis von *race* – insbesondere innerhalb der englischsprachigen Akademie – präventiv durch eine postkoloniale Formulierung der Dialektik zwischen Kolonisierenden und Kolonisierten geformt ist, dann ist es notwendig, mit Foucault zu fragen: Was sind die Faktoren, die diese präventive Formgebung ermöglichen? Hätte es anders gewesen sein können? Waren andere Abfolgen von Ereignissen im Gange, die zu einer anderen Konfiguration von *race* und Rassismus hätten führen können?

Repressionshypothese der Race Studies?

Das Vernähen (i. Orig. *suturing*, Anm. d. Übers.) von *race* mit der hierarchischen Beziehung von Kolonisierenden und Kolonisierten ist institutionell so wirksam gewesen, dass jeder Versuch, *race* anders zu bestimmen, kontraintuitiv wirken würde. Insofern haben postkoloniale Studien in der Nachfolge Saids entscheidend dazu beigetragen, Repräsentationen und eine tatsächliche Ermächtigung derjenigen zu ermöglichen, die historisch benachteiligt, an den Rand gedrängt oder zum Schweigen gebracht wurden, und dies obwohl es seit Langem umsichtige Reflexionen darüber gibt, was es bedeutet, Subalterne sprechen zu lassen.[18] Während Studien zu gruppenübergreifenden und interkulturellen Begegnungen einen zunehmend hegemonialen Trend, die Opferrolle in den Blickpunkt zu rücken, reproduzieren, scheint die positivistischere und weniger elastische Variante von *race* in postkolonialen Studien manchmal etwas zu sauber mit dem popularisierten Freudschen Paradigma der sexuellen Repression im Einklang zu stehen. Entsprechend wird *race* gewöhnlich mit einer Unterdrückung aufgrund der Anatomie (z. B. der Hautfarbe) gleichgesetzt, die wiederum als unauflösbar und nicht als ein Faktor unter vielen erachtet wird.[19] Solch eine Unauflösbarkeit wird dann weiter diskutiert in Bezug auf Verlust, Trauer, Melancholie, Prekarität und andere naturalisierte – normativierte – psychoanalytische Koordinaten.

Foucaults Kritik an der popularisierten Freud'schen Repression ist zu bekannt, um eine vollständige Wiederholung an dieser Stelle zu rechtfertigen, aber die hervorstechenden Aspekte seines Arguments bleiben erwähnenswert. Als diskursbelebender Mechanismus fungiert Repression nicht nur als ein Mittel, um sexuelle Differenzierungen aus dem Inneren eines Individuums heraus zu artikulieren, sondern auch, so Foucault, als Motor eines ganzen Regimes des Denkens, das unsere Selbstwahrnehmung in binarisierten Zuständen von Gefangenschaft und Befreiung (oder Geheimhaltung und Transparenz bzw. Dunkelheit und Licht) wiedergibt. […]

Laut Foucault […] ist Sexualität nicht zu begreifen «als eine Triebkraft […], die der Macht von Natur aus widerspenstig, fremd und unfügsam gegenübersteht – einer Macht, die sich darin erschöpft, die Sexualität unterwerfen zu wollen, ohne sie gänzlich meistern zu können».[20] Statt dieses romantisierten Zugangs schlägt er vor, Sexualität, die «zu den am vielseitigsten einsetzbaren

18 Vgl. Gayatri Chakravorty Spivak: *Can the Subaltern Speak. Postkolonialität und subalterne Artikulation*, Wien 2008; dies.: Who Claims Alterity?, in: Barbara Kruger, Phil Marian (Hg.): *Remaking History*, Seattle 1989, 269–292.

19 Nach Wheeler wurde unsere heutige Verwirrung in Bezug auf Hautfarbe teilweise durch die historische Verschiebung von einer elastischeren Sensibilität gegen über Farbe aufgrund von Differenzen des Gemüts und des Klimas hin zu einer rigideren Haltung gegenüber Farbe aufgrund der Anatomie verursacht, vgl. Wheeler, *The Complexion of Race*, 27–48.

20 Michel Foucault: *Der Wille zum Wissen. Sexualität und Wahrheit I*, Frankfurt/M. 1977, 103.

Elementen» gehört, als einen «besonders dichte[n] Durchgangspunkt für die Machtbeziehungen» zu verstehen.[21]

Während Foucaults Kritik den tiefsitzenden Glauben an Verletzung und Verhinderung, den die populären Narrative sexueller Repression untermauern, erfolgreich herausfordert, erkennt sie gleichzeitig an, wie effektiv die Repressionshypothese als eine Triebfeder des Diskurses funktioniert. In der Tat fußt Foucaults Verständnis von der Macht des Diskurses teilweise auf seiner These, dass unaufhörliches Reden über sexuelle Repression – angestiftet und ermutigt durch Freuds klinischen Gebrauch und seine kommerziellen, massenmedialen und selbsthilfeindustriellen Spin-offs – eine Explosion von Diskursen und Praktiken ausgelöst hat.

Könnte nicht Foucaults Kritik an der Repressionshypothese auch instruktiv sein, um über race *nachzudenken?*

Betrachten wir die monumentale Persönlichkeit Frantz Fanons, der in seinem Werk die koloniale Unterdrückung *als* psychische Repression bestimmt. Für Fanon, der in den 1940er Jahren als kolonialer Migrant aus Martinique in der französischen Metropole schreibt, bedeutet *race* vor allem die psychische Verletzung, die das Schwarze Subjekt durch die Hand seiner *weißen* Unterdrücker_innen erleiden muss. Während Identifikation mit dem_der *weißen* Unterdrücker_in zugleich erforderlich und unmöglich ist, wird die Selbstentfremdung oder psychische Spaltung die bestimmende Grenze für Schwarze Identitätsbildung. Nach Fanon wird eine solche innere Fragmentierung verstärkt durch abwertende Interaktionen in der Metropole, in der das Schwarze Subjekt regelmäßig auf seine Hautfarbe reduziert und als entschieden ‹Anderes› angerufen wird – so sehr, dass die Fragmentierung nach außen wandert und psychische Spaltungen in der kolonisierten Bevölkerung als ganzer verursacht. Bemerkenswerterweise ist die unvergessliche Straßenszene der rassistischen Anrufung, wie sie Fanon beschreibt, nicht weniger konstitutiv für die Selbstidentifikation des *weißen* Kindes, das beim Anblick eines Schwarzen Mannes «Sieh mal, ein Neger» ruft.[22] Für dieses Kind bedeutet *race*, die_den andere_n dem Exotismus zu unterwerfen – eine Art der Anerkennung, die sowohl auf der Ästhetik des Schocks und der Verwunderung als auch auf Stigmatisierung basiert.

In Fanons Beschreibungen ist *race* nicht nur an die Verstrickungen von Kolonisierenden und Kolonisierten festgebunden, sondern wird auch in (Freud'schen) ödipalen Begriffen theoretisiert. Der *weiße* Mann besetzt die Position des autoritären Vaters, der entfernt werden muss, damit seine Tyrannenherrschaft beendet werden und der wütende Sohn, ein Schwarzer Mann, eine positive Wahrnehmung seiner eigenen Identität erlangen kann. Der Verletzung scheint nur mit Verletzung begegnet werden zu können, wenn gewaltsames Stürzen das einzige Mittel ist, mit dem der Schwarze Mann seinen tiefgreifenden inneren Verlust äußerlich kompensieren kann, um das wiederzugewinnen, was ihm genommen wurde, und ein Gefühl der Ganzheit

21 Ebd.

22 Vgl. die Beschreibung dieser berühmten Szene in Frantz Fanon: *Schwarze Haut, weiße Masken*, Frankfurt/M. 1985, hier 79–83.

wiederzuerlangen. *Race* (in diesem Fall gleichgesetzt mit Rassismus), wie sie vom Schwarzen männlichen Subjekt erfahren wird, scheint symptomatisch für die repressive Logik zu sein, die das paternalistische Funktionieren von Macht auszeichnet. Vor allem zeigt *race* (oder Rassismus) das Zeichen der Verletzung an, als einen andauernden internalisierten Zustand der Negation, der nur durch periodisch auftretende Eruptionen revolutionärer Gewalt überwunden werden kann.[23]

Der Eintritt des Lebens in die Geschichte

Ungeachtet von Foucaults Sympathien für linke Politik unterscheidet sich seine Betrachtungsweise von *race* und Rassismus ziemlich von der klassischen Vorstellung als repressive Gewalt, wie sie von Fanon ausgeführt wurde, nicht zuletzt, weil Foucault sich von seinem lebenslangen Anliegen, der Kritik der modernen westlichen Vernunft, leiten ließ. Um Foucaults Vision von *race* zu untersuchen, die untrennbar mit dem anhaltenden Projekt dieser Kritik verbunden ist, müssen wir uns dem fünften Kapitel von *Der Wille zum Wissen*, «Recht über den Tod und Macht zum Leben», zuwenden, das er in einem Gespräch als «die Grundlage des Buches» bezeichnete.[24]

[…]

Foucaults Bemerkungen zu *race* in «Recht über den Tod und Macht zum Leben» sollten vor dem Hintergrund seines Verständnisses von Sexualität als einem sich historisch herausbildenden Machtnexus des Willens zum Wissen verstanden werden. Beide, Sexualität und *race*, haben mit dem zu tun, was er den *Eintritt des Lebens in die Geschichte* nennt – «den Eintritt der Phänomene, die dem Leben der menschlichen Gattung eigen sind, in die Ordnung des Wissens und der Macht, in das Feld der politischen Techniken».[25] Diese Beschreibung der Bedeutung des Lebens als eine historische Schwelle findet sich bereits in *Die Ordnung der Dinge* […], wo Foucault ausführt, dass die Entwicklungen der politischen Ökonomie, Biologie und Sprache seit dem frühen 19. Jahrhundert neue Modi der Wissensproduktion ko-konstituieren.[26] Neben dem Naturforscher und Zoologen Georges Cuvier, der von Foucault als Schlüsselfigur des Übergangs im modernen europäischen Konzept des Lebens erachtet wird, ist es von den dreien die Biologie, die Foucaults eigenes Denken am meisten beeinflusst zu haben scheint:

> […] *Seit Cuvier entgeht das Lebendige, wenigstens in erster Instanz, den allgemeinen Gesetzen des ausgedehnten Seins. Das biologische Sein wird regional und autonom. Das Leben ist, an den Grenzen des Seins, das, was ihm äußerlich ist und was sich dennoch in ihm manifestiert.*[27]

Mit anderen Worten: Die Geschichtlichkeit des Lebens hat mit der modernen Konfrontation zwischen dem Willen zum Wissen einerseits und dem neu theoretisierten, janusköpfigen Status des Lebens (als etwas, das dem biologischen

23 Für eine ausführliche Diskussion vgl. Pooja Rangan, Rey Chow: Race, Racism, and Postcoloniality, in: Graham Huggan (Hg.): *The Oxford Handbook of Postcolonial Studies*, Oxford 2013, 396–411.

24 Michel Foucault: Das Spiel des Michel Foucault (Gespräch), übers. v. Hans-Dieter Gondek, in: ders.: *Schriften in vier Bänden. Dits et Ecrits. Bd. 3*: 1976–1979, hg. v. Daniel Defert, François Ewald, Frankfurt / M. 2003, 391–429, hier 422. Für eine hilfreiche Diskussion von Foucaults Auseinandersetzung mit *race* vgl. Stuart Elden: The War of Races and the Constitution of the State: Foucault's *Il faut defender la société* and the Politics of Calculation, in: *boundary 2*, Bd. 29, Nr. 1, 2002, 125–151. Vgl. auch die informierten Auseinandersetzungen in der Sonderausgabe «Foucault and Race», in: *Foucault Studies*, Nr. 12, 2011.

25 Foucault: *Der Wille zum Wissen*, 137. Foucault folgend untersucht Ann Laura Stoler diesen Nexus anhand Niederländisch-Indiens und zeigt, wie die von Foucault beschriebenen Regulierungen und Kontrollen in den Praktiken europäischer Staaten und Bürger_innen in den Überseekolonien am Werk waren. Ann Laura Stoler: *Race and the Education of Desire. Foucault's History of Sexuality and the Colonial Order of Things*, Durham 1995.

26 Vgl. die detaillierten Ausführungen zu den drei Modi des Wissens in den entsprechenden Kapiteln in Michel Foucault: *Die Ordnung der Dinge. Eine Archäologie der Humanwissenschaften*, Frankfurt / M. 1974. Vgl. auch Chow: *A Face Drawn in Sand*, 39–62 (Kap. 1: «Literary Studies' Biopolitics»).

27 Foucault: *Die Ordnung der Dinge*, 334; Herv. R. C.

Wesen sowohl äußerlich als auch innerlich ist und mit der Möglichkeit des Lebens als auch der Unausweichlichkeit des Todes winkt) andererseits zu tun. [...]

In seiner Studie *Life. A Modern Invention*, die mit den Foucault'schen Überlegungen zum neuen konzeptuellen Status des Lebens in der Moderne beginnt, benutzt Davide Tarizzo die Formulierung «epistemologischer Indikator», um Foucaults interdiskursive Vorstellung des Lebens als emblematisch für die Kämpfe des Willens zum Wissens zu unterstreichen; Kämpfe, die sich nach Tarizzo zu einer philosophischen Genealogie zurückverfolgen lassen, von Kant, Schelling und Herder zu Schopenhauer, Freud und anderen.[28] Foucaults wichtigstes Argument in *Die Ordnung der Dinge* ist allerdings, dass diese Kämpfe Wissensformen hervorgebracht haben, die, wenngleich grundlegend miteinander verknüpft, zunehmend inkommensurabel oder inkompatibel miteinander seien. Beispielsweise schreibt Foucault in Bezug auf politische Ökonomie und Biologie:

> Dort, wo ein Denken das Ende der Geschichte vorsieht, kündigt ein anderes die Unendlichkeit der Geschichte an. Wo das eine eine wirkliche Produktion der Dinge durch die Arbeit erkennt, löst das andere die Schimären des Bewußtseins auf. Wo das eine mit den Grenzen des Individuums die Erfordernisse seines Lebens bestätigt, löscht sich das andere in dem Gemurmel des Todes aus.[29]

Diese Art diskursiver Inkommensurabilität impliziert, dass «seit dem neunzehnten Jahrhundert das Feld des Wissens seiner in all ihren Punkten homogenen und uniformen Reflexion keinen Raum mehr geben kann».[30] Stattdessen scheint es zunehmend so zu sein, oder zumindest legt Foucault dies nahe, dass jede Wissensform rationalisiert werden muss mit einer Philosophie, die spezifisch zu ihr passt.[31]

Oder anders gesagt: statt *race* über den Weg der Repressionshypothese zu verstehen und – wie es häufig in den Wissensfeldern der Fall ist, die von gegenwärtigen Identitätspolitiken angetrieben sind – mit Rassismus, verstanden als eine verletzende subjektive Erfahrung, gleichzusetzen, nähert sich Foucault *race* vor allem als einem Ergebnis einer intensivierten, zwingenden Objektivierung, Bürokratisierung und Normalisierung des Lebens an. Deren Aufstieg zu epistemischer Macht ließ sich, wie er uns in *Die Ordnung der Dinge* erklärt, bereits teilweise an einer Verschiebung vom klassischen Feld des Wissens, der Naturgeschichte, zur modernen Wissenschaft des Lebens, der Biologie, erkennen. Wenn Pflanzen und Tiere in der Naturgeschichte bis dahin aufgrund ihrer gemeinsamen sichtbaren Eigenschaften klassifiziert werden, wurden sie fortan auf künstliche Weise als tiefe Strukturen konzeptualisiert, die auf unsichtbaren Verbindungen der Unterordnung und Organisation basieren. [...]

Indem Lebewesen zunehmend als durch versteckte verlebendigende Prinzipien – d.h. durch *unsichtbar geteilte* Vitalfunktion zwischen Spezies und Organismen – bestimmt verstanden wurden, rückte eine transzendentale Auffassung

28 Davide Tarizzo: *Life. A Modern Invention*, Minneapolis 2017.
29 Foucault: *Die Ordnung der Dinge*, 341.
30 Ebd.
31 Ebd.

des Lebens ins Zentrum wissenschaftlicher und anderer Diskurse. Jeffrey T. Nealons erhellende Beschreibung dieser grundlegenden epistemischen Verschiebung kann als eine Zusammenfassung dieses Aspekts dienen:

> Mit der Geburt der Biologie löst sich die Frage des Lebens von einer Praxis der Repräsentation (der Diskurs wird von dem befreit, was Foucault die ‹reine Aufstellung der Dinge› in den Rastern der Naturgeschichte nennt […]) und bindet sich stattdessen an einen Modus der Spekulation über dieses undurchdringliche Ding namens Leben – jetzt verstanden *nicht* als eine sichtbare Manifestation der Ähnlichkeit, sondern als das im Dunkeln verborgene Geheimnis, das Lebewesen verbindet.[32]

Genau durch die Untersuchung des «Modus der Spekulation über dieses undurchdringliche Ding namens Leben» hat man eine, wie Foucault schreibt, «‹Geschichte› der Natur an die Stelle der Naturgeschichte stellen können».[33] Weil diese allumfassende Betonung des Lebens als eine sich historisch wandelnde Diskursschwelle fungiert, benötigt *race* bei Foucault, ebenso wie Sexualität, eine andere Art der Verstärkung. Foucault konzipiert *race* nicht wirklich als etwas mit essentiellen oder positiven Eigenschaften (Epidermis, anatomische Eigenschaften, individuelle oder Gruppenmarker oder geografische Regionen). Ebenso wenig betrachtet er die Antagonismen um Rassisierung einfach in Begriffen der repressiven Gewalt. Stattdessen schreibt er in Übereinstimmung mit seinen Befragungen des Willens zum Wissen in der Moderne von *race* als epistemischer Verwerfungslinie, die *entlang* großer historischer Übergänge aufbricht – wie der Übergänge von einer Gesellschaft, die von den Symboliken des Blutes und der Souveränität, mit denen der Monarch ausgestattet ist, regiert wird, zu einer, die durch disziplinäre Institutionen verwaltet wird, und schließlich zu einer, die durch biopolitische Netzwerke regiert wird. Beispielsweise beschreibt er die historische Herausbildung des nationalsozialistischen Rassismus in folgender Weise:

> Seit der zweiten Hälfte des 19. Jahrhunderts ist es dazu gekommen, daß die Thematik des Blutes beschworen wird, um den in den Sexualitätsdispositiven wirkenden Typ politischer Macht mit einer geschichtlichen Mächtigkeit zu unterlegen. An diesem Punkt formiert sich der Rassismus – der moderne, staatliche, biologisierende Rassismus: eine ganze Politik der Bevölkerung, der Familie, der Ehe, der Erziehung, der gesellschaftlichen Hierarchisierung, des Eigentums und eine lange Reihe ständiger Eingriffe in den Körper, in das Verhalten, in die Gesundheit, in das Alltagsleben haben ihre Färbung und ihre Rechtfertigung aus der mythischen Sorge um die Reinheit des Blutes und den Triumph der Rasse empfangen. Der Nazismus war zweifellos die naivste und eben deshalb die heimtückischste Verquickung der Phantasmen des Blutes mit den Paroxysmen der Disziplinarmacht.[34]

Wie Foucault an anderer Stelle betont: «Doch was neu ist im 19. Jahrhundert, ist das Auftauchen einer Biologie rassistischer Art, die vollständig um die Auffassung der Entartung herum aufgebaut ist».[35] Moderner Antisemitismus, ergänzt er, begann in dieser ideologischen Form, nach der es zwingend notwendig

32 Jeffrey T. Nealon: *Plant Theory. Biopower and Vegetable Life*, Stanford 2016, 5 f. (Herv. i. O.).

33 Foucault: *Die Ordnung der Dinge*, 337.

34 Foucault: *Der Wille zum Wissen*, 144.

35 Foucault: Das Spiel des Michel Foucault, 423.

war, dass die Gesellschaft sich derjenigen Elemente entledigte, die als degeneriert, unrein und ungesund erachtet wurden. Aber Foucault fährt mit einem provokativeren Argument über NS-Rassismus fort und formuliert die These, dass die Nationalsozialist_innen trotz ihres altmodisch wirkenden Geredes darüber, die Reinheit des arischen Blutes bewahren zu wollen, tatsächlich gemäß einer modernen Prämisse des Lebens handelten, die für eine disziplinarische und biopolitische Gesellschaft charakteristisch war: Die Massaker und Genozide wurden unter der Voraussetzung ausgeführt, nicht Ereignisse des Todes, sondern des Lebens zu sein. Die Auslöschung ganzer Bevölkerungen wird aus dieser Perspektive für den fortschrittlichen Zweck der Steigerung des Lebens (durch die Erhöhung einer überlegenen Gruppe) als «unbeschränkte Ausweitung der Kraft, der Stärke, der Gesundheit, des Lebens» durchgeführt, die Foucault als «einen dynamischen Rassismus, einen Rassismus der Expansion» bezeichnet.[36] Dieser scheinbar ultimative Akt der Negation – das Töten von Menschen – wird so Teil einer eminent positiven Agenda, nämlich der Eugenik, mit ihrer impliziten Intensivierung der Mikromächte über den Gesellschaftskörper und zusammen mit dem Versprechen von einer künftigen besseren «Rasse» und besseren Spezies. In *In Verteidigung der Gesellschaft* bringt Foucault es auf den Punkt: «Folglich ist nicht nur die Zerstörung anderer Rassen das Ziel des Naziregimes.»[37]

Während Foucault die Monstrosität der Modernität des Nationalsozialismus in *Der Wille zum Wissen* seziert, lobt er interessanterweise in einer ebenso denkwürdigen wie seltenen Nebenbemerkung gleichzeitig die Psychoanalyse für ihr Verständnis einer älteren Politik des Lebens (und des Todes), die an das Gesetz und das Verbot gebunden ist (und daher, aus dieser Perspektive, an die Notwendigkeit der Repression).

[...]

Um Foucaults Relevanz für Debatten über *race* herauszuarbeiten, wäre es also notwendig, seine Hauptwerke – von *Wahnsinn und Gesellschaft* und *Die Ordnung der Dinge* über *Die Geburt der Klinik* und *Überwachen und Strafen* bis zu *Sexualität und Wahrheit* und den Vorlesungen am Collège de France – als eine kontinuierliche Reihe kritischer Kommentare zum Eintritt des Lebens in die Geschichte zu verstehen. Dieser hat nicht nur mit Massen von individuierten Körpern zu tun, sondern auch mit den Methoden und Mechanismen, durch die Massen als *Abstrakta* behandelt werden, also systematisch produziert werden in Form eines kalkulierbaren und kontrollierbaren Aggregats, eines *Gesellschaftskörpers* [...]. Wie er in einer der Vorlesungen in *In Verteidigung der Gesellschaft* ausführt, bildet sich in der zweiten Hälfte des 18. Jahrhunderts eine neue Technik der Macht heraus, die sich «nicht mit dem Körper-Menschen, sondern [...] dem Gattungs-Menschen» befasst.[38] «Diese neue Technologie [...] richtet sich an die Vielfalt der Menschen, [...] insofern diese [...] eine globale Masse bilden, die von dem Leben eigenen Gesamtprozessen geprägt sind wie

36 Foucault: *Der Wille zum Wissen*, 123.

37 Michel Foucault: *In Verteidigung der Gesellschaft. Vorlesungen am Collège de France, 1975–76*, Frankfurt/M. 2001, 307. Vgl. auch den letzten Teil von Davide Tarizzos Buch *Life*, in dem er die Rolle untersucht, die darwinistische Artikulationen des Lebens – die auf metaphysischen Grundlagen beruhen, auch wenn sie als wissenschaftlich gelten – in gegenwärtigen Erscheinungsformen des Rassismus spielen, Tarizzo: *Live*, 202–220.

38 Foucault: *In Verteidigung der Gesellschaft*, 286.

Prozessen der Geburt, des Todes, der Produktion, Krankheit usw.»[39] Foucault bezeichnet diese Machttechnologie als «eine ‹Biopolitik› der menschlichen Gattung».[40] Mit der Verwendung des Wortes *race* [in der englischen Übersetzung von frz. *race*, d. Übers.] meint er offensichtlich etwas Ähnliches wie *Gruppe*, *Klasse*, *Typ* oder *Artbildung*. Was ihn in seinen Bemühungen, die Art und Weise zu historisieren, wie Wahnsinn durch institutionelle Abschottung und Segregation in der westlichen Gesellschaft lesbar wird, oder zu zeigen, wie verschiedene Wissensfelder durch graduelle Neuausrichtungen von etablierten Grenzen und deren Bruchlinien entstehen, beschäftigt, ist die Frage, wie der Wille zum Wissen in der Moderne stetig in rechnende Bewegungen (des Teilens und Multiplizierens) überzugehen scheinen, die wiederum zu Unternehmungen der Einhegung, Aufteilung, Spezifizierung und Unendlichkeit werden. In diesem Prozess, im Zuge dessen zufällige Gruppen von menschlichen Personen (oder menschlichen Eigenschaften) als komplexe Anhäufungen unkörperlicher Affinitäten zusammengefasst und so für Zwecke der statistischen Kontrolle korreliert werden, tritt *race* zusammen mit Sex als Kräfteverhältnis hervor.

Foucaults Verständnis von *race* kann in einer Reihe von klarstellenden Bemerkungen in den am Collège de France gehaltenen Vorlesungen nachvollzogen werden, die in dem Band *In Verteidigung der Gesellschaft* publiziert wurden. Darin heißt es: «Der Krieg, der sich solchermaßen unterhalb von Ordnung und Frieden abspielt, der Krieg, der unsere Gesellschaft durchzieht und zweiteilt, ist im Grunde ein Krieg der Rassen.»[41] Und weiter: «Der Gesellschaftskörper artikuliert sich im Grunde über zwei Rassen. Diese Vorstellung, dass die Gesellschaft vom einen zum anderen Ende von der Konfrontation der Rassen durchzogen ist, findet sich ab dem 17. Jahrhundert».[42] Hiervon ausgehend unterscheidet Foucault zwischen einer biologischen Umschreibung eines Rassenkrieges (in der Form eines Evolutionismus, wie er sich in der europäischen Kolonialpolitik niedergeschlagen hat) und einer sozialen Umschreibung des Rassenkrieges (als einem Klassenkampf).[43] Er versieht seinen eigenen Versuch, diesen «biologisch-sozialen Rassismus» nachzuvollziehen, mit der wichtigen Erinnerung, dass «die andere Rasse» nicht von woanders herkommt, «sondern eine, *die ohne Unterlaß und auf Dauer in den Gesellschaftskörper eindringt oder vielmehr im sozialen Gewebe und ausgehend von ihm beständig neu entsteht*».[44] Schließlich hält er die Funktion von Rassismus für eine zweifache: «zu fragmentieren und Zäsuren innerhalb des biologischen Kontinuums, an das sich die Bio-Macht wendet, vorzunehmen» und «*eine positive Beziehung* vom Typ ‹je mehr du töten wirst, desto mehr wirst du sterben machen›, *aufzubauen*».[45]

Kurz, Foucaults anhaltendes intellektuelles Projekt hat mit der historischen Expansion des Lebens zu tun, das er als «Ich – nicht als Individuum, sondern als Gattung» beschreibt,[46] in der Form *einer Idealität*, einer transzendentalen Allgemeingültigkeit, in deren Namen empirische Praktiken gedeihen und sich

39 Ebd.; vgl. auch Tarizzos Diskussion dieses Arguments in *Life*, hier: 59–63, 87–89.
40 Foucault: *In Verteidigung der Gesellschaft*, 286.
41 Ebd., 79.
42 Ebd.
43 Ebd., 79 f.
44 Ebd., 80; Herv. R. C.
45 Ebd., 301; Herv. R. C. In *Die Anormalen* benutzt Foucault den Begriff Neorassismus mit Bezug zur Psychiatrie, um die Abnormalisierungen zu beschreiben, die aus dem inneren des gesellschaftlichen Gefüges heraus entstehen (in diesem Fall durch biomedizinische Interventionen. Michel Foucault: *Die Anormalen. Vorlesungen am Collège de France 1974–1975*, Frankfurt / M. 2003, 418.
46 Ebd., 302.

vermehren. Die endlosen Bestrebungen, das Leben zu verstehen, die immer noch komplizierteren Mechanismen der Messung, der Untersuchung/Überwachung, Analyse, Vorhersage und Projektion, sind ein wesentlicher Bestandteil der ‹Ich-als-Gattung›-Mission des modernen Staates. Versteht man *race* in diesem Sinne – also als wesentlichen Bestandteil eines Wachstumsregimes,[47] das der Normalisierung des Lebendigen und der Heiligsprechung der Menschen, die als ein integriertes Ganzes imaginiert werden, gewidmet ist –, stellt sich eine grundlegende Frage:

> Wie kann eine solche Macht töten, wenn es stimmt, daß es im wesentlichen darum geht, das Leben aufzuwerten, seine Dauer zu verlängern, seine Möglichkeiten zu vervielfachen, Unfälle fern zu halten oder seine Mängel zu kompensieren? […] Wie kann diese Macht, die wesentlich die Hervorbringung des Lebens zum Ziel hat, sterben lassen? Wie kann man die Macht des Todes, wie kann man die Funktion des Todes in einem rund um die Bio-Macht zentrierten politischen System ausüben?[48]

Das ist die Verbindungstelle, an der Foucault die Bemerkung anführt, die diesem Aufsatz als viertes Motto vorangestellt ist, über Rassismus als der Weg des Staates, einen Bruch in den Bereich des Lebens einzuführen. Statt Rassismus im Sinne von Spannungen und Antagonismen zu verstehen, die sich von gegebenen Kennzeichen wie Hautfarbe oder geografischer Verortung ableiten, beschreibt er ihn typischerweise als eine Machtbeziehung (zusammen mit den historischen Diskursen, die um eine solche Beziehung kreisen). Genauer gesagt ist Rassismus ein Mittel zum Zweck statt ein Zweck an sich; er ist eine Machttechnologie, die, wann und wo auch immer in der biopolitischen Kriegsführung des Staates Bevölkerungen unter Kontrolle gebracht werden müssen, angewendet werden kann. […] In einer scharfsinnigen Diskussion der massiven Datafizierung der gegenwärtigen globalen Umwelt schlägt Patricia Ticineto Clough in Übereinstimmung mit Foucaults Argumenten den Begriff ‹Bevölkerungsrassismus› vor, um das Risikomanagement (im Orig. *actuarialism*, Anm. d. Übers.) zu unterstreichen, das, wie sie ausführt, weit über den Staat hinausgeht:

> Beim Bevölkerungsrassismus werden alle Kalkulationen und Messungen der Bevölkerung in einer Bandbreite an Kontexten – Territorium, Klasse, Ethnizität, Gender, *race* – in Bezug zur Analyse der biologischen Aktivität gesetzt. Selbstverständlich ist dies eine Biologie (und jetzt Neurowissenschaft), die von Technizität und Technikalität durchtränkt ist – zuallererst der Technizität des Messens. Indem alle Kontexte der Bevölkerungen in eine Biotechnizität der Kalkulation, der Quantifizierung und des Messens umgewandelt werden, bereitet Bevölkerungsrassismus den Weg dafür, dass die Gesundheit von Bevölkerungen, oder der Mangel dieser, über die nationale Bindungen hinaus und jenseits der Grenzen des Körpers als Organismus Teil des globalen Marktes werden.[49]

Während unser aktuelles Verständnis von Rassismus dazu tendiert, ihn mehr oder weniger psychisch zu deuten, als eine Form des Vorurteils und des Hasses

47 Vgl. Foucaults interessante Ausführungen zu den Variablen des Wachstums in der Behandlung von Individuen und Spezies in der Naturgeschichte und dazu, wie Sexualität solche Variablen modifizierte, in: Michel Foucault: Die Situation Cuviers in der Geschichte der Biologie (Vortrag) [1970], in: ders.: *Schriften in vier Bänden. Dits et Ecrits*, Bd. 2: 1970–1975, Frankfurt/M. 2002, 37–82, hier 77–79.

48 Foucault: *In Verteidigung der Gesellschaft*, 300.

49 Patricia Ticineto Clough: Rethinking Race, Calculation, Quantification, and Measure, in: dies.: *The User Unconscious. On Affect, Media, and Measure*, Minneapolis 2018, 125.

oder als gegenseitige Verachtung, mit all den subjektiven und subjektivierenden Konnotationen, die diese Begriffe aufrufen, ist Rassismus bei Foucault nicht einfach eine böswillige Geisteshaltung oder eine Form der Pathologie. Er ist stattdessen ein systemisches und *regulatorisches Vermögen* – ein Keil, der produktiv zwischen Gruppen getrieben werden kann, um einen kriegsähnlichen Kampf zwischen denjenigen auszulösen, die leben können (die ihre Lebensweisen fortsetzen und rechtfertigen können), und denjenigen, die sterben müssen. Als eine Machttechnologie ist Rassismus überaus ermöglichend: Rassismus ist «notwendige Voraussetzung dafür, jemanden dem Tod auszuliefern oder die anderen zu töten. Die Tötungsfunktion des Staates kann, sobald der Staat nach dem Modus der Bio-Macht funktioniert, nicht anders gesichert werden als durch Rassismus.»[50] Die Idee, dass «wir die Gesellschaft verteidigen müssen» gegen andere ‹(Unter-)Rassen›, ist folglich «ein innerer Rassismus permanenter Reinigung», eine der basalen Funktionen der gesellschaftlichen Normalisierung im Staatsrassismus.[51] Deshalb wäre es ungenügend, nur zu fragen, wer rassisiert wird. Viel wichtiger ist für Foucault die Frage, welchen institutionellen Absichten der *Normierung* solche Akte der Rassisierung – negative wie positive – dienen.[52] Im Umkehrschluss kann *race* als eine abstrakte Kategorie, die nicht durch eine wissenschaftliche Begründung bestätigt werden kann, aber dennoch tief von den historischen Machteffekten des Rassismus durchdrungen ist, nicht einfach – verstanden als Identitätspolitik – als Widerstand gegen Macht beansprucht werden. Unter bestimmten Umständen wäre es gleichsam rassistisch, die Idee von *race* anzunehmen.[53]

Das Nachleben der Pastoralmacht, oder «in Verteidigung der [globalen] Gesellschaft»

Race als «permanente[r] Klassenkampf» (mit seinem Zwilling der biologisch-sozialen Erscheinung), der historisch-spezifische Konfigurationen beinhaltet und sich zugleich auf Universalien bezieht (den Zufall der Geburt und die Unausweichlichkeit des Todes), kann auch in Foucaults Darstellung der Prozesse der mentalen und physischen Unterordnung – zumal der mit dem Erbe des christlichen Pastorats verknüpften – nachvollzogen werden.

Im Aufsatz «‹Omnes et singulatim›: zu einer Kritik der politischen Vernunft» (1981) liefert er eine Übersicht über die Regierungsform, die er Pastoralmacht nennt.[54] Darin identifiziert er verschiedene Aspekte dieser Macht in der vorchristlichen Antike und die wichtigen Veränderungen, die mit dem Aufkommen des Christentums einhergingen. Er formuliert die These, dass das religiös-moralische Paradigma der Regierung in Form des Hirtenkönigs (oder des Hirtengotts) für die sich herausbildenden Praktiken des politischen Staates in der «gesamte[n] abendländische[n] Geschichte» zentral sei.[55] Damit beauftragt, die Herde vor Gefahr zu beschützen und in einer Gemeinschaft zu binden, verkörpert die Hirtenfigur die «Beziehungen zwischen der politischen

50 Foucault: *In Verteidigung der Gesellschaft*, 302 f.
51 Ebd., 81.
52 Vgl. Chow: *A Face drawn in Sand*, 3–36 («Introduction: Rearticulating ‹Outside›»).
53 Für eine Diskussion der Nuancen und Komplikationen, die hier am Werk sind, vgl. u. a. Taguieff: *Die Macht des Vorurteils*; Fredrickson: *Racism*; Paul Gilroy: *After Race. Imagining Political Culture beyond the Color Line*, Cambridge 2002; Frieda Ekotto: *Race and Sex across the French Atlantic. The Color of Black in Literary, Philosophical, and Theater Discourse*, Lanham 2011.
54 Michel Foucault: ‹Omnes et singulatim›: zu einer Kritik der politischen Vernunft (Nr. 291), in: ders.: *Schriften in vier Bänden. Dits et Ecrits*, Bd. 4: 1980–1988, Frankfurt / M. 2005, 165–198. Einige der Argumente in diesem Aufsatz finden sich auch in Kapitel 8 («Die politische Technologie der Individuen») von Michel Foucault: *Technologien des Selbst*, hg. von Luther H. Martin, Frankfurt / M. 1993. Für eine weitere detaillierte Diskussion der Pastoralmacht vgl. auch: ders.: Subjekt und die Macht (1982), in: ders.: *Analytik der Macht*, hg. von Daniel Défert, François Ewald, Frankfurt / M. 2005, 240–263.
55 Foucault: ‹Omnes et singulatim›, 176 f.
56 Ebd., 177.
57 Johanna Oksala: From Biopower to Governmentality, in: Christopher Falzon, Timothy O'Leary, Jana Sawicki (Hg.): *A Companion to Foucault*, London 2013, 320–336, hier 328.

Macht […], die innerhalb des Staates als rechtlicher Rahmen der Einheit spielt, und einer Macht, die wir ‹pastorale› nennen können und deren Rolle darin besteht, ständig über das Leben von allen und jedem Einzelnen zu wachen, ihnen zu helfen und ihr Los zu verbessern».[56] Wie Johanna Oksala schreibt, sind die «grundlegenden Mechanismen» der Pastoralmacht «kontinuierliche Sorge und die verpflichtende Extraktion des Wissens statt gewaltsamer Zwang und die Begrenzung der Rechte».[57]

In Foucaults Lesart macht diese von der Regierung ausgeführte «Operation der Lenkung zum Heil»[58] zwischen dem Hirten und jedem Mitglied der Herde – dem individuellen Schaf – den einzigartigen Beitrag des Christentums zu historisch existierenden Modellen des *Gehorsams* aus. […] Der christliche Zweck der Gewissensprüfung, einer mit den antiken Griech_innen geteilten Praxis, «bestand nicht darin, das Selbstbewusstsein zu kultivieren, sondern es seinem Leiter gegenüber völlig offenzulegen – ihm die Tiefen der Seele zu enthüllen»:[59] «Alle diese christlichen Techniken der Prüfung, des Bekenntnisses, der Gewissensleitung und des Gehorsams haben ein Ziel: die Individuen dazu zu bringen, ihre eigene ‹Kasteiung› in dieser Welt zu bewerkstelligen» – als eine Art Verbindung des Selbst zu sich selbst, die einen «Verzicht auf diese Welt und auf sich selbst» bedeutet: «eine Art von täglichem Tod».[60]

Im Rest dieses bemerkenswerten Aufsatzes zeichnet Foucault […] eine Intellektuellengeschichte nach, in der *die Polizei* als eine kulminierende Instanz dessen hervortritt, was er die Vernunft des Staates nennt – als einen Apparat mit einem eindeutig identifizierbaren Objekt. «Während des ganzen 18. Jahrhunderts, und vor allem in Deutschland, *ist es die Bevölkerung* – d. h. eine Gruppe von Individuen, die in einem bestimmten Gebiet leben –, *die als Gegenstand der Polizei bestimmt wird.*»[61] Dieses neue Ziel der Polizei zeichnet sich, wie er an anderer Stelle festhält, aus durch «ein[en] historische[n] Wandel in der Beziehung zwischen der Macht und den Individuen […], und zwar nicht nur, soweit deren rechtlicher Status betroffen ist, sondern mit Individuen als lebendigen, arbeitenden, wirtschaftenden Wesen».[62]

In Anlehnung an Foucaults Bemerkungen zu einem «‹gigantischen und unzähmbaren Durst› nach dem Staat, ein[em] ‹Staatsbegehren› und eine[m] ‹Willen zum Staat›» bietet Joseph Vogl einen sorgfältig durchdachten Bericht der historischen Entwicklungen in Deutschland seit dem späten 17. Jahrhundert.[63] Vogl zufolge verstand diese moderne und zu diesem Zeitpunkt neue Perspektive auf den Staat die Funktion der Polizei als eine Optimierung des sozialen Potenzials durch eine positive Intervention in die Lebensbedingungen einer Bevölkerung – Bedingungen, die mit konkreten Varianten, Kontingenzen und Unfällen durchtränkt waren. Wie er erläutert, sind

> ihre Anwendungsgebiete [die der Polizei, d. Übers.] […] tendenziell unbegrenzt, und sie übernimmt nun die Aufgaben positiver Intervention und Steuerung innerhalb der politischen Regierung. […] [D]er Polizeibegriff […] erstreckt […] sich auf

58 Michel Foucault: *Was ist Kritik?*, Berlin 1992, 10.

59 Foucault: ‹Omnes et singulatim›, 180.

60 Ebd. [Anm. d. Übers.: In der engl. Übers. heißt es «a death that is supposed to provide a life in another world»]. Vgl. auch Michel Foucault: *About the Beginning of the Hermeneutics of the Self. Lectures at Dartmouth College*, 1980, hg. von Paul Fruchaud, Daniele Lorenzini, Chicago 2016, darin: «Christianity and Confession», Vorlesung vom 24.11.1980, 53–92.

61 Foucault: ‹Omnes et singulatim›, 196; Herv. R. C. Für eine informative Auseinandersetzung mit Untersuchungen der Polizei mit Bezug zu Foucault und darüber hinaus vgl. Klaus Mladek: Introduction. Police Forces: A Cultural History of an Institution, in: ders. (Hg.): *Police Forces. A Cultural History of an Institution*, New York 2007, 1–9. Für eine ausführlichere philosophische Diskussion des Themas vgl. auch: ders.: Exception Rules: Contemporary Political Theory and the Police, in: ders. (Hg.): *Police Forces*, 221–265.

62 Michel Foucault: Die politische Technologie der Individuen [1984], in: ders.: *Schriften in vier Bänden. Dits et Ecrits*, Bd. 4: 1980–1988, Frankfurt/M. 2005, 999–1015, hier 1008 f.

63 Joseph Vogl: Staatsbegehren. Zur Epoche der Policey, in: *Deutsche Vierteljahreszeitschrift für Literaturwissenschaft und Geistesgeschichte*, Bd. 74, Nr. 4, 2000, 600–626, hier 613. Michel Foucault: Methodologie zur Erkenntnis der Welt: Wie man sich vom Marxismus befreien kann [1978], in: ders.: *Schriften in vier Bänden. Dits et Ecrits. Bd. 3*: 1976–1979, hg. v. Daniel Defert, François Ewald, Frankfurt/M. 2003, 748–775, hier 775 [Anm. d. Übers.: Vogl zitiert das frz. Orig. in eigener Übersetzung, Michel Foucault: Methodologie pour la connaissance du monde: Comment de débarrasser du marxisme, in: ders.: *Dits et écrits* (1954–1988), hg. v. Daniel Defert, François Ewald, Paris 1994, Bd. 3, 617 f. In der Übersetzung von Jürgen Schröder heißt es: «ein enormes und unbändiges Verlangen», «Begierde des Staats», «Willen des Staats»].

> die Lebensbedingungen des Volkes, auf die Formen des Zusammenlebens insgesamt und auf alle Gebiete des politischen Wesens. […] Die Policey ist also *Erkenntnisweise, Instrumentarium und Interventionsprogramm zugleich*. […] [S]ie [die Policey-Träume des 18. Jahrhunderts] gewinnen ihre theoretische und systematische Bedeutung gerade dadurch, dass sie ihre Interventionsmuster an konkreten Gegebenheiten und an einer ‹Natur der Dinge› orientieren und erstmals nach dem Zusammenhang und nach der *Regulierung kontingenter Ereignisse* fragen. Sei es in den Bereichen der Medizin, der Gewerbe, des Handels, des persönlichen Eigentums, der öffentlichen Moral, der inneren Sicherheit oder der Bevölkerungspolitik – in all diesen Gebieten wird nun eine Perspektive eingenommen, die den Staat als Institut der Vorsorge, der Prävention und der Versicherung gegenüber möglichen Zu- und Unfällen begreift.[64]

Während der Staat sozusagen ein Auge darauf hatte, wie eine komplexe Masse von Menschen ihrem Alltagsgeschäft nachgingen und neue Mittel zur Sicherung des Wohlbefindens und des Komforts aller erfand, wurde er eine intime und häufig unbemerkbare Präsenz in allen Aspekten der gesellschaftlichen Verhältnisse und Interaktionen. So kann mit Foucault ein modernes politisches Rahmenwerk der Regierung als in einer Genealogie mit einem pastoralen Prinzip bzw. einer pastoralen Technologie stehend verstanden werden, die die jüdisch-christliche Idee des guten Hirten, der für seine Herde sorgt, in eine utopische Form des politischen Rationalismus übersetzte, geführt und bewacht von einer guten Polizei.

Ebenso wie sein Nachdenken über Sexualität und *race* sollten Foucaults entschieden nietzscheanische Überlegungen zum Christentum innerhalb seiner anhaltenden Kritik westlicher politischer Rationalität kontextualisiert werden. Zwei wichtige Merkmale stechen in diesen zugegeben intensiven Überlegungen hervor: Auf der einen Seite übte das Christentum durch pastorale Techniken wie das Beichtritual einen enormen moralischen Einfluss auf das Individuum und auf das, was die *Individuation der Seele* genannt werden könnte, aus.[65] […] Auf der anderen Seite wird der bewaffnete Einfluss der Polizei als die höchste *Objektivierung der staatlichen Vernunft* gehandhabt. Diese beiden aufs Engste verbundenen Ankerpunkte von Foucaults Analyse westlicher politischer Rationalität machen die aktuelle Relevanz seines Werks für die Untersuchung von *race* und Rassismus im 21. Jahrhundert aus. […]

Indem er Polizei als mustergültiges Wahrzeichen der Regierung hervorhebt und dieses Symbol in einer modernen globalen Situation verortet, die immer noch weitgehend von verbliebenen christlichen Machttechniken dominiert wird – man denke etwa an das weitverbreitete Begehen von Weihnachten und Ostern als öffentliche Feiertage, die übliche Verwendung der Bibel bei der Vereidigung in den Staatsdienst, die Regel, dass ein_e christliche_r Pastor_in bei staatlichen Exekutionen im Gefängnis anwesend sein muss, und die Akzeptanz des Tragens eines Kreuzes als Schmuckstück –, bereitet Foucault den Boden für unsere Konfrontation mit dem Phänomen des *Polizeirassismus* im frühen 21. Jahrhundert: Rassismus als eine Art Kampfausrüstung, die die Polizei

64 Vogl: Staatsbegehren, 606 f.
65 Für eine ausführliche Auseinandersetzung mit der Beichte vgl. Chow: *A Face Drawn in Sand*, 139–164 (Kap. 4: «From the Confessing Animal to the Smartself»).

routinemäßig anlegt, um Gesetz und Ordnung zu vollstrecken. Ich beziehe mich auf die willkürlichen Polizeimorde an Schwarzen Menschen, inklusive unbewaffneter Frauen und Jugendlicher, die in heutigen US-Städten immer wieder auftreten, Morde, die im Kontext der gegenwärtigen Situation als recht logische Mutationen der westlichen politischen Rationalität, wie sie Foucault analysiert, erscheinen, mit Polizist_innen als einer extremen Inkarnation – und absurden Theatralisierung – des Hirtenkönigs.[66]

Wenn darüber hinaus die Polizei den Kern der Vernunft des Staates darstellt, müssen die Staaten, die es auf sich nehmen, den gesamten Globus zu beschützen, vielleicht als die *transnationalen* Versionen des christlichen Pastorats neudefiniert werden, mit ihrem strengen Mandat, die Herde der Weltbevölkerung zu beschützen. [...] Die von dieser globalen Polizei ausgeübte Vormundschaft – im Spätkapitalismus von Nationen wie den USA, Frankreich, Großbritannien, Deutschland, Australien und Japan angeführt – legt zusammen mit dem heilversprechenden Band, das sie zwischen sich und den gewöhnlichen Bürger_innen rund um die Welt zu etablieren sucht, nahe, dass sich eine neue Art des Rassenkriegs als eine transkulturelle oder, wie es Klaus Mladek nennt, planetare Strategie und Realität verfestigt.

Seit dem 11. September 2001 haben diejenigen, die mit dem Islam assoziiert werden, zunehmend den Platz der ‹Unterrasse› besetzt (in Foucaults Verständnis des Rassismus jene anderen, die sterben müssen, damit wir leben können). Ein Beispiel für diesen neuen Rassismus, der von der globalen Polizei innerhalb der neuen Weltordnung ausgeübt wird, ist das Stigma der Delinquenz – ein angenommener Hang zu ‹terroristischen› Akten –, dem jetzt Muslim_innen ausgesetzt sind (oder in einer stereotypisierenden Weise diejenigen mit muslimisch klingenden Namen oder muslimisch gelesenem Aussehen). Dieser neue Rassenkrieg basiert weniger auf einer Aufteilung von Kulturen in der Form eines gegenseitigen Verdachts oder der Verachtung als auf einem *multinationalen Konsens*, die Welt durch die Ächtung spezifischer Gruppen von Leuten *zu regieren* – d.h. die Bedingungen und Gründe des Regierens zu legitimieren und zu monopolisieren. Obwohl Verhaftung, Inhaftierung, Folter, das Erzwingen des Geständnisses, die Verweigerung rechtlicher Vertretung und Hinrichtung als Regierungstechniken beteiligt sind, wird dieser Konsens typischerweise in der pastoralen Rhetorik von Frieden und Ordnung, Toleranz, gütigerer Führung, Respekt für Diversität und dem Wohlergehen der gesamten Herde verkündet –[67] der Rhetorik, dass, um Foucaults Formulierung zu verwenden, unsere «Gesellschaft verteidigt werden muss» gegen die Ungläubigen, gegen diejenigen, die nicht wie wir sind.

Zu diesen Kämpfen im aktuellen transnationalen Setting leistet Foucaults Werk seinen außerordentlich messerscharfen Beitrag. Anstelle von Diskursen, die ‹Schwarz›, ‹Braun›, ‹Gelb› und ‹Weiß› in vorhersehbaren oder opportunistischen Weisen reifizieren, provozieren seine Schriften dazu zu fragen: Was, wenn Rassisierung sich stattdessen mit unseren demokratischen staatlichen

66 Für eine umfassende Studie zum Gebrauch tödlicher Polizeigewalt in den heutigen USA vgl. Franklin E. Zimring: *When Police Kill*, Cambridge 2017.

67 «Was den westlichen Rassismus so autonom und auffallend in der Weltgeschichte macht, ist der Umstand, dass er sich in einem Kontext entwickelt hat, der eine Art menschlicher Gleichheit annahm [einschließlich des Christentums und der europäischen und amerikanischen Revolutionen des 18. und 19. Jahrhunderts].» Fredrickson: *Racism*, 11; Zusatz in Klammern R. C.

Institutionen, unseren vornehmen sozialen Praktiken und unseren gut gemeinten Gewissensproduktionen zusammenschließt, die alle weiterhin galvanisiert sind durch christliche Techniken der Macht? Was, wenn *race* mit Kontroversen über verkörpertes religiöses Verhalten (auch bezogen auf Bekleidung) in einer erklärtermaßen säkularen Gesellschaft verbunden wird? Und was, wenn Kämpfe gegen Rassismus Seite an Seite mit einer rigorosen historischen Analyse der Reste einer christlichen Hermeneutik des Selbst[68] gewagt würden – inklusive des Selbst, das in unserer neoliberalen Gegenwart konstant dazu angehalten ist, *race* ebenso wie Sexualität als eine Art des Entdeckens, des Enthüllens und der Erfindung selbst zu behandeln. […]

68 Zur christlichen Hermeneutik des Selbst vgl. u. a. die Kapitel 2 und 8 in Foucault: *Technologien des Selbst*.

Aus dem Englischen von Maja Figge

CHRISTINE VON OERTZEN / LOTTE SCHÜSSLER

FÜR, MIT UND AUF PAPIER

Papiertechnologien und ihre Versorgungsketten

Als im Pandemie-Jahr 2021 der globale Fluss der Waren ins Stocken geriet, bekam dies auch die deutsche Verlagsbranche zu spüren. Die Verarbeitung von Papieren und Pappen für die Wissensproduktion und -zirkulation war plötzlich mit unterbrochenen Lieferketten konfrontiert und stieß an die Grenzen der Verfügbarkeit von Roh- und Werkstoffen. Denn Bücher und Buchumschläge, so zeigte es sich, sind auf den Bezug von Holzzellstoffen über den globalen Markt angewiesen und stehen zudem mit dem rasant wachsenden Bedarf an Verpackungsmaterialien des Online-Handels in Konkurrenz.[1] Die plötzliche Knappheit in vielen Bereichen brachte die Prozesse der Medienproduktion und die Bedeutung materieller Versorgungsketten zu Bewusstsein, die seit jüngster Zeit auch in der Medienwissenschaft und in verwandten Disziplinen verstärkt diskutiert werden. Materialgeschichten über Selen, Schellack, Stahl, Glas oder Porzellan blicken hinter die technischen Artefakte von modernen Medien und wissenschaftlichen Versuchsapparaturen. Sie thematisieren deren Entstehung, Vermarktung und Gebrauch innerhalb kolonial-, sozial-, wirtschafts- oder umwelthistorischer Kontexte.[2]

Im Zusammenhang mit Papier, seiner Verfasstheit als Werkstoff und den daraus gefertigten Wissensmedien lädt dieses Umdenken dazu ein, den Begriff der ‹Papiertechnologien› neu zu perspektivieren – und zwar als Bestandteil einer jahrhundertelangen Geschichte der Produktion, Nutzung, Um- und Weiternutzung verschiedenster Papierstoffe. Als Papiertechnologien sind bislang Prozesse des wissenschaftlichen, bürokratischen, künstlerischen oder handwerklichen Arbeitens auf und mit Papier bezeichnet worden.[3] Das Konzept, entstanden vor dem Hintergrund einer verstärkten Beschäftigung mit Kulturtechniken und der Materialität von Aufschreibesystemen, hat in den letzten Jahrzehnten ein Forschungsfeld begründet, in dem Papier als Schreibsubstrat nicht mehr gänzlich unsichtbar bleibt, sondern als Objekt zur Geltung kommt und schließlich auch als Werkstoff aufscheint.[4] So sehr diese Forschungen das Verständnis der materiellen Kultur von Papierpraktiken erweitert haben, so wenig Wissen besteht allerdings über den jeweiligen Werkstoff selbst, über die Infrastrukturen und

1 Lothar Müller: Suhrkamp gehen die Pappen aus, in: *Süddeutsche Zeitung*, 22.8.2021, www.sz.de/1.5388888 (17.5.2022).

2 Siehe etwa Johannes Hess: *Selen. Eine Materialgeschichte zwischen Industrie, Wissenschaft und Kunst*, Tübingen 2019; Elodie Roy: Another Side of Shellac. Cultural and Natural Cycles of the Gramophone Disc, in: Kyle Devine, Alexandrine Boudreault-Fournier (Hg.): *Audible Infrastructures. Music, Sound, Media*, Oxford 2021, 207–226; Catherine M. Jackson: The «Wonderful Properties of Glass». Liebig's *Kaliapparat* and the Practice of Chemistry in Glass, in: *Isis*, Bd. 106, Nr. 1, 2015, 43–69; Suzanne Marchand: *Porcelain. A History from the Heart of Europe*, Princeton 2020.

3 Zum Begriff «Papiertechnologien» siehe Anke te Heesen: The Notebook: A Paper-Technology, in: Bruno Latour, Peter Weibel (Hg.): *Making Things Public. Atmospheres of Democracy*, Cambridge (MA) 2005, 582–589; dies.: *Der Zeitungsausschnitt. Ein Papierobjekt der Moderne*, Frankfurt / M. 2006.

4 Siehe Ursula Klein: *Experiments, Models, Paper Tools. Cultures of Organic Chemistry in the Nineteenth Century*, Stanford 2003; Markus Krajewski: *Zettelwirtschaft. Die Geburt der Kartei aus dem Geiste der Bibliothek*, Berlin 2002; Lisa Gitelman: *Paper Knowledge. Toward a Media History of Documents*, Durham, London 2014; Carla Bittel, Elaine Leong, Christine von Oertzen (Hg.): *Working With Paper. Gendered Practices in the History of Knowledge*, Pittsburgh 2019.

die Vereinbarungen, die erst ermöglichen, dass Papier in den verlangten Mengen, Stärken und Qualitäten für bestimmte Zwecke verfügbar ist – oder auch mangelt. Um diese Prozesse zu berücksichtigen, die nicht zuletzt auch politische Dimensionen aufweisen, schlagen wir eine Erweiterung des Begriffs ‹Papiertechnologien› vor, der Handelswege, Produktionsprozesse und das Materialwissen über den Werkstoff selbst explizit einschließt. Hierbei knüpfen wir an eine Perspektive an, die Harold Innis in seiner groß angelegten, aber unvollendet gebliebenen globalen Mediengeschichte eingenommen hat, in der er auch auf die Herstellungsweisen und Verbreitungswege derjenigen Materialien verweist, die Kommunikation seit Jahrhunderten ermöglichen.[5] Als vielfach veränderlichem Wissensmedium und Kommunikationsmittel kommt Papier bereits bei Innis eine zentrale, historisch weit zurückreichende Bedeutung zu, die im Rückgriff auf aktuelle Ansätze der ‹Geologie der Medien›,[6] der Ecomedia Studies[7] und der Supply Chain Studies[8] noch konkreter entschlüsselt werden kann.

Papiertechnologien in dem hier beschriebenen Sinne zu verstehen bedeutet also, eine breite wirtschaftliche, politische, soziale, ökologische, technologische und wissenschaftliche Perspektive auf Papiermedien einzunehmen. Wie ein solches auf soziomaterielle und politische Verflechtungen in Gewinnungs-, Fertigungs- und Distributionsprozessen erweitertes Verständnis von Papiertechnologien empirisch ausgestaltet werden kann, soll im Folgenden an zwei unterschiedlichen Medien veranschaulicht werden: der Zählkarte für die Volkszählung in Preußen 1871 und den Feldpostbriefen der nationalsozialistischen Fernhochschule im Zweiten Weltkrieg. Beim Einsatz des preußischen Datenträgers war ein spezifisches Wissen über dessen materielle Eigenschaften und Produktionsprozesse unerlässlich, damit die Zählkarte den Staat mit verlässlichen Daten versorgen und die Genauigkeit der statistischen Ergebnisse gewährleisten konnte. Die Papiertechnologien des NS-Fernstudiums schließen das Wirtschaften angesichts unterbrochener Versorgungsketten und Rohstoffmangels in der Autarkie- und Kriegswirtschaft ein; dieses hoch ideologische Umfeld der Knappheit bestimmte Inhalte, Formen und Verbreitung der Lehrmedien wesentlich. Die beiden Fallstudien zeigen im Detail, was auf, mit und vor allem *für* Papier jeweils geschieht, damit der Werkstoff als Wissensmedium erst funktionieren kann. Im Gegenzug wird beschreibbar, wie gesellschaftliche, ökonomische und politische Kontexte Wissen ko-konstituieren.

Materialwissen der Verdatung, 1871

Für die Volkszählung im Jahr 1871 brachte das Königlich Preußische Statistische Bureau erstmals die sogenannte Individualzählkarte zum Einsatz (Abb. 1).[9] Das robuste, angeraute und inzwischen leicht vergilbte Formular von der Größe eines heutigen Taschenbuchs liegt nur noch in wenigen Musterexemplaren in den Akten des Statistischen Bureaus vor. Obgleich millionenfach gedruckt, wurden die Zählkarten im Gegensatz etwa zu den US-amerikanischen Volkszählungslisten

5 Vgl. William J. Buxton, Michael R. Cheney, Paul Heyer (Hg.): *Harold Innis's History of Communications. Paper and Printing – Antiquity to Early Modernity*, Lanham u. a. 2015. Innis folgend beschreibt Marshall McLuhan die Zusammenhänge von Handels- und Nachrichtenwegen vor der Telegrafie als «Roads and Paper Routes», Marshall McLuhan: *Understanding Media. The Extensions of Man*, London 2021, 97–114, insb. 97.

6 Vgl. Jussi Parikka: *A Geology of Media*, Minneapolis, London 2015.

7 Vgl. Nicole Starosielski, Janet Walker (Hg.): *Sustainable Media. Critical Approaches to Media and Environment*, New York, London 2016.

8 Vgl. Matthew Hockenberry: Material Epistemologies of the (Mobile) Telephone, in: *Anthropological Quarterly*, Bd. 91, Nr. 2, 2018, Special issue: *Unseen Connections. The Materiality of Cell Phones*, 485–524; Monika Dommann: Handling, Flowcharts, Logistik. Zur Wissensgeschichte und Materialkultur von Warenflüssen, in: David Gugerli u. a. (Hg.): *Nach Feierabend. Zürcher Jahrbuch für Wissensgeschichte*, Bd. 7: *Zirkulationen*, Zürich 2011, 75–103.

9 Einen Überblick über die Geschichte des preußischen Statistischen Büros und seine Volkszählungen bietet Michael C. Schneider: *Wissensproduktion im Staat. Das königlich preußische statistische Bureau 1860–1940*, Frankfurt / M. 2013.

10 Vgl. Christine von Oertzen: Machineries of Data Power: Manual Versus Mechanical Census Compilation in Nineteenth-Century Europe, in: *Osiris*, Bd. 32, Nr. 1, 2017, 129–150.

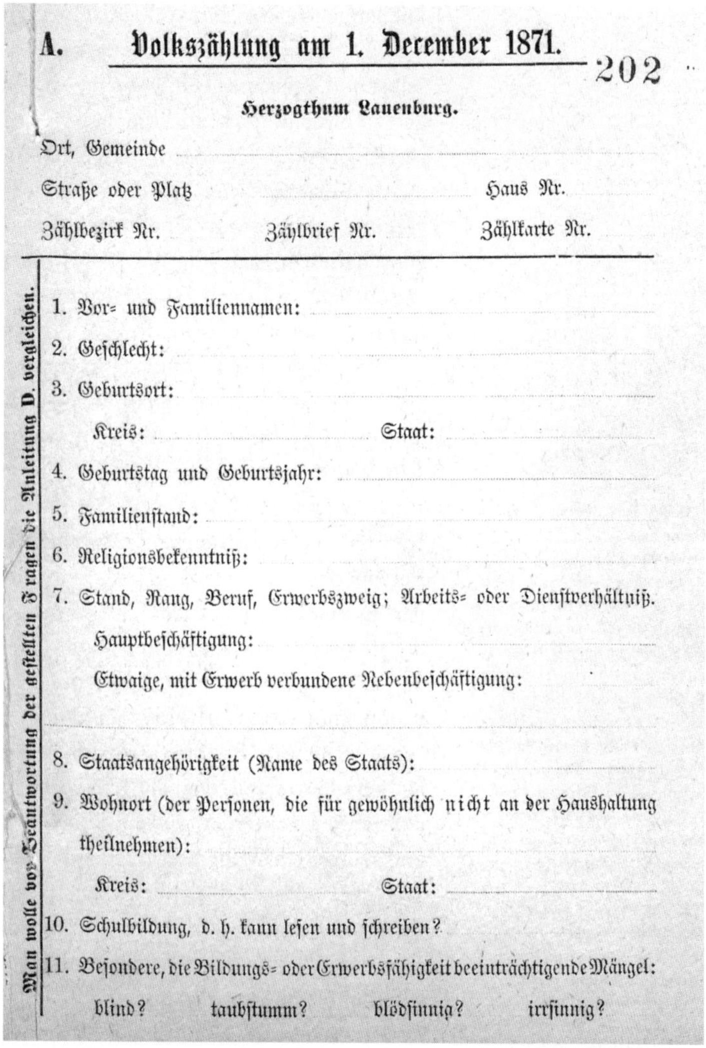

A. Volkszählung am 1. December 1871. 202

Herzogthum Lauenburg.

Ort, Gemeinde

Straße oder Platz Haus Nr.

Zählbezirk Nr. Zählbrief Nr. Zählkarte Nr.

Man wolle vor Beantwortung der gestellten Fragen die Anleitung D. vergleichen.

1. Vor- und Familiennamen:
2. Geschlecht:
3. Geburtsort:
   Kreis: Staat:
4. Geburtstag und Geburtsjahr:
5. Familienstand:
6. Religionsbekenntniß:
7. Stand, Rang, Beruf, Erwerbszweig; Arbeits- oder Dienstverhältniß.
   Hauptbeschäftigung:
   Etwaige, mit Erwerb verbundene Nebenbeschäftigung:
8. Staatsangehörigkeit (Name des Staats):
9. Wohnort (der Personen, die für gewöhnlich nicht an der Haushaltung theilnehmen):
   Kreis: Staat:
10. Schulbildung, d. h. kann lesen und schreiben?
11. Besondere, die Bildungs- oder Erwerbsfähigkeit beeinträchtigende Mängel:
   blind? taubstumm? blödsinnig? irrsinnig?

Abb. 1 Individualzählkarte für die preußische Volkszählung von 1871

nach der Erfassung und Verarbeitung der auf ihnen eingeschriebenen Informationen nicht archiviert. Dennoch knüpften sich 1871 sowohl statistische als auch staatliche Ambitionen an die Zählkarte, denn sie etablierte ein neues, zentralisiertes Verfahren, das die manuelle Erhebung und Auswertung von Zensusdaten nach wissenschaftlichen Standards objektivieren und komplexere statistische Aggregatbildungen erlauben sollte.[10] Zu diesem Zweck band die Zählkarte auch die Bevölkerung auf neue Weise in die Erzeugung der Daten ein. Hiervon zeugt ihr Layout: Das lose Formular ist einseitig bedruckt und bietet im oberen Teil Platz für die Eintragung der Wohnanschrift und numerischer Metadaten, die jeder ausgefüllten Karte in der Gesamtheit des Erhebungsmaterials einen bestimmten Platz zuweisen. Der Hauptteil bietet Raum für die elf Fragen, deren Beantwortung der preußische Staat als unabdinglich für die Volkszählung ansah.

Die aufgedruckten Punktlinien verlangen Antworten in ausgeschriebenen Wörtern. Die Befragten hatten diesen Hauptteil der Karte nach Möglichkeit erstmals selbst und in eigener Handschrift auszufüllen, um für die Richtigkeit ihrer Aussagen zu bürgen. Diese Inskriptionen führte die Karte in einen für sich stehenden, beweglichen Ur-Datensatz eines jeden Individuums zusammen.

Als Kernwerkzeug der ehrgeizigen Zensusreform des preußischen Staates vereinte die Karte im Unterschied zu sonst üblichen Zählformularen zwei Eigenschaften in sich: Sie diente sowohl als Erhebungsinstrument wie auch als Datenträger während des gesamten Verarbeitungsprozesses, der diesen möglichst störungs- und fehlerfrei gestalten sollte. Während des räumlich weit ausgreifenden, logistisch aufwändigen und monatelang andauernden Verfahrens der Volkszählung durchliefen die Karten von der häuslichen Beschriftung über die örtliche Prüfung bis hin zum komplexen Auswertungsverfahren in Berlin etliche Stationen und gingen dabei durch viele Hände.[11]

Datenakquise und Kompilation forderten jeder Karte mit dem auf ihr gesicherten, unersetzlichen *data double* aller über 25 Millionen in Preußen lebenden Personen einiges ab.[12] Denn der Erfolg der Zählung hing zum einen maßgeblich davon ab, dass die auf jeder Karte inskribierten Angaben korrekt und vollständig waren. Dieses Ziel sollte durch eine sorgsam choreographierte Gestaltung der Zählung vor Ort erreicht werden, eingebettet in eine umfängliche staatliche Kampagne, welche die Volkszählung als freiwilligen patriotischen Akt zum Nutzen Aller bewarb.[13] Nötig war zum anderen ein Werkstoff in spezifischer Qualität, gerade so stabil, dass die Karte vielfach angefasst und herumgereicht werden konnte, um ausgeteilt, zu Hause beschrieben, eingesammelt, mehrfach geprüft und dann Schritt für Schritt manuell sortiert und gezählt zu werden, ohne zu zerreißen oder zu zerfleddern. Auch durfte die Karte nicht zu glatt sein, damit sie in der Gesamtheit des Materials nicht verrutschte und sich zu Häufchen stapeln ließ, aber auch nicht dicker und schwerer als unbedingt notwendig, um Gewicht und Volumen der Karten im Verlauf der gesamten Aktion im Rahmen zu halten. Anders als behördliche Dokumente wie Katasterbücher, Geburts- oder Sterberegister waren Individualzählkarten als amtliche Arbeitswerkzeuge mit begrenzter Lebenszeit konzipiert. Langfristig zählten nur die aus den Einzeldaten erzeugten statistischen Aggregate.[14] Die Karten selbst wurden nach dem Abschluss der Zählung als Makulatur an den Altpapierhandel verkauft. Daher war nicht die haltbarste Papierqualität nötig.[15] Allerdings mussten alle Karten aus exakt demselben Werkstoff sein, weil Unterschiede in Stärke, Glätte oder Gewicht die möglichst durchgreifende Standardisierung und Kontrolle im Auszählungsprozess empfindlich gestört hätten.

Die Zählkarte von 1871 wurde in einer Auflage von 30 Millionen Stück in punktgenauer Lieferung auf einen Schlag benötigt und war zudem nicht das einzige Formular, das bei der Zählung zum Einsatz kam. Die Gesamtheit aller Karten und zusätzlich produzierten Begleitformulare, Kontrolllisten und Umschläge für die Volkzählung von 1871 ergab ein Gewicht von etwa 375 Tonnen

11 Vgl. dies.: Keeping Prussia's House in Order. Census Cards, Housewifery, and the State's Data Compilation, in: Bittel u. a. (Hg.): *Working With Paper*, 108–123.

12 Der Begriff *data double* geht auf die Soziologen Kevin D. Haggerty und Richard V. Ericson zurück und bezeichnet personenbezogene Daten, die innerhalb von Bürokratien für die tatsächlichen Personen einstehen und als deren *doubles* ihr Eigenleben entfalten; vgl. Kevin D. Haggerty, Richard V. Ericson: The Surveillant Assemblage, in: *The British Journal of Sociology*, Bd. 51, Nr. 4, 2000, 605–622.

13 Vgl. Christine von Oertzen: True to Form. Media and Data Technologies of Self Inscription, in: *Science in Context*, Bd. 34, Nr. 4, 2021 (im Erscheinen).

14 Siehe hierzu Dan Bouk: The History and Political Economy of Personal Data over the Last Two Centuries in Three Acts, in: *Osiris*, Bd. 32, Nr. 1, 2017, 85–106.

15 Der Ascherückstand eines verbrannten Probebogens durfte nicht über 20 Prozent liegen; vgl. Vertragsabschluss zwischen dem Preußischen Statistischen Bureau und Dr. August Brass, dem Eigentümer der *Norddeutschen Allgemeinen Zeitung* und der in ihrem Auftrag firmierenden Druckerei Wilhelm Köbke, vom 16. August 1871, Geheimes Staatsarchiv Preußischer Kulturbesitz (GStA PK), I. HA Rep. 77, Tit. 94, Nr. 132, Bd. 1, 87–91, hier 88. Beste Leinenpapiere hinterlassen bei der Verbrennung einen Rückstand von unter drei Prozent.

Papier. Konzeption und Beschaffung, Produktion und Zirkulation von Zählformularen in der richtigen Größe, Stärke, Qualität und Farbe waren inhärente Bestandteile der Papiertechnologien im Rahmen der manuellen Datenverarbeitung Preußens. Mit dem Blick auf die Massen von Zählkarten wird deutlich, dass ihr Werkstoff gleichsam die Essenz des weit ausgreifenden Zählwerks war, mit dem der preußische Staat quantitatives Wissen über sich selbst erzeugte: aus direkten, eigenhändig vermerkten Aussagen aller Befragten.

Die Einführung des amtlichen Formulars Zählkarte fiel mit Umwälzungen in der Papierproduktion zusammen, die den Beamten des Preußischen Statistischen Bureaus ein besonderes Maß an Materialwissen abverlangten. Im letzten Drittel des 19. Jahrhunderts setzten sich mechanische Holz- und Strohschliff- und später auch chemische Zellstoffverfahren flächendeckend in der Papierproduktion durch und veränderten diese von Grund auf. Leinen- und Baumwollfaserstoffe wurden kaum noch in der traditionellen Reinform verwendet. Die neuen mechanisch oder chemisch gewonnenen Holz- oder Strohfasern wie auch ein Zuwachs an mineralischen Füllstoffen ermöglichten eine nie dagewesene Ausweitung des Angebots an Papier, das nun vor allem brüchiges, schnell vergilbendes Holz- und Strohpapier war.[16] Ein kräftiger Schuss Chlorbleiche und andere Tricks ließen neues Papier allerdings zunächst in glattem Weiß erstrahlen und konnten – jedenfalls für einige Zeit – über die wahre Natur seiner brüchigen inneren Beschaffenheit hinwegtäuschen.[17]

Der Einsatz der Zählkarte samt ihrer Begleitformulare vervielfachte den Gesamtbedarf an Papier für die Volkszählung. Die als zwingend notwendig angesehene, durchgehend gleiche Qualität aller für die Zählung erforderlichen Formulare verlangte aus Sicht des Statistischen Bureaus die Herstellung der Gesamtmasse an Vordrucken aus einer Hand.[18] Weil verlässliche Qualitätsstandards nicht existierten, entwickelte die Behörde selbst Richtlinien für die benötigten Materialien. Sie legte die jeweils erlaubten Höchstmengen minderwertiger Faserstoffe wie auch chemischer und mineralischer Beimischungen fest. Im Rahmen eines strengen Bieterverfahrens wurde die Einhaltung der Vorgaben peinlichst überprüft. 39 Firmen schickten 1871 mit ihren Angeboten Papierproben für die robuste Zählkarte, Begleitmaterial, Listen und Umschläge; alle Proben wurden vor Ort auf Festigkeit, Glätte und Schwere getestet und dann zur chemischen Laborprüfung eingeschickt, wo auch der Aschegehalt ermittelt wurde.[19] Etliche Proben bestanden die Prüfung nicht, zu teure Anbieter wurden gestrichen und letztlich schrumpfte die Liste auf die wenigen Druckereien, die zusichern konnten, alle 30 Millionen Zählkarten pünktlich auf Termin aus demselben Material zu liefern und zusätzlich Platz zur Lagerung bereitzustellen. Die Entscheidung fiel schließlich auf den Hersteller und Verleger der regierungsnahen *Norddeutschen Allgemeinen Zeitung* in Berlin. Hier nahm der Druck von Karten und Listen mehr als vier Monate in Anspruch. Der Verleger musste sich verpflichten, während dieser Zeit Beamten des Bureaus jederzeit Zugang zu Fabrik und Druckerei zu gewähren, um sicherzustellen, dass die gesamte Lieferung

16 Heinz Schmidt-Bachem: *Aus Papier. Eine Kultur- und Wirtschaftsgeschichte der Papier verarbeitenden Industrie in Deutschland*, Berlin 2011, 27–40; Alexander Friebel: Ohne Papier keine Zeitung: Die Erfindung des Holzschliffpapiers als Meilenstein in der Entwicklung des deutschen Pressewesens, in: *Jahrbuch für Kommunikationsgeschichte*, Jg. 3, 2001, 132–156.

17 Egbert Hoyer: *Das Papier. Seine Beschaffenheit und deren Prüfung*, München 1882, iv.

18 Der Direktor des Preußischen Statistischen Bureaus, Ernst Engel, an Innenminister Friedrich zu Eulenburg, Bericht über die Auftragsvergabe der Papierlieferungen für die Volkszählung, 20. Juli 1871, GStA PK, I. HA Rep. 77, Tit. 94, Nr. 132, Bd. 1, Bl. 65–69, hier Bl. 65 rs.

19 Ebd.

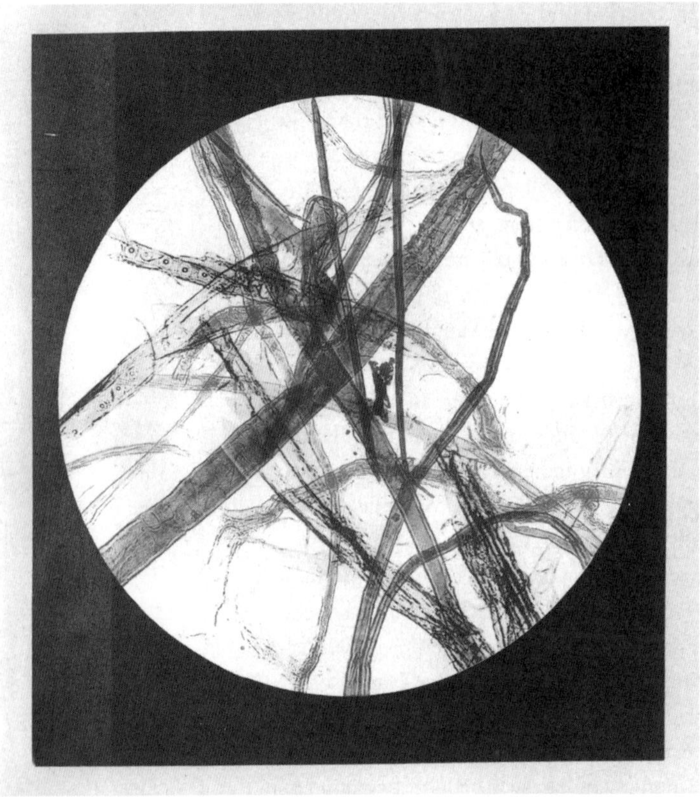

Abb. 2 Mikroskopische Darstellung der Färbung von Leinen- und Baumwoll-, Holz- und Strohzellstoff- und Holzschliff-fasern in Chlorzinkjodlösung. Aus: Wilhelm Herzberg: *Papier-Prüfung*, Berlin 1894, Tafel 14

in der zugesagten Qualität hergestellt wurde.[20] Was 1871 als Prüf- und Auswahlverfahren erprobt wurde, perfektionierte das Bureau in der Folgezeit zu einem Ritual: Bei nachfolgenden Zählungen waren Papierproben versiegelt einzuschicken. An einem Stichtag wurden sie dann im Beisein aller Anbieter geöffnet, gesichtet und vorgeprüft. Der einmalige Zuschlag war keine Gewähr für künftige Aufträge; immer wurde das vorgelegte Papier selbst zum Prüfstein.[21]

Wissenschaftliche Hilfestellung bekamen die preußischen Statistiker ab 1884 von der Abteilung Papierprüfung an der Königlich-Technischen Hochschule Berlin (der heutigen Technischen Universität). Ins Leben gerufen hatte man diese in erster Linie wegen anhaltender behördlicher Klagen über die abnehmende Stabilität und Haltbarkeit des amtlichen oder «Beamtenpapiers», das für langjährige Archivierung benötigt wurde.[22] Zum Direktor dieser neuen Forschungsstelle berief man den Botaniker und Chemiker Wilhelm Herzberg. Er schuf dort die erste Aufstellung verbindlicher Normen für verschiedene Behördenpapiere je nach Anforderung an ihre Beanspruchung und Haltbarkeit.

In einer Schrift mit dem Titel *Papier-Prüfung* gewährte Herzberg Einblick in die Arbeit seines Labors.[23] Der vielfach wieder aufgelegte und dabei immer umfänglicher werdende Band informierte über die neuesten Techniken und Instrumente, wie man verschiedene Papierarten durch Zerreißen, Knüllen,

Falten, Biegen, Befeuchten und Verbrennen dazu bringen konnte, ihren Anteil an Leinen, Holz- und Strohschliff, mineralischen Füllstoffen und weiteren Chemikalien preiszugeben. Herzbergs Buch setzte vor allem auch deshalb Qualitätsstandards für die Papierindustrie, weil es eine praktische Anleitung für Papierprüfungen vor Ort an die Hand gab. Die beigegebenen Abbildungen im Buch, wie etwa der mikroskopische Blick auf die Struktur verschiedener Papierfasern und deren Reaktion auf eine Tinktur aus Chlor, Zink und Jod, gaben visuelle Hilfestellung bei der Bewertung chemischer Tests (Abb. 2). Leinen- und Baumwollfasern werden rot, mechanischer Holzschliff gelb und chemisch gelöster Holz- und Strohzellstoff lila (in dieser schwarz-weißen Reproduktion als unterschiedliche Grautöne erkennbar). Solche chemischen Cocktails waren leicht selbst anzumischen und in kleinen Dosen mitzuführen, sodass sie bei amtlichen Papierprüfungen ad hoc zum Einsatz kommen konnten.

Die Papiertechnologien des Preußischen Statistischen Bureaus schlossen demnach weit mehr ein als das Entwerfen eines Formulars, das Einsammeln von Informationen, das Notieren und Aufaddieren von Zahlen oder das Erstellen von Tabellen, d.h. Tätigkeiten, die *auf* oder *mit* den Zählkarten stattfanden. Die Verlässlichkeit statistischer Erhebungen war für das Bureau vielmehr und in sehr spezifischer Weise an das Papier selbst wie an Materialwissen über dieses gebunden. Als Werkstoff, als Werkzeug und schließlich auch als schwer zu manövrierende Masse an Erhebungsmaterial erforderte Papier spezifisches technisches und politisches *handling* und Kontrollieren. Es war die Gesamtheit dieser medialen Wissenspraktiken, welche die Papiertechnologien der preußischen Statistik ausmachten und Gewähr für die Aussagekraft der Zahlen herstellte.

Versorgungsketten der Feldhochschule, 1942–1945

Wehrmachtssoldaten, die vor Beginn des Zweiten Weltkriegs Zeitungswissenschaft an der Universität Heidelberg studiert hatten, und auch diejenigen, die erst einen Einblick in das Fach gewinnen wollten, erhielten ab Februar 1944 den *Feldpostbrief der Heidelberger Zeitungswissenschaftler* (Abb. 3).[24] Auf den drei beidseitig schreibmaschinenbeschriebenen Blatt Papier der ersten Ausgabe lasen die «Kameraden»[25] ein appellartiges Vorwort des Fachgruppenleiters sowie Zusammenfassungen der Lehrveranstaltungen des gerade vergangenen Wintersemesters, darunter ein Proseminar ‹Einführung in die zeitungswissenschaftliche Systematik›, ein Seminar ‹Übungen zur Formengeschichte des Feuilletons› und das Kolloquium des vom NS-Regime als Institutsleiter berufenen Professors Hans Herrmann Adler.[26] Die Texte waren überblicksartig und knapp gehalten, wie auch einer der fernstudierenden Soldaten aus dem besetzten Paris zurückmeldete: «Die knappe Zusammenstellung des Stoffes ist sehr wertvoll für die gelegentliche Beschäftigung mit zeitungswissenschaftlichen Studien.»[27] Knapp war ebenfalls das zugrunde liegende Schreibsubstrat. Dies verrät etwa der Kniff, den Briefumschlag einzusparen, indem ein kleineres dünneres Blatt

20 Vertragsabschluss zwischen dem Preußischen Statistischen Bureau und Dr. August Brass, 90.

21 So wurde der langjährige Lieferant der Zählkarten im Jahr 1882 nicht wieder berücksichtigt, weil er zu dünnes Papier für die Probekarte vorgelegt hatte. Vgl. Preuß. Stat. Büro an das Ministerium des Innern, betreffs der Submission der für die Berufsstatistik in Preußen erforderlichen Zählpapiere v. 11.3.1882, GStA PK, I. HA Rep. 77, Tit. 94, Nr. 151, Bd. 1, 193–199, hier 196.

22 Wilhelm Herzberg: *Papier-Prüfung. Ein Leitfaden bei der Untersuchung von Papier*, Berlin 1888, iv.

23 Vgl. Herzberg, *Papier-Prüfung*.

24 *Feldpostbrief der Heidelberger Zeitungswissenschaftler*, Nr. 1, 29.2.1944, Universitätsarchiv Heidelberg, Rep. 121/7. Ein zweiter Rundbrief wurde im Juni versandt; weitere Ausgaben scheinen nicht überliefert zu sein. *Feldpostbrief der Heidelberger Zeitungswissenschaftler*, Nr. 2, 27.6.1944, Universitätsarchiv Heidelberg, Rep. 121/7.

25 *Feldpostbrief der Heidelberger Zeitungswissenschaftler*, Nr. 1, 29.2.1944, 1.

26 Siehe Albrecht Ackermann: Das Institut für Zeitungswesen (Zeitungswissenschaft) an der Universität Heidelberg 1927–1945, in: Rüdiger vom Bruch, Otto B. Roegele (Hg.): *Von der Zeitungskunde zur Publizistik. Biographisch-institutionelle Stationen der deutschen Zeitungswissenschaft in der ersten Hälfte des 20. Jahrhunderts*, Frankfurt/M. 1986, 143–180.

27 Rudolf Deurer an Institut für Zeitungswissenschaft der Ruprecht-Karls-Universität Heidelberg [Feldpostkarte], 3.8.1944, Universitätsarchiv Heidelberg, Rep. 121/7.

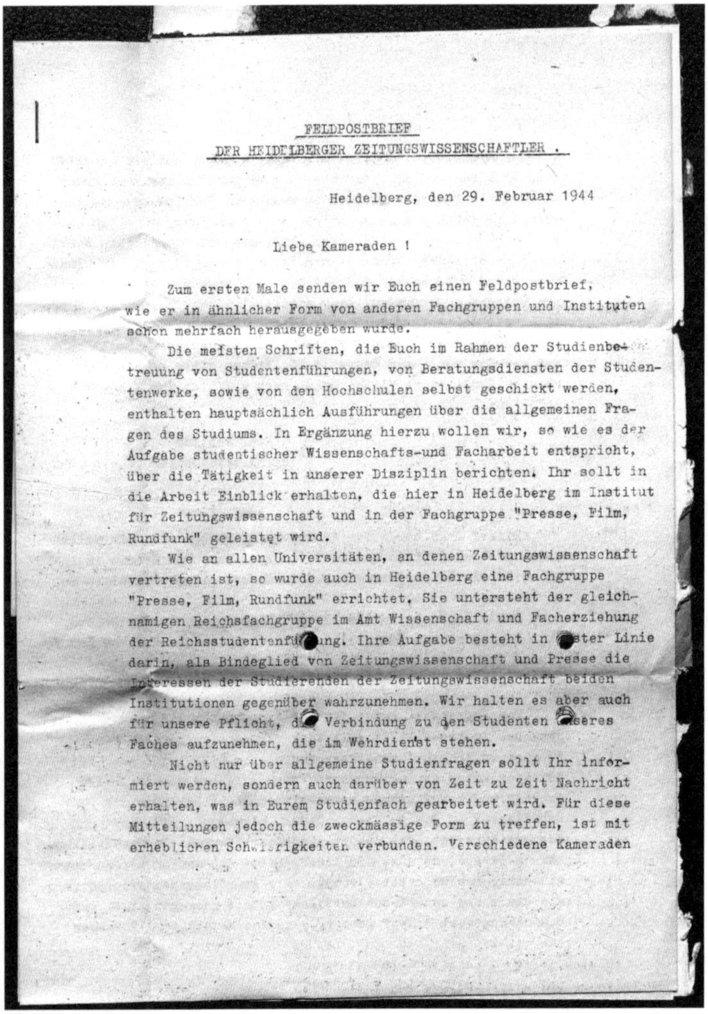

FELDPOSTBRIEF
DER HEIDELBERGER ZEITUNGSWISSENSCHAFTLER .

Heidelberg, den 29. Februar 1944

Liebe Kameraden !

Zum ersten Male senden wir Euch einen Feldpostbrief, wie er in ähnlicher Form von anderen Fachgruppen und Instituten schon mehrfach herausgegeben wurde.

Die meisten Schriften, die Euch im Rahmen der Studienbetreuung von Studentenführungen, von Beratungsdiensten der Studentenwerke, sowie von den Hochschulen selbst geschickt werden, enthalten hauptsächlich Ausführungen über die allgemeinen Fragen des Studiums. In Ergänzung hierzu wollen wir, so wie es der Aufgabe studentischer Wissenschafts-und Facharbeit entspricht, über die Tätigkeit in unserer Disziplin berichten. Ihr sollt in die Arbeit Einblick erhalten, die hier in Heidelberg im Institut für Zeitungswissenschaft und in der Fachgruppe "Presse, Film, Rundfunk" geleistęt wird.

Wie an allen Universitäten, an denen Zeitungswissenschaft vertreten ist, so wurde auch in Heidelberg eine Fachgruppe "Presse, Film, Rundfunk" errichtet. Sie untersteht der gleichnamigen Reichsfachgruppe im Amt Wissenschaft und Facherziehung der Reichsstudentenführung. Ihre Aufgabe besteht in erster Linie darin, als Bindeglied von Zeitungswissenschaft und Presse die Interessen der Studierenden der Zeitungswissenschaft beiden Institutionen gegenüber wahrzunehmen. Wir halten es aber auch für unsere Pflicht, die Verbindung zu den Studenten unseres Faches aufzunehmen, die im Wehrdienst stehen.

Nicht nur über allgemeine Studienfragen sollt Ihr informiert werden, sondern auch darüber von Zeit zu Zeit Nachricht erhalten, was in Eurem Studienfach gearbeitet wird. Für diese Mitteilungen jedoch die zweckmässige Form zu treffen, ist mit erheblichen Schwierigkeiten verbunden. Verschiedene Kameraden

Abb. 3 *Feldpostbrief der Heidelberger Zeitungswissenschaftler,* Nr. 1, 29.2.1944

zu den drei Seiten hinzukam, das als solcher fungierte. Von der überdies mangelhaften Papierqualität zeugen die groben Faltungen, die grobkörnig-faserige Textur und die Bleiche des Papiers.

Das Fernstudium bediente nicht nur die Studierenden einer der Vorläufer-Disziplinen der heutigen Medien- und Kommunikationswissenschaft. Auf Erlass des Reichsministeriums für Wissenschaft, Erziehung und Volksbildung von Januar 1942 wurde es von Hochschulen des gesamten nationalsozialistischen Deutschen Reichs in die Wege geleitet.[28] Die Maßnahme sollte dem drohenden Mangel an männlichen Akademikern und zugleich der «völlige[n] Abstumpfung» der eingezogenen Studenten entgegensteuern.[29] Da deren Kampfeinsatz unverzichtbar war, ging es um keine umfängliche Ausbildung, sondern in erster Linie darum, einen ansatzweisen Kontakt mit Studieninhalten zu ermöglichen und die Zukunftsperspektive eines Einstiegs oder Wiedereinstiegs in einen Studienalltag vorzuhalten. Da das Fernstudium auf eine Initiative der Luftwaffe zurückging, konnten sich zunächst deren Soldaten anmelden. Mit der Ausweitung auf Angehörige des Heers und der Kriegsmarine im Jahr 1943 wurde eine regelrechte NS-Feldhochschule ins Leben gerufen, die maßgeblich auf Medien aus Papier basierte: Rundbriefe von Fakultäten und Instituten, Briefe zwischen Soldaten und Hochschullehrer_innen, die eigens hergestellten Studienführer *Soldatenbriefe für Studenten*, *Feldpostbriefe des Reichsstudentenführers* sowie Lehr- und Fachbücher. Ergänzend wurden an den Hochschulen im NS-Reich und in den Kriegsgebieten Einführungskurse in Studiengebiete angeboten, zu denen die Soldaten kurzzeitig abkommandiert wurden.[30] Die Ausbildungsgrundlage aber bildete das entfernte Lernen und Lehren mit Papier, das durch die Feldpost und die Luftwaffe zirkuliert wurde.[31] Die Soldaten studierten per Luftpost (Abb. 4).

Doch die Versorgungsketten für Papier waren ins Stocken geraten – und zwar nicht erst mit dem Krieg. Die Hochschulen meldeten bald «erhebliche Schwierigkeiten» bei der Papierbeschaffung.[32] Das Wissenschaftsministerium, die Luftwaffe und das Propagandaministerium stellten Papierkontingente zur Verfügung, jedoch nur streng limitiert.[33] Zur Operation innerhalb enger Kontingente und zur strikten Einsparung von Papier zwangen die Hochschulen überdies die Beschränkungen der Feldpost, die nur Sendungen bis 100 Gramm erlaubte.[34] Die Papierknappheit war ein Ergebnis der nationalsozialistischen Autarkie- und Kriegswirtschaft. Bereits als Teil des Neuen Plans (1934) und des Vierjahresplans (1936) wurde die Papierindustrie drastisch reguliert.[35] Im «Kampf gegen die Papiervergeudung» war die Branche zur strikten Sparsamkeit angehalten.[36] Für den Bezug von Pappe, Papier, Holzstoffen, Zellstoffen, Altpapier und anderen Stoffen waren Genehmigungen bei der Reichsstelle für Papier und Verpackungswesen in Berlin erforderlich, und es durften nur diejenigen Sorten Papier verwendet werden, deren Qualität ihren Zweck gerade so erfüllte. Um den Wegfall vormaliger Importe möglichst zu kompensieren, sollten hauptsächlich inländische Holzsorten zu Zellstoff und Holzschliff verarbeitet werden. Altpapier und Stroh wurden vermehrt eingesetzt und man experimentierte mit Ausweichstoffen wie Xylit, Torf, Flachs- und Hanfschäben, Sägemehl und Kartoffelkraut.[37] Autarkie war allerdings nur ein vorübergehendes Programm, das durch Ausbeutungen in den eroberten Gebieten ergänzt wurde. Die Papierindustrie versprach sich eine «erweiterte[ ] Rohstoffbasis» vom Überfall auf die Sowjetunion.[38] Papierfabriken beschäftigten Zwangsarbeiter_innen, Militärinternierte, Kriegsgefangene und KZ-Häftlinge.[39] Und bereits kurz nach der Machtergreifung hatten Papierhersteller von den politischen, rassistischen und antisemitischen Verfolgungen profitiert. Das Altpapier, das im Mai 1933 zum Spottpreis von einem Pfennig pro Kilo erhältlich war, stammte aus den Büchern verfolgter Autor_innen, die Studierende im Zuge der sogenannten ‹Aktion wider den undeutschen Geist› beschlagnahmt hatten.[40] Jedes Blatt Papier, das in den späteren Kriegsjahren produziert wurde, war also das Produkt wirtschaftlicher und humanitärer Ausbeutungen.

28 Reichsminister für Wissenschaft, Erziehung und Volksbildung (RMfWEV) [Runderlass, «Betr. Weiterbildung der Jungakademiker»], 7.1.1942 Bundesarchiv, R 4901/12908, Nr. 2.

29 RMfWEV, 7.1.1942, Vermerk, Bundesarchiv R 4901/12908, Nr. 4. Zur Ausbildungssituation an den nationalsozialistischen Universitäten während des Kriegs siehe: Michael Grüttner: *Studenten im Dritten Reich*, Paderborn u. a. 1995, 361–369.

30 RMfWEV [Runderlass, «Betrifft: Betreuung der im Wehrdienst stehenden Studenten»], 1.6.1943, Bundesarchiv, R 4901/12908, Nr. 29.

31 Aktennotiz [Protokoll der «Besprechung über die Betreuung der Jungakademiker» im Reichsministerium für Wissenschaft, Erziehung und Volksbildung am 5.4.1943], 7.4.1943, Universitätsarchiv der Humboldt-Universität zu Berlin, RS.01, 0247, Nr. 4.

32 RMfWEV [Schnellbrief, «Betrifft: Weiterbildung der Jungakademiker»], 5.5.1942, Bundesarchiv, R 4901/12908, Nr. 6.

33 RMfWEV [Runderlass, «Betr. Fernbetreuung der Jungakademiker der Luftwaffe»], 27.7.1942, 2 f., Bundesarchiv R 4901/12908, Nr. 10–11; RMfWEV [Runderlass, «Betrifft: Studienbetreuung der im Wehrdienst stehenden Studenten»], 23.7.1943, Bundesarchiv, R 4901/12908, Nr. 50–51.

34 RMfWEV [Runderlass, «Betr.: Studienbetreuung der im Wehrdienst stehenden Studenten; Erleichterungen im Feldpostverkehr»], 12.6.1944, Bundesarchiv, R 4901/12908, Nr. 132.

35 Vgl. Schmidt-Bachem: *Aus Papier*, 256–318.

36 Fritz Löb: Entwicklung und Ausbau der deutschen Zellstoff- und Papierwirtschaft [1937], in: [o. Hg.] *Grundfragen der Papierwirtschaft*, Bd. 1, Berlin 1941, 17–30.

37 Vgl. Hans Köhler: Holz und Stroh, in: *Grundfragen der Papierwirtschaft*, 74–77; Erik Neumann: Ausweichstoffe, in: ebd., 77–80; Horst Wend: Altpapier, in: ebd., 80–85.

38 Friedrich Dorn: Rückblick und Ausschau nach fünf Jahren Gemeinschaftsarbeit in der Zellstoff- und Papierwirtschaft, in: ebd., 5–13, hier 10.

39 Schmidt-Bachem: *Aus Papier*, 306, 311–313.

40 Ebd., 257.

Die von den Hochschulen versandten Lehrmedien begegneten der Papierknappheit mit verschiedenen Techniken. Während die Briefe der Heidelberger Zeitungswissenschaft, in denen die mangelhafte Papierqualität sichtlich hervortritt, Briefumschläge einsparten, waren die *Blätter zur Betreuung unserer im Felde stehenden Kameraden* des theaterwissenschaftlichen Instituts der Friedrich-Schiller-Universität Jena teils so dicht schreibmaschinenbeschrieben, dass kaum ein Quadratzentimeter Papier ungenutzt blieb.[41] Wie in aller materiellen und inhaltlichen Knappheit dennoch nationalsozialistische Forschungsinhalte übermittelt wurden, verdeutlichen besonders die sechs *Feldpostbriefe für Studierende der Geisteswissenschaften*, die die Philosophische Fakultät der Deutschen Karls-Universität in Prag zwischen 1943 und 1944 versandte. Die erste Ausgabe beinhaltet Abhandlungen zu Kunstgeschichte, Klassischer Philologie, Mittelalterlicher Geschichte und Völkerkunde, die allesamt auf je nicht mehr als sieben Briefseiten der nationalsozialistischen Wissenschaftsideologie vorbildlich nachkommen. Die Aufsätze identifizieren jahrhundertelange «Leistungen» in Architektur und Kunst der Tschechoslowakei als deutsch oder glorifizieren das NS-Reich als Erneuerung des Römischen Reichs.[42] Hier lasen die Soldaten nicht nur durch deutschnationale, rassistische und antisemitische Ideologie geleitete Thesen. Zugleich wurden sie zum Weiterkämpfen angehalten, indem das Ziel ihres Angriffs- und Vernichtungskriegs eine geisteswissenschaftliche Legitimierung erfuhr.

Jene Papiertechnologien des knappen Beschreibens und Bedruckens, des Faltens und Versendens der Feldpostbriefe lassen sich erst vor dem Hintergrund der nationalsozialistischen Autarkie- und Kriegswirtschaft umfassend verstehen. Neben die stark ideologischen Inhalte der Briefe treten dann die gewaltsamen wirtschaftlichen und humanitären Ausbeutungen, auf denen die Papierproduktion basierte. Deutlich werden hiermit die engen Verflechtungen der Produktion und Weitergabe von Wissen mit den umgebenden wirtschaftlichen und politischen Systemen, deren Funktionsweisen und Dysfunktionen. Nahm das NS-Regime an, die Geisteswissenschaften könnten das Fernstudium problemlos durchführen, da die Vermittlung ihrer Inhalte weder «Zeichensaal» noch «Laboratorium» erforderte,[43] so sprechen die Medien des Frontstudiums von der Abhängigkeit von materiellen Ressourcen sowie den Anstrengungen und Verwerfungen, die zu deren Mobilisierung nötig sind. Als Versorgungskette innerhalb der nationalsozialistischen Autarkie- und Kriegswirtschaft scheint zudem nicht nur diejenige für Papier auf. Indem sie Propaganda und geistiges Futter zu den studierenden Soldaten transportierten, waren die papiernen Lehrmedien zugleich Teil der Versorgungkette, die das NS-Regime unterhielt, um die Kampfmoral einer zukünftigen Elite aufrechtzuerhalten und somit die staatlichen Expansionsbestrebungen weiterhin zu gewährleisten. Weit wichtiger, als dem in einer unbestimmten Friedenszeit drohenden Akademikermangel entgegenzuwirken, scheint es gewesen zu sein, den Soldaten Zukunftsaussichten aufzuzeigen und sie so zum Weiterkämpfen anzuhalten. Als das Deutsche Reich militärisch zunehmend in die Defensive geriet und die Niederlage sich immer stärker abzeichnete, kam dem

41 Siehe *Die Theaterwissenschaft. Blätter zur Betreuung unserer im Felde stehenden Kameraden*, hg. v. Theaterwissenschaftlichen Institut der Friedrich Schiller Universität Jena, Bd. 1, Nr. 1–12, 1942/43, Universität Wien, tfm Archiv und Sammlungen, Sammlung Kindermann, Box 230/108.

42 Siehe Karl M. Swoboda: Deutsche Kulturleistungen in Böhmen und Mähren, in: *Feldpostbriefe für Studierende der Geisteswissenschaften*, Nr. 1, 1943, 2–9; Viktor Stegemann: Die Antike und wir, in: *Feldpostbriefe für Studierende der Geisteswissenschaften*, Nr. 1, 1943, 9–14.

43 Oberbefehlshaber der Luftwaffe [Rundschreiben, «Betr.: Jungakademiker»], 11.9.1941, Universitätsarchiv der Friedrich-Schiller-Universität Jena, BA 2145, Nr. 1–3.

Abb. 4 Der Soldat «stud. phil. Ritter», inszeniert in einer Pausensituation direkt im Schützengraben, liest den *Feldpostbrief des Reichsstudentenführers*. Aus: Der Feldpostbrief des Reichsstudentenführers, in: *Die Bewegung*, Bd. 11, Nr. 10, 1943, 5

Fernstudium und dessen Medien insofern eine maßgeblich systemerhaltende Funktion zu. Dass das Programm vor dem Hintergrund der weitreichenden Ressourcenknappheit bewerkstelligt wurde, verdeutlicht die Relevanz der Geisteswissenschaften für diese Versorgungskette umso mehr.

Wenn sie nicht von den Hochschulen als Muster aufbewahrt wurden oder – wie im Falle des Heidelberger Rundbriefs – wegen Unzustellbarkeit dorthin zurückgesandt wurden, verblieb der Großteil der Lehrmedien vermutlich im Feld. Was dort mit ihnen geschah, lässt sich nur schwer ermitteln. Die ohnehin knapp vorhandenen, für die Ausnahmesituation des Kriegs in ihrer Qualität gerade so ausreichenden Papiermedien mögen wieder beschrieben, für den Kriegsalltag umfunktioniert worden oder schlicht verrottet sein.

Vom Werkstoff zum Medium zum Werkstoff

Die preußischen Datenträger für die Volkszählung von 1871 wie auch die nationalsozialistischen Kompaktschriften für das Fernstudium im Zweiten Weltkrieg wurden von staatlichen Instanzen produziert und als Wissensmedien in Umlauf gebracht. Ausgangsort der entsprechenden Vorgaben für die Zusammensetzung, Bereitstellung und Verwendung des Werkstoffs war in beiden Fällen Berlin. Von hier aus umfasste die Reichweite der Papiertechnologien Akteur_innen, Materialien und Produktionsprozesse, welche die jeweils verhandelten Wissenspraktiken mit sehr breiten gesellschaftlichen und politischen Kontexten verknüpften. Denn das jeweilig zum Einsatz kommende Papier diente auch als politische Technologie, um neue Konzepte von Staatlichkeit durchzusetzen. Insofern weisen die skizzierten Fallbeispiele bedeutsame Gemeinsamkeiten und Verbindungslinien auf. Doch auch die Unterschiede springen ins Auge. Die preußische Zählkarte setzte neue Standards der Genauigkeit, um den Geltungsanspruch des gerade gegründeten Deutschen Reichs statistisch zu untermauern. Bei aller Kontrolle über die Herstellung des Datenträgers und die Erzeugung der Daten verlangte die Karte jedoch nicht nur Materialwissen, sondern auch Maßnahmen der Vertrauensbildung, weil sie die Mitwirkung der Gezählten implizierte. Die Lehrbriefe der NS-Feldhochschule versorgten die studierenden Soldaten mit geistiger Nahrung, um ihre Kampfmoral zu stärken und sie gleichzeitig auf die Expansionsstrategien des NS-Staates einzuschwören.

Papiermedien sind so vielfältig, wie der ihnen zugrunde liegende Werkstoff in seinen materiellen Zusammensetzungen und Verwendungen flexibel ist. Immer neue Kontexte werden sichtbar, sobald man die materiellen Aspekte der Produktion, Verwendung und Wiederverwertung solcher Medien ebenso mitdenkt wie die Papiertechnologien des Beschreibens, Faltens, Schneidens oder Sortierens fertiger Papierprodukte. Produktion und Einsatz von Individualzählkarten und Feldpostbriefen stehen für die Fülle möglicher soziomaterieller und politischer Wissensgeschichten von Technologien für, mit und auf Papier.

Versorgungsketten, Produktionsprozesse und Materialwissen rund um Papiermedien und die mit ihnen verbundenen Technologien zu erforschen, bedeutet nicht nur zu fragen, wer wann zu welchem Zweck welches Papier benötigt. Ebenso entscheidend ist die Reflexion, an welchem Punkt der Versorgungskette die historische Analyse jeweils ansetzt und endet. Denn Versorgungsketten beinhalten eine zeitliche Dimension. Sie deuten darauf hin, dass Medien aus Dingen oder Instrumenten nicht allein in historisch spezifischen epistemischen, technischen, sozialen, institutionellen Konstellationen entstehen. Medien «werden» nicht nur im Verlauf ihrer Nutzung, Umdeutung und Wahrnehmung.[44] Ebenso resultieren sie aus Prozessen der materiellen Herstellung sowie Weiterverwertung. Medien sind Bestandteile ökonomischer Verkettungen. Sie entstehen und vergehen – allerdings nicht ohne signifikante materielle Verluste, Aufwendungen von Energieressourcen und Arbeitskräften.[45] Besonders deutlich wird dies an Papiermedien. Vom Werkstoff zum Medium und zurück zum Werkstoff können sie vergehen, wie sie vormals werden.[46]

---

44 Joseph Vogl: Medien-Werden: Galileis Fernrohr, in: Lorenz Engell, Joseph Vogl (Hg.): *Mediale Historiographien*, Weimar 2001, 115–124.

45 Heike Weber: Zeit- und verlustlos? Der Recycling-Kreislauf als ewiges Heilsversprechen, in: *Zeitschrift für Medienwissenschaft*, Bd. 12, Nr. 2, 2020, 20–32.

46 Dieser Aufsatz beruht auf einem gemeinsamen Vortrag im Rahmen der im Sommersemester 2021 von Christine von Oertzen und Viktoria Tkaczyk an der Humboldt-Universität zu Berlin organisierten Ringvorlesung *Die Rohstoffe der Medien: Globale Material-, Wissens- und Techniktransfers*. Wir danken den Teilnehmer_innen der Vorlesung für Fragen, Viktoria Tkaczyk für Kommentare zu diesem Text, Laura Selle für das Lektorat und der Redaktion der ZfM für weitere wertvolle Anregungen.

DEBATTE

Transformationen des Wissenschaftssystems: 1989 ff.

hochschule ost

leipziger
beiträge zu
hochschule &
wissenschaft

Leipzig, 3./4. Quartal 2001
10. Jahrgang

«EINE EINDEUTIG VERMACHTETE SITUATION»

Über den Umbruch in der ostdeutschen Wissenschaftslandschaft seit 1989 und die Folgen bis heute

DOROTHEA DORNHOF / PEER PASTERNACK / GERD ZIMMERMANN im Gespräch mit MANUELA KLAUT und JANA MANGOLD

Dorothea Dornhof, Peer Pasternack und Gerd Zimmermann haben die Transformation des ostdeutschen Wissenschaftssystems nach 1989 unmittelbar erlebt und sie zum Teil auch wissenschaftlich ausgewertet. Dorothea Dornhof arbeitete 1989 am Zentralinstitut für Literaturgeschichte (ZIL) der Akademie der Wissenschaften der DDR, einem bis dahin einmaligen geisteswissenschaftlichen Forschungsinstitut im deutschsprachigen Raum. Im Gespräch berichtet sie von den Aktivitäten im Bereich der Frauen- und Geschlechterforschung sowie von ihrem Weg nach 1989, der sie auch als wissenschaftliche Mitarbeiterin an das Kulturwissenschaftliche Institut der Humboldt-Universität zu Berlin führte. Peer Pasternack war 1989 Vertreter der Studierendenschaft der Universität Leipzig und hat den Umbauprozess in den Universitätsgremien miterlebt. Als Soziologe und Zeithistoriker sowie als Direktor des Instituts für Hochschulforschung Halle-Wittenberg (HoF) hat er seither nicht aufgehört, sich mit dem Stand der Wissenschaften in Ostdeutschland, der Vermittlung der DDR-Geschichte und mit gebrochenen Wissenskulturen zu beschäftigen. Gerd Zimmermann lehrte und forschte 1989 als Oberassistent am Wissenschaftsbereich Theorie und Geschichte der Architektur an der Hochschule für Architektur und Bauwesen (HAB) in Weimar. 1992 wurde er dort Professor für Entwerfen und Architekturtheorie und kurz darauf zum Rektor gewählt. In drei Amtszeiten leitete er maßgeblich die Umstrukturierungen der Weimarer Hochschule zur Bauhaus-Universität Weimar.

In unserem Gespräch,[1] das wir im April 2022 geführt haben, geht es um Wissenschaftsstrukturen, die mit den politischen Ereignissen der ‹Wende› zerbrachen, um Themenspektren, die neu aufgestellt wurden, und um Lehrinhalte, die sich elementar veränderten. Dieser Round Table ist der Auftakt zu einer Gesprächsreihe mit Wissenschaftler_innen und Künstler_innen über die Entwicklung der Medien- und Kulturwissenschaft Ost/West seit 1989, die in loser Folge auf der Webseite der ZfM veröffentlicht werden soll.

Manuela Klaut In Steffen Maus Buch *Lütten Klein* gibt es eine Stelle, mit der wir ins Gespräch einsteigen möchten. Da ist die Rede von den Transfereliten, die zur ‹Wendezeit› von West nach Ost kamen:

> **Zwar wurden keinesfalls alle gesellschaftlichen Leitungsfunktionen von Westdeutschen übernommen, doch […] für die Nachwendezeit galt die Formel: Je höher, je einflussreicher, je bedeutsamer die Position war, desto wahrscheinlicher wurde sie mit jemandem aus dem Westen besetzt. Und das betraf nicht nur Politik und Wirtschaft, sondern auch Behörden, Gerichte, Universitäten, Medien oder die Bundeswehr. Die ‹Westimporte› wurden mit Zulagen und Vergünstigungen in den ‹nahen Osten› geschickt. […] Für die Alteingesessenen bedeuteten sie häufig eine Art Erstkontakt mit dem Westen. […] Einen solch umfänglichen Elitenaustausch hat kein osteuropäisches Land erlebt.[2]**

Uns interessiert die Perspektive Ihres ‹Erstkontakts› auf wissenschaftlichem Gebiet. Wie haben Sie den erlebt?

Dorothea Dornhof Also ich hatte meinen Erstkontakt mit westdeutschen oder anderen, französischen oder amerikanischen Kolleg_innen nicht erst nach der ‹Wende›, sondern schon während der Zeit der DDR, vor allem im Rahmen unserer Konferenzen am ZIL. Aber diese Kontakte haben sich nach der ‹Wende› ziemlich verändert.

Ich sage nicht so gern ‹Wende›. Es war auch nicht der ‹Fall der Mauer›. Das assoziiert eher etwas Passives. Wir hatten die friedliche Revolution, in der die Bürger_innen der DDR ein System zu Fall brachten, einen Herbst und ein Frühjahr der Anarchie und der demokratischen Experimente. In diesem Umbruch wurde auch an der Akademie der Wissenschaften, zu der das ZIL gehörte, ein Runder Tisch initiiert, der an einer Strukturreform arbeitete und in einem demokratischen Verfahren das Präsidialbüro ablöste, sodass ein neuer Präsident gewählt werden konnte.[3] Wir haben die Initiative Frauen in der Wissenschaft gegründet, die mit am Runden Tisch saß, weil auch der Frauenanteil gering und die Frauen- und Geschlechterforschung in der Akademie kaum vertreten war.

Was die Kontakte angeht, muss ich etwas weiter ausholen und auch etwas auf die Geschichte des ZIL eingehen. Es ging aus dem Institut für romanische Sprachen und Kultur hervor, das Werner Krauss 1950 gegründet hatte, dem von Theodor Frings begründeten Institut für deutsche Sprache und Literatur und dem von Hans Holm Bielfeldt gegründeten Institut für Slawistik. Und es war ganz im Sinne des Aufklärungsforschers Krauss einem epochengeschichtlich vergleichenden, Geschichte und Theorie integrierenden Konzept von Literaturgeschichte verpflichtet. Als Gründungsdirektor wurde 1969 der berühmte Brecht-Forscher Werner Mittenzwei ernannt. Forschungsschwerpunkte waren z. B. europäische Aufklärung, deutscher Vormärz, Exilliteratur und Faschismus, europäische Avantgarde, Kunst und Kultur der Weimarer Republik.[4] Als interdisziplinäres, komparatistisch arbeitendes literaturgeschichtliches Institut hatten wir Kontakte zu westdeutschen Wissenschaftler_innen, die sich in einer kritischen marxistischen Tradition verorteten oder einfach Interesse am wissenschaftlichen Dialog hatten. So waren vor allem auf den jährlichen ‹Aufklärungs-Kolloquien› Klaus R. Scherpe, Gert Mattenklott, Michael Nerlich, Helmut Lethen oder Hans Ulrich Gumbrecht unsere Gäste.

Bei der Evaluierung des Instituts durch den Wissenschaftsrat 1990 kamen Wissenschaftler zu uns, die eher unkundig der DDR gegenüber waren und nach westdeutschen Evaluierungskriterien bewerteten. Sie galten zwar als Experten, hatten aber keine Expertise für die ostdeutsche Wissenschaftskultur.[5] Dieser Kontakt war hierarchisierend und entwürdigend. Es ging ja um unsere Existenz, und wir hofften auf ein institutionelles Weiterleben im Rahmen demokratischer Reformen.

Gerd Zimmermann Mein Erstkontakt mit den westlichen Kollegen und Kolleginnen war reiner Kontakt mit den Texten der Autoren und Autorinnen. Ich habe die gelesen, und zwar unendlich viel. Ich habe mich mit Architektur-Psychologie und Architektur-Semiotik beschäftigt, denn ich war in Weimar Teil einer kleinen Gruppe von Leuten, die im Rahmen der Promotion begonnen hatten, Architektur als Kommunikationsmittel zu begreifen. Die Idee war, alle Wissenschaften heranzuziehen, die Erklärmodelle bereitstellen, um diesem Fokus der Architektur als Vermittlungsinstanz und Bedeutungsträger ein wissenschaftliches Fundament zu geben. Ich saß also in Bibliotheken und las Bücher, Bücher, Bücher. Aber ich kannte keinen einzigen Autoren und keine einzige Autorin dieser Bücher persönlich. Ich war nicht in der Partei – das hatte ich abgelehnt –, also kein ‹Reisekader›, kein Westreisender.

Direkte Kontakte hielten sich sehr in Grenzen. Ich hatte sie eigentlich nur bei Konferenzen in der DDR oder in Prag, in Brünn oder in Sofia. Einige dieser seltenen Frühkontakte aber sind mir sehr wichtig gewesen: z. B. Silvano Custoza, ein Soziologe, den ich auf einer Konferenz in Dessau kennenlernte, vor allem aber Kari Jormakka, Finne und exzellenter, überaus inspirierender Philosoph und Architekturtheoretiker. Ich traf ihn, als er Weimar in den 80ern besuchte, und habe ihn später als ‹Gropius-Professor› an die Bauhaus-Universität berufen. Ich sollte erwähnen, dass ich schon während des Studiums in Weimar in einer internationalen Community gelebt habe. Meine Freunde und Freundinnen waren und sind aus dem Ausland: aus Griechenland, Italien, Frankreich und weiteren Ländern. Sie waren damals meist delegiert von Freundschaftsgesellschaften der kommunistischen Parteien. Meine Denkungsart, würde ich sagen, ist kosmopolitisch. Vielleicht nicht zuletzt, weil ich ein Altsprachler bin. Insofern hatte ich auch mit dem Kontakt zum Westen überhaupt kein Problem, verspürte keinerlei Ressentiment. Im Gegenteil war diese Öffnung mit dem Fall der Mauer für mich nichts als Befreiung. Was nicht heißt, dass dann die Dinge, die sich ereignet haben, problemlos und kritikfrei wären.

Peer Pasternack Ich war damals einer der Studentensprecher der Uni Leipzig. Insofern bestand der Erstkontakt mit Scharen an westdeutschen Studierenden, vornehmlich Studierenden-Funktionären, also Leuten aus AStens westdeutscher Hochschulen. Die kamen nach Leipzig, da die Stadt von Christoph Hein am 4. November '89 zur Heldenstadt ernannt worden war. Sie wurde das bevorzugte Ziel von Polit-Touristen, die sich über die Umbrüche informieren wollten. Ebenso hatten wir in den ersten Monaten nach dem Mauerfall viele Einladungen. Wir hätten ununterbrochen durch den Westen touren können, weil es da so ein Informationsbedürfnis gab.[6]

Zu intensiveren Kontakten mit Wissenschaftlern und Wissenschaftlerinnen ist es dann erst nach der Abwicklung gekommen. Die war im Dezember 1990. In der Rückschau fließt das ja alles so zusammen: also 9. Oktober '89 in Leipzig,[7] Mauerfall im November, dann die Abwicklung des Wissenschaftssystems der DDR im Dezember 1990, d. h. die Schließung von entweder für systemnah oder für überflüssig erachteten Bereichen an den Hochschulen. Man nutzte die Abwicklungsmöglichkeiten aus dem Einigungsvertrag, wo es dann unterschiedliche Deutungen darüber gab, ob diese wirklich für Wissenschaft gedacht waren oder nicht eher für vermeintlich überbesetzte Finanzämter. Schließlich kamen, um die Aufrechterhaltung des Studienbetriebs zu erleichtern, in der Abwicklungsphase westdeutsche Professoren und Professorinnen. Die wurden zum Teil von Stiftungen entsandt.

1991 begann der Neugründungsprozess für die Politikwissenschaft und die Soziologie, an dem ich beteiligt war. Und da gab es dann interessante Erfahrungen: vom Gründungsdekan Wolfgang Schluchter, dem Heidelberger

Soziologen, über einen Rechtssozialdemokraten, Carl-Christoph Schweitzer bis hin etwa zu Sigrid Meuschel. Schluchter schätzte es, dass es überhaupt Leute gab, die sich engagieren. Dank Schluchter wurde allgemein akzeptiert, dass ich kaum Seminare besuchte, weil ich Hochschulpolitik machen und in Kommissionen herumsitzen musste. Carl-Christoph Schweizer aber hat mich deswegen fast durch eine Prüfung fallen lassen. Der fand wohl mein Engagement etwas einseitig. Eine der Erstberufenen am neu gegründeten Institut für Politikwissenschaft dagegen unterstützte zwei Jahre lang mit ihrer Spende die von uns 1991 gegründete Zeitschrift *hochschule ost.*[8] Das war Sigrid Meuschel, die wie alle westdeutschen Beamten ‹Busch-Zulage› bekam und das einfach ungeheuerlich fand. Diese Zulage hat sie dann für einen guten Zweck spenden wollen, und das war unsere Zeitschrift.

Jana Mangold Aus Ihren Erläuterungen höre ich heraus, dass es ein starkes Interesse füreinander gab und auch für die Idee, zusammenzukommen.

P.P. Okay, also damit es nicht zu harmonisch klingt, muss ich die Bandbreite ergänzen um einen Figurentypus. Wir hatten in Leipzig einen Gründungsdekan für Rechtswissenschaft. Der ist aufgetreten wie ein Wehrmachtsoffizier, sodass der sächsische Wissenschaftsminister Hans Joachim Meyer ihn nach acht Wochen wieder entlassen hat. Es war wirklich eine ziemliche Bandbreite, und ich würde insofern dem Satz «Aber überwiegend war es doch schön» nicht zustimmen.

G.Z. Ich kann vielleicht noch hinzufügen, dass der Kontakt mit den Fachkollegen und -kolleginnen grundsätzlich den Charakter der freundschaftlichen Interaktion hatte. Ich habe dann aber, als ich 1992 als Rektor begonnen habe, natürlich auch mit Beamten und Beamtinnen zu tun gehabt, die ‹Busch-Zulage› bekamen. Und da muss ich sagen: zwiespältig. Man hat eher weniger taugliche Charaktere dort gefunden, aber man hat auch gute und sehr gute Partner und Partnerinnen gefunden. Man fragt sich das immer: Gibt es da so eine Art Sozialisationsprägung, die bedeutet, dass die Westdeutschen schon von ihrer mentalen Disposition her als ‹Eroberer› gekommen sind? Natürlich hat es diese Fälle gegeben. Meine dominierende Erfahrung aber ist eine andere. Ich habe die Westkollegen und -kolleginnen als Teilnehmende in einem gemeinsamen Projekt der Neuformierung der Wissenschaften und Künste, ja der Neuerfindung einer ganzen Universität erlebt.

J.M. Das ist interessant. Bei Gesprächen über diese Transformationsjahre hört man immer wieder, dass sich '92 noch einmal etwas änderte in den Kontakten. Es muss ja eine rege Einladungspolitik gegeben haben von westdeutschen Kolleg_innen an die ostdeutschen Wissenschaftler_innen. Anscheinend hat jedoch nach einer gewissen Zeit der Aufregung und vielleicht auch der gemeinsamen Ideen das große Interesse, miteinander ins Gespräch zu kommen, nachgelassen. War das so?

D.D. Natürlich gab es unmittelbar nach 1989 nach der ‹Wende› gerade von feministischen Wissenschaftlerinnen viele Anfragen zu Tagungen und Workshops, z. B. die Konferenz «Frauen – Literatur – Revolution» auf Einladung der Romanistin Helga Grubitzsch.[9] Ich hatte vor der ‹Wende› bereits Kontakt mit der Hamburger Arbeitsstelle Feministische Literaturwissenschaft: Sigrid Weigel und Inge Stephan. Hier gab es Interesse an ostdeutschen Frauen- und Geschlechterforscherinnen und deren wissenschaftlichen Perspektiven, und sie haben uns zu Konferenzen eingeladen und versucht, eine deutsch-deutsche oder Feminismus-Feminismus-Kommunikation herzustellen, mit fachlich sehr interessanten, aber auch kontroversen Diskussionen.[10] Es gab Anknüpfungspunkte im feministischen Diskurs, aber auch Differenzen. Wir hatten ja – wie Sie es auch beschrieben

Abb. 1 Studierendendemonstration am Herderplatz 1990, Bauhaus-Universität Weimar, Archiv der Moderne, FS/1/293

haben, Herr Zimmermann – die Texte alle gelesen. Ich kannte die gleichen Texte wie meine westdeutschen Kolleg_innen. Wir konnten uns an der Akademie Literatur zuschicken lassen. Das war natürlich ein großes Privileg durch eine Sonderregelung beim Zoll. Und da wir alle mehr oder weniger Freund_innen und Kolleg_innen im Westen hatten, bekamen wir auch die Literatur, die international verfügbar war.

G.Z. Das ging uns auch so. Also das dauerte alles furchtbar lange. Fernleihe-Prozedur und so. Das war umständlichst.

D.D. Ja, Fernleihe in der Bibliothek nur mit Sondergenehmigung.

G.Z. Eine Sondergenehmigung brauchten wir nicht, weder in Weimar noch in Berlin. Mein Chef in Weimar, Bernd Grönwald, wollte ohnehin, dass wir unbegrenzt forschen können. Und er konnte das durchsetzen. Er steckte voll im System. Aber er war zugleich ein absoluter Idealist, der die DDR reformieren wollte. Dies hat mich mit ihm verbunden.

D.D. Über die Akademie bekam man Fernleihen recht unkompliziert.

P.P. Aber diese Frage bezüglich der Kontakte und der Literatur würde Ihnen möglicherweise von drei anderen Leuten, die hier sitzen könnten, völlig anders beantwortet werden, weil die nicht an der Akademie, nicht in Berlin, nicht im Strahlungskreis von Bernd Grönwald oder in Leipzig waren, sondern weil die vielleicht an der Pädagogischen Hochschule in Zwickau saßen oder bei den Nordeuropawissenschaften in Greifswald und dort eine ganz andere politische Beaufsichtigung stattfand. Da muss man die örtlichen und institutionellen Konstellationen im Blick behalten, aber auch die Zeiten – die 80er Jahre waren anders als die 70er.

M.K. Frau Dornhof, Sie sprachen zuvor davon, dass es auch schwierig war, bei den Konferenzen zu Beginn der 1990er Jahre eine deutsch-deutsche Feminismus-Kommunikation herzustellen. Welche Probleme sind Ihnen fachlich begegnet?

D.D. Das große Interesse an einem Informations- und Begegnungsaustausch zu Frauen und Wissenschaft in Ost und West ließ schon in den frühen 90er Jahren allmählich wieder nach. Die Gründe dafür sind vielfältig und umspannen politische, mentale, methodische als auch konkurrenztechnische Perspektiven. In der DDR gab es bereits seit den frühen 80er Jahren Arbeitskreise zur Frauen- und Geschlechterforschung, wie den Interdisziplinären Arbeitskreis an der Humboldt-Universität, geleitet von der Kulturwissenschaftlerin Irene Dölling, aus dem 1989 das Zentrum für Interdisziplinäre Frauenforschung hervorging. Auch an den Universitäten Leipzig, Erfurt, Jena oder Rostock gab es inoffizielle und offizielle Arbeitsgruppen, in denen theoretische Fragen der Kunst und Wissenschaft von Frauen in den verschiedenen Disziplinen diskutiert wurden. Die Berliner Germanistinnen Hannelore Scholz und Eva Kaufmann gründeten im Frühjahr 1989 den Arbeitskreis Literaturwissenschaftliche Frauenforschung an der HU und organisierten einen Austausch mit Literaturwissenschaftlerinnen der Freien Universität. Bereits in den 1990er Jahren gingen diese von Neugier und Lust am Dialog geprägten Treffen in Fremdheit und Unverständnis zwischen den Wissenschaftlerinnen über. Es gab kaum Zeit und Interesse, sich über Differenzen zwischen den Frauen aus Ost und West sowie über die Differenzen der verschiedenen feministischen Theorien und Methoden zu verständigen. Dass sich die Ost-Wissenschaftlerinnen stärker auf die Untersuchung von Geschlechterverhältnissen in der DDR und in Osteuropa konzentrierten, hing damit zusammen, dass geplante Projekte der deutsch-deutschen Forschung, wie z.B. ein DFG-Projekt zu kulturellen Selbst- und Fremdwahrnehmungen von Frauen im Demokratisierungsprozess, nicht zustande kamen. Inzwischen war die Akademie der Wissenschaften abgewickelt und viele Kolleginnen an der Universität wurden arbeitslos, sodass wir Konkurrentinnen auf dem akademischen Arbeitsmarkt wurden. Aber das ist nur einer der Gründe für gegenseitige Enttäuschungen.

Ich hatte eigentlich Glück, auf der letzten Tagung «Jüdische Kultur und Weiblichkeit in der Moderne» des Hamburger Arbeitskreises in Essen im Dezember 1990 Christina von Braun kennengelernt zu haben. Sie erhielt 1994 einen Ruf als Professorin an die HU und ich wurde später ihre Assistentin. So konnte ich mich 2002 am Institut für Kulturwissenschaft habilitieren. Inge Stephan kam auch 1994 als Professorin an die HU und Sigrid Weigel wurde 1999 an das von Erhard Lämmert 1996 begründete Zentrum für Literaturforschung (ZfL) als Direktorin berufen, wo einige Wissenschaftler_innen aus dem literaturgeschichtlichen Akademieinstitut weiterarbeiten konnten und wo vor allem das Projekt der *Ästhetischen Grundbegriffe* zum Vorzeigeprojekt in der deutsch-deutschen Wissenschaftsvereinigung wurde.[11] Das bereits seit 1983 entwickelte innovative Konzept einer Begriffsgeschichte grenzte sich von der deutschen Geistes- und Ideengeschichte ebenso ab wie von der dogmatischen marxistischen Ästhetik. Vor dem Horizont kultureller Umbrüche, wie der Postmoderne, den neuen Medientechnologien und der Ästhetisierung des Alltags, ging die Rekonstruktion der Geschichte ästhetischer Begriffe und ihres Bedeutungswandels von gegenwärtigen Erfahrungen aus, orientierte sich an einem Ästhetikbegriff im Sinne von *aisthesis*, nicht mehr am ‹System der Künste› und der philosophischen Ästhetik. Mit der ‹Wende› kamen neue Mitarbeiter_innen und neue Herausgeber aus dem Westen hinzu, aus der Poetik-und-Hermeneutik-Gruppe der Konstanzer Schule, mit der sich die DDR-Wissenschaftler_innen bereits kollegial-kritisch auseinandergesetzt hatten, z. B. mit der Rezeptionsästhetik von Hans Robert Jauß.[12] So hat sich viel verschoben im ursprünglich emanzipatorischen Ansatz, der sich vor internationalem Horizont gegen wissenschaftliche Verengungen in der DDR richtete, aber eben auch in Westdeutschland, und auch konzeptionell hat sich Einiges verändert.[13] Es gab Spannungen und kritische Auseinandersetzungen, vor allem um das Verhältnis von Geschichte und Gegenwart, aber auch um konkrete Begriffe wie ‹Kultur› oder ‹ästhetische Kultur›.[14] Ich hatte noch vor 1989 den Herausgebern angeboten, als Co-Autorin für bestimmte Begriffe, wie z. B. Fantasie, Sensibilität, Kreativität, mitzuwirken, um das historisch eingelagerte Geschlechterwissen herauszuarbeiten. Das wurde so nicht akzeptiert. Allerdings konnte ich in einem umfangreichen Artikel zu ‹Weiblichkeit› die feministische Wissenschaftskritik im ästhetischen Diskurs einbringen.[15]

M.K. Herr Zimmermann, welche Umstrukturierungen vollzogen sich nach 1989/90 in der Architektur? Gab es in der wissenschaftlichen Begegnung Vorurteile oder beiderseitige Missverständnisse, die im besten Fall produktiv ausgingen?

G.Z. Wichtig ist mir eigentlich, Pauschalisierungen zu vermeiden. Es gab beispielsweise dieses Klischee der ‹Platte›. Das ist ja ein interessantes Thema für die Architektur, die Stadtplanung, die Soziologie. Für manchen im Westen war die DDR auf dem Gebiet der Architektur ‹die Platte›. Und das ist natürlich eine Pauschalisierung, die man zurückweisen muss. Und so ging es auch bei der Begutachtung der Fakultät Architektur in Weimar nach 1990 um die Frage der Entwurfsfähigkeit, und da begegnete einem dann schon das Vorurteil, dass die Lehre vom Großplattenbau dominiert gewesen sei. Das führte dazu, dass das Wissenschaftsministerium 1990 oder 1991 unbedingt wollte, dass drei Neuberufungen im Bereich des Entwerfens vorgezogen werden. Das machten wir dann auch. So fehlschlüssig das Motiv war, so gut waren dann aber auch diese frühen Neuberufungen.

An dem Begriff der Platte kann man ganz schön studieren, wie solche Klischees als Projektion wirken, und die waren bei einigen West-Beamten und -Beamtinnen fest eingerastet. Das war natürlich ein Zerrbild. Es gab vielleicht ein oder zwei ‹Platten-Päpste›, die nicht begriffen hatten, dass man damit auch anders umgehen kann und muss. Und natürlich war der realsozialistische Plattenbau städtebaulich hoch problematisch, zumal er den Verfall der Altstädte in seinem Schatten mitführte. Das Studium der Architektur hat der Plattenbau jedenfalls nicht dominiert. Und in der Konzeption des Großplattenbaus steckt, wenngleich simplifiziert und man könnte auch sagen korrumpiert, der alte Gedanke des ‹Baukastens im Großen›, den schon Walter Gropius verfolgte und der heute als Konzept rationellen Bauens wieder höchst interessant ist. Wir haben immer wieder das fatale Wirken der Kurzschlüsse. Vielleicht lässt sich da auch eine Parallele ziehen von der ‹Platte› im Bereich der Architektur zum Marxismus-Leninismus (ML) im Bereich der Philosophie?

D.D. Ich würde gern betonen, dass das DDR-System während der 40 Jahre kein homogenes war, sondern man sollte konkret schauen, was sich in den jeweiligen Jahrzehnten in dem Verhältnis von Modernisierung und Politisierung und von Differenzierung und Entdifferenzierung verändert hat. So kann man auch während der Transformation verschiedene Phasen unterscheiden. Und natürlich ist sehr bedauerlich, dass ein kritischer Auseinandersetzungsprozess, der zwischen 1989 und 1991 innerhalb der Wissenschaft begonnen hat, nicht fortgeführt wurde. In der Literatur- und in der Kulturwissenschaft

Abb. 2 Hörsaalgebäude (abgerissen), Bauhaus-Universität Weimar, Archiv der Moderne, FS/1/1551

fragten wir uns: Was haben wir innerhalb der konkreten Verhältnisse bewirkt? Wo haben wir versagt, wo haben wir geschwiegen und verraten? All das.[16] Aber der Prozess wurde ja überlagert von diesen Pauschalurteilen und Stereotypen, die dann auch mit den Evaluierungsprozessen zusammenhingen. Da ging es nicht um die wissenschaftlichen Leistungen, sondern um ‹Staatsnähe›, um ein im Westen angenommenes Marxismus-Verständnis, das bei den Mitgliedern der Kommissionen vorherrschte. Bei denen also, die entscheiden sollten über Wissenschaftler_innen aus dem Osten, ohne zu bedenken, dass auch in der DDR kritisches marxistisches Denken verfolgt wurde. Bedeutende Wissenschaftler_innen verloren ihre Professur und wurden aus der Akademie der Wissenschaften ausgeschlossen, wenn sie kritische Vorlesungen hielten.[17] Wir hatten durchaus plurale marxistische Positionen in der DDR und es gab diesen ‹ML› – Marxismus-Leninismus –, den seit 1955 Studierende aller Fachrichtungen absolvieren mussten. Dabei handelte es sich um einen spekulativen Weltanschauungs-Marxismus, der in undialektischer Weise die Wirklichkeit verklärte. Seine Funktion bestand darin, das Herrschaftssystems zu legitimieren. In Unkenntnis dieser Differenzen und der historischen Dimensionen und Veränderungen der DDR-Gesellschaft kamen Normen und Maßstäbe der westlichen Dominanzgesellschaft zur Anwendung.

Damit sage ich nicht, dass ‹alles schön› war. Das Verhältnis von Anpassung und Widerstand musste ständig in individueller Verantwortung neu austariert werden. Wir hatten es mit den Anforderungen des Kontrollapparats zu tun, die wir versuchten für unsere Projekte zu übersetzen. Es gab ja nicht nur den SED-Apparat. Das Kontrollsystem der Partei drang über die Einrichtung wissenschaftlicher Räte und über die Abteilung Wissenschaft beim Zentralkomitee der SED (ZK) bis in die eigene wissenschaftliche Institution und in die eigene wissenschaftliche Arbeit ein. Auch über die Kader-Politik wurden Hierarchien unter den Wissenschaftler_innen implantiert, die Möglichkeiten begrenzten oder erweiterten. Die Kolleg_innen, die in den Westen reisen konnten, hatten ganz andere Chancen, sich mit der internationalen Scientific Community auseinanderzusetzen und daraus zu profitieren.

J.M. Es kam schon einige Male zum Ausdruck, die verschiedenen Jahrzehnte, die verschiedenen Zeiten bedeuteten für die Wissenschaft in der DDR auch verschiedene Formen der Offenheit. Wie haben Sie das wahrgenommen?
P.P. Das war definitiv so. Die 80er Jahre waren anders als die 70er, die 70er anders als die 60er, und innerhalb der 70er gab es zwischen einer gewissen Öffnung ab 1971 und der Biermann-Ausbürgerung 1976 auch eine Wellenbewegung. Für die Hochschulen waren vor allem die Hochschulreformen wichtig. Die erste, 1946 bis 1948, wurde als ‹antifaschistisch-demokratische Umgestaltung› bezeichnet. Sie zielte auf die Öffnung der Hochschulen für Arbeiter- und Bauernkinder sowie auf die Etablierung des ML im Hochschulbetrieb. Das wurde mit der II. Hochschulreform 1952 verschärft. Im selben Jahr waren die Länder aufgelöst worden. Das Hochschulwesen wurde fortan zentralstaatlich gesteuert. Die III. Hochschulreform, die auch eine Akademiereform war, begann 1967 und war ambivalent: Die verbliebene Macht bürgerlicher Ordinarien an den Hochschulen sollte neutralisiert, die Wissenschaft auf Parteilinie gebracht, ihre Effizienz gesteigert und Ulbrichts Wirtschaftsreform wissenschaftlich abgesichert werden.

G.Z. Aus Sicht des Bauens, der Architektur und allem, was damit zusammenhängt, waren die 60er eine große Öffnung. Es war der Durchbruch der Moderne, es ging um den Wiederaufbau der Stadtzentren. Das war eine sehr lebendige Szene in der DDR. Doch mit der Deklaration des Wohnungsbauprogramms Anfang der 70er ist das Baukastenprinzip Gropius' sofort so minimiert worden und zusammengeschnurrt, dass es zu diesem absolut trivialisierten Massenwohnungsbau wurde. Und das führte dazu, dass über Alternativen zu dieser Architektur praktisch nicht mehr geredet werden konnte.
D.D. Ich würde Ihnen gern widersprechen. Die 60er Jahre waren für Kultur, Literatur und Wissenschaften ein problematisches Jahrzehnt. Da gab es das berühmte Kahlschlag-Plenum, das 11. Plenum des ZK der SED 1965, wo eine ganze Jahresproduktion von DEFA-Filmen abgesetzt, verboten wurde und das auch in den Kunst- und Kulturwissenschaften zu widerstreitenden Debatten geführt hat und wiederum auch zu neuen Kontrollmechanismen. Es war ein inszenierter Kulturkampf gegen Künstler_innen und Schriftsteller_innen, um von der politischen Krise des Systems abzulenken. Die Theorieentwicklung und die Kunstpraxis wurden in den 60er Jahren eher stark beschädigt. Es gab mehr Verbote und Zensur als Anfang der 70er Jahre.

Um noch einmal auf die Akademie der Wissenschaften zu verweisen, wo die latente Bedrohung kritischen Denkens durch das politische krisenhafte System immer auch Elemente seiner Überwindung hervorbrachte: 1951 wurde das Institut für Gesellschaftswissenschaften gegründet, später hieß es sogar Akademie für Gesellschaftswissenschaften beim ZK. Mit der Hochschul- und Akademie-Reform 1969 gründeten sie dort wissenschaftliche Räte für die Gesellschaftswissenschaften. Alle Direktoren der jeweiligen gesellschaftswissenschaftlichen Institute der Akademie mussten dann monatlich bei Konferenzen erscheinen, bei denen Planungen abgesprochen wurden usw. Das Zentralinstitut für Literaturgeschichte wurde während dieser Reform 1969 gegründet, und es sollte ein Leitinstitut werden für die Germanistik, die Romanistik, die Slawistik. Das entsprach überhaupt nicht dem wissenschaftlichen Selbstverständnis der dort Forschenden. Und es war auch nicht durchsetzbar, es als Leitzentrum für andere Fachdisziplinen an den Unis zu installieren.

G.Z. Und es gab *Ästhetik heute* Ende der 70er Jahre.

D.D. *Ästhetik heute*? Von den Berliner Kulturwissenschaftler_innen?[18]

G.Z. Ja.

D.D. Darin stellte die Berliner Ästhetikschule der HU ihr Konzept vor, das auch die Ästhetik des Designs und des Alltags umfasste.

G.Z. Genau.

D.D. Ich habe als Studentin der Kulturwissenschaft und Ästhetik an der HU noch Vorlesungen zur Geschichte der Ästhetik bei Wolfgang Heise gehört, der als Persönlichkeit und Wissenschaftler maßgeblich den Studiengang prägte. Dort studierten wir bereits, wie Ästhetik eben nicht mehr nur auf Kunst zentriert ist. Denn der Studiengang wurde 1963 mit einem weiten Kulturbegriff gegründet, der unter anderem an Georg Simmel orientiert war, an seiner Unterscheidung von subjektiver und objektiver Kultur. Wie sind Lebensbedingungen und Lebensweisen beschaffen, dass sich Individuen entwickeln können? Also die Kulturwissenschaft an der HU war nach meinem Verständnis fast so etwas wie eine subversive Wissenschaft, weil die Persönlichkeit und das Individuum ins Zentrum der theoretischen Untersuchung rückten. Denn das Individuum spielte ja im Sozialismus keine so große Rolle und wurde nun dort zentral gesetzt. Interessant waren auch die Untersuchungen zu Massenkommunikation und Popkultur; die Kulturgeschichte nicht zu vergessen.

Und zum Glück ist dann die Kulturwissenschaft nach 1990 erhalten geblieben, obwohl sie auch abgewickelt werden sollte. Es gab zahlreiche Proteste und im letzten Moment wurde der Abwicklungsbeschluss vom Berliner Senat zurückgenommen. Also da gab es eben auch Beamt_innen, die glaubten, die Kulturwissenschaft müsse weg, weil die zu marxistisch war.

Und dann hat sich die neue Berliner Kulturwissenschaft gegründet. Im Bereich der Ästhetik[19] blieben zwei Professorinnen aus der DDR, Karin Hirdina und Renate Reschke. Hirdina hat zur historischen Avantgarde geforscht. Das waren Forschungsgebiete, die im Westen anschlussfähig waren – ‹anschlussfähig›? Hmm, sag ich jetzt auch schon – und Reschke war Nietzsche-Spezialistin. Weitere Professuren wurden dann mit interessanten Wissenschaftler_innen aus dem Westen besetzt. Christina von Braun, die die Medialität von Geschlechterverhältnissen und die Verbindung von Bild und Schrift, von Geschlecht und Religion untersucht hat. Als Filmemacherin kam sie von außen. Sie hat Medien-Seminare angeboten, wo die Studierenden selber Filme herstellen konnten. Thomas Macho untersuchte Kulturtechniken und Hartmut Böhme arbeitete an einer anderen Moderne-Theorie. Also wir hatten da sehr interessante Linien, die sich unterschieden von den kulturwissenschaftlichen Ansätzen, die ich noch studiert hatte. Holger Brohm hat in einem Aufsatz zur Geschichte der Kulturwissenschaft den stärker bedeutungsorientierten Nach-‹Wende›-Kulturbegriff gegenüber dem eher normativen in der DDR herausgestellt.[20]

M.K. Und wie erlebten Sie die Umbruchszeit mit Ihren Kolleg_innen in den verschiedenen Institutionen und an den neu geformten Instituten?

D.D. Wir hatten am ZIL ungefähr 150 Mitarbeiter_innen mit allem Personal, und davon sind 15 Wissenschaftler_innen übrig geblieben. Die kamen dann mit den Projekten, die sie in der Evaluierung vorlegten, an das neue, von der Max-Planck-Gesellschaft gegründete Zentrum für wissenschaftliche Neuvorhaben.[21] Die anderen

Abb. 3 Studierendenproteste/Wendezeit, Bauhaus-Universität Weimar, Archiv der Moderne, FS/3/1638

wurden arbeitslos. Für uns war ja die Möglichkeit, sich bei anderen Institutionen zu bewerben, nicht so groß. Bei Naturwissenschaftler_innen war das anders. Die konnten in die Fraunhofer-Gesellschaft z. B. Es existierte aber keine Kompatibilität für die Akademie der Wissenschaften. Das gab es im Westen nicht. Insofern mussten neue Institutionen gegründet werden, wie die Geisteswissenschaftlichen Zentren.[22] Dazu zählte auch das ZfL. Ich bekam noch an dem Zentrum für wissenschaftliche Neuvorhaben ein Postdoc-Stipendium und bin für ein Semester in die USA gegangen. Also für mich war das eigentlich eine gute Chance, hineinzukommen in die neue Welt. Aber für viele andere eben nicht, wenn man die große Zahl der Wissenschaftler_innen sieht, die arbeitslos wurden. An der HU z. B. ist der Anteil von 1236 Wissenschaftlerinnen im Dezember 1989 auf 530 im August 1992 gesunken. Bis zum August 1992 ergingen von 138 Rufen für C4- und C3-Professuren zwölf Rufe an Frauen.[23]

G.Z. Ja, man darf die Dramatik, mit der das alles ablief, nicht übersehen, gerade wenn so eine Institution wie die Akademie der Wissenschaften geschlossen wurde oder auch die Bauakademie. Die ist ja mit meinem ehemaligen Institut für Städtebau und Architektur auch komplett abgewickelt worden. Heute können wir nur spekulieren, wie die Zukunft ausgesehen hätte.

In wenigen Fällen sind auch Hochschulen abgewickelt, in allen Fällen aber einem Transformationsprozess unterworfen worden. Mir war es als Rektor wichtig, die Chance des Epochenbruchs zu ergreifen und aus dem Strukturbruch einen Aufbruch zu machen, als – sagen wir – kollektive Anstrengung einer ganzen Hochschule, selbstverständlich nicht ohne auch massive Auseinandersetzungen über diesen Zukunftsweg.

Der Wissenschaftsrat legte 1991 seine Gutachten für alle akademischen Institutionen im Osten vor. Das Gutachten für die Weimarer Hochschule passte in meine Konzeption für ihre Zukunft ziemlich gut hinein. Der Grund war, dass es in der Kommission, die damals in Weimar tätig war, mindestens eins, zwei, drei ganz kluge Leute gab, die das mögliche Zukunftsformat dieser Hochschule als «Unikat in der deutschen Hochschullandschaft» begriffen, wie es der Wissenschaftsrat dann formulierte. Hier sollten, wie es schon einst das Bauhaus wollte, die Sphäre der Kunst und jene der Technik zu einer neuen Einheit gelangen können, eine alte Utopie also. Zugleich sind auch Fakultäten abgewickelt worden.

Nach dem Gutachten des Wissenschaftsrats mussten wir die Fakultät Informatik schließen.[24] Ich bin zum Vorsitzenden des Wissenschaftsrats gefahren, um den zu beknien, in einem Moment, in dem es sozusagen auf der Straße lag, wie wichtig dieses Fach Informatik werden würde. Und ich habe hinhaltend Widerstand geleistet. Doch es gab auch diese irrsinnige Situation, dass es 1995 in ganz Deutschland kaum Studierende für die Informatik gab, geschweige denn in Thüringen, wo die Technische Universität Ilmenau, die Universität Jena und die Weimarer Uni Informatik anboten. Da war entschieden worden: keine Fakultät in Weimar. So fand ich eines Tages einen Brief des Wissenschaftsrats vor, in dem mitgeteilt wurde, das gesamte Entwicklungskonzept für die Bauhaus-Universität stünde erneut auf dem Prüfstand, wenn nicht augenblicklich die Erklärung erfolgt, dass diese Fakultät geschlossen ist. Da habe ich – das vergesse ich natürlich nie – in Form einer Eilentscheidung als Rektor diese Fakultät geschlossen und mir vom Senat anschließend die Bestätigung geholt. Die hat er dann mehrheitlich auch gegeben. Und in der gleichen Senatssitzung haben wir die Fakultät Medien gegründet, die sozusagen das Folgeprojekt war. Natürlich nicht wörtlich, aber strukturell für diese Fakultät Informatik. Mit solchen Umbrüchen hatten wir permanent zu tun. Die Idee war: Nimm die Leute mit in den neuen Kontext. Entwickle aus dem neuen Kontext auch neue Impulse für das Fach. Und das gelingt dann natürlich nicht flächendeckend. Da gibt es Restbestände, die wegfallen.[25]

M.K. Herr Pasternack, würden Sie eine andere Geschichte der Abwicklung erzählen? Wie haben Sie das von Leipzig aus erfahren? Gab es Projekte bzw. Institute, die in ihrer Einzigartigkeit ganz wegbrachen?

P.P. Das war alles höchst dramatisch. Und dann wieder muss man das auch etwas relativieren. In der Wissenschaft bricht ständig irgendwas weg, ohne dass es irgendjemand bemerkt. In der Wissenschaft wird ja ständig auch irgendein Unsinn gemacht und es werden Ressourcen vergeudet usw. Diese Art von ‹verschwenderischem› Verhalten braucht Wissenschaft aber, sie braucht Probier-Routinen, und deshalb ist nicht jedes Drama, das individuell mit Berechtigung erzählt werden kann, immer auch ein großes Drama für die Wissenschaft. Gerhard Schröder als Ministerpräsident von Niedersachsen hat 1995 die Informatik an der Uni Hildesheim aus ähnlichen Gründen, wie sie gerade Herr Zimmermann geschildert hat, geschlossen. So etwas kommt vor. Und wir haben 1991 auch eine extrem gestaltungsoffene Situation gehabt. In dieser hing es extrem davon ab, welche Personen mit welchem Engagement und welchem Willen, sich einzubringen, in dieses Spiel eintraten.

G.Z. Wir wollten nicht, dass die Fakultät Informatik per Gesetz geschlossen wird; nicht vom Landtag, nicht von außen, sondern wir wollten intern die Potenziale umbauen. Und wir haben dann diese Informatik, die Professoren und Professorinnen sowie Mitarbeiter und Mitarbeiterinnen an die anderen Fakultäten angedockt mit der Idee, die vorhandene Anwendungsorientierung der Informatik zu verstärken. Und das war am Ende sehr richtig. Aber wichtig ist, dass man alles versucht, das nicht von außen und pauschal machen zu lassen. Denn dann gibt irgendeine Kommission, die eigentlich kein vitales Interesse hat, ein Urteil raus, das tödlich ist für die Mitarbeitenden und auch für dieses gesamte Fach. In unserem Fall haben wir die Informatik in gewisser Weise gerettet, indem wir sie einfach selber umgebaut haben und zugleich dem generellen Verdikt, die Informatik-Fakultät zu schließen, entgegengekommen sind.

J.M. Ich frage mich, ob das, was Sie gerade als ‹von außen versus von innen umbauen› bezeichnet haben, nicht in vielen Fällen zusammengefallen ist mit der West- versus Ost-Herkunft der Akteur_innen? Herr Pasternack, können Sie aus Ihrer Überblicksforschung heraus sagen, ob Personen, die schon vor Ort waren, den Umbau in einer gewissen Weise sanfter betreiben konnten oder vielleicht auch kreativer? Während es eher holzschnittartig verlief, wenn die Beschlüsse von außen griffen?

P.P. Die Unterscheidung von innen/außen wurde in diesem Kontext ziemlich relevant. Das ist zunächst nicht transformationstypisch für Ostdeutschland, sondern das gilt immer, wenn in der Wissenschaft irgendetwas auf dem Prüfstand steht. Dann versucht man eine Innen-außen-Konstellation herzustellen, um damit einerseits Erfahrung, die aus dem Innen kommt, mit andererseits Innovation, die vielleicht nicht von innen kommt und also von außen organisiert werden muss, zusammenzuführen. Aber: Hier war es eine eindeutig vermachtete Situation – das war die Besonderheit. Und es war klar, wer hier die Macht hat. Das war auch uns als Studierendenvertreter_innen schon deutlich bewusst. Die machtvolleren Positionen waren westdeutsch besetzt. Und das spielte unterschwellig durchgehend eine Rolle. Diejenigen, die von ostdeutscher Seite her Positionen besetzten, waren in dieser Zeit häufig noch in ungesicherten Vertragsverhältnissen. Diese Situation führte dann zu einer Schieflage in den sozialen Anordnungen, in denen Diskussionen stattfanden. Insofern gab es doch eine deutliche Synchronisation von innen und außen und Ost und West. Gleichzeitig kann man auch nicht sagen, dass dort, wo alle so aktiv waren wie Herr Zimmermann und die Leute an der Bauhaus-Uni, auch alle die Chance hatten, das genauso hinzukriegen wie die Weimarer. Es gab ja andere Institute mit ganz ähnlichem Engagement und dort lief das vollständig ins Leere, weil andere Konstellationen gegeben waren. Zum Beispiel, Herr Zimmermann, ist es mir bis heute ein Rätsel, wie sowohl Sie als auch die Akteure und Akteurinnen in Ilmenau es hinbekommen haben, Ihre Hochschulen zu Universitäten zu machen und zu verhindern, dass sie wie Mittweida oder andernorts zu Fachhochschulen wurden – wahrscheinlich eine Thüringer Sondersituation.

G.Z. Das war noch vor meiner Zeit als Rektor, als diese Frage ‹Fachhochschule oder Universität› behandelt wurde. Zwei Größen haben meines Erachtens dazu geführt, dass die HAB einrangiert wurde in den Status einer wissenschaftlichen Hochschule, die den Universitäten gleichgestellt war. Erstens: Die Ingenieurwissenschaften in Weimar waren hochentwickelt und international vernetzt. Dies galt z. B. für die Baustoffforschung mit Prof. Dr. Jochen Stark. Es galt schon in den 60er Jahren für Prof. Matzke, einen Mathematiker, der sehr früh Pionierleistungen in der Bauinformatik in Weimar bewirkte und entsprechend ausstrahlende Konferenzen organisierte. Und es galt, ohne dass die Nennung hier vollständig wäre, in besonderer Weise für Prof. Erhard Hampe, international renommiert im Sektor der modernsten Baukonstruktionen. Zweitens: die Tradition des Bauhauses, die seit Mitte der 70er Jahre auch in Weimar, dem Gründungsort, auf Bernd Grönwalds Initiative hin intensiv erforscht worden war. Diese beiden Faktoren bedeuteten:

Diese Hochschule muss auf möglichst hohem wissenschaftlichem und künstlerischem Level gehalten und entwickelt werden. Wir hießen dann noch HAB und ich wollte unbedingt einen neuen Namen. Denn der Name deckte, insbesondere nach der Neugründung der Fakultät Gestaltung 1993, nicht mehr das Profil, das mir wichtig war: Ingenieurwissenschaften und künstlerische Disziplinen interagieren an einer Hochschule.

Der Begriff ‹Bauhaus› war die entscheidende Formel. Wir brauchten den Begriff in der Tat als Programm. Und den habe ich dann – mit Unterstützung der Thüringer Politik – durchgesetzt und im gleichen Atemzug, na ja, den Coup gelandet, das Wort ‹Universität› danebenzuschreiben – was zu der Zeit noch ungewöhnlich war, aber doch auch möglich. Das hat niemand auch nur einen Moment angezweifelt. Und das hatte auch alles ein bisschen was mit Tempo zu tun. Denn es ist alles wirklich in sehr intensiver Entwicklung passiert.

P.P. Die Nutzung zeitlicher Dynamiken …

G.Z. Ja. Man muss – im richtigen Moment muss man es tun.

P.P. Genau. Und es ist wesentlich abhängig davon, wie viele Akutprobleme z. B. so ein Ministerium gerade zu lösen hat. Für Berlin, wo 25 Prozent des gesamten Wissenschaftspotenzials der DDR konzentriert waren, muss man bei allem, was der Senat dort auch in höchst problematischer Weise entschieden hat, sagen: 1990/91 waren dort halt Entscheidungen zu treffen über 25 Prozent des DDR-Wissenschaftspotenzials von einer Landesregierung und -administration, die von nichts eine Ahnung hatte, die ja schon mit Westberlin überfordert war. Insofern gingen örtliche Konstellationen und zeitliche Dynamiken häufig ganz anders aus, je nachdem wo man sich befand.

M.K. Die Frage nach der Dynamik und nach der Eile stellt sich in Auseinandersetzung mit unserem Thema sofort ein. Alles musste so schnell gehen. Ist das etwas, was Sie in dem Moment auch als Eile gespürt haben und wo Sie sich gesagt haben, eigentlich bräuchten wir jetzt noch mal zehn Monate oder auch zehn Jahre? Oder wurden die Entwicklungen im Allgemeinen eher mit Ungeduld angegangen, auch von Ihnen?

P.P. Man hätte sich für alles viel mehr Zeit gewünscht. – Es gab den berühmten Vermerk des damaligen sächsischen Finanzministers auf einer Rechnungshofbeanstandung: «Wird bei der nächsten Wiedervereinigung anders gemacht.» – Die Zeit gab es aber nicht. Ob das so sein musste, darüber gehen die Meinungen auseinander. Zum Beispiel hätte man auch auf die Altersstruktur vertrauen können. Dann hätte sich ab 1995 die DDR-Professorenschaft sozusagen von selbst aufgelöst, indem sie innerhalb von fünf Jahren fast komplett planmäßig in Rente gegangen wäre. Oder nehmen wir die Auswahl derjenigen, die für die Begutachtungen, für die Prüfungen von Institutskonzepten usw. engagiert wurden. Der Umstand, dass man die besten Fachvertreter und -vertreterinnen in eine Kommission bekommen hatte, konnte einerseits heißen, die kompetentesten Personen zu haben, und andererseits waren das diejenigen, die am wenigsten Zeit hatten, sich um diese Kommissionsarbeit zu kümmern, weil sie die Zampanos ihrer jeweiligen Fächer waren. Die Bewertungen der Institute hingen immer auch davon ab, ob jemand die umfangreichen Unterlagen für eine Evaluationssitzung mal kurz im Zug durchgeblättert hat oder sich gesagt hat: Nein, ich mache jetzt irgendetwas anderes, das auch wichtig ist, nicht und lese diese 180 Seiten, weil da halt das Schicksal z. B. der von Frau Dornhof erwähnten 150 Leute dranhängt. Und das war schwer steuerbar.

D.D. Ich wollte noch einmal auf den zu Beginn zitierten Steffen Mau zurückkommen, um die Dramatik zu unterstreichen. Er beschreibt Ostdeutschland als eine Gesellschaft der Frakturen,

Abb. 4 HAB-Konzil 1990: Die Wahlkommission bei der Arbeit, Bauhaus-Universität Weimar, Archiv der Moderne, FS/ko/2135

die sich aus den Besonderheiten von Sozialstruktur und Mentalität ergeben. Fraktur ist eine Metapher für die Brüche und Widersprüche in den Sozialstrukturen der DDR, die nach 1989 und dann in der Transformation weiterwirken. Nach dem einmaligen Gefühl, Subjekt der Geschichte zu sein, spannte sich sehr bald in Ökonomie, Kultur, Medien, Wissenschaften der westliche Referenzrahmen auf und ließ all die Empowermenterfahrungen ins Leere laufen. Die DDR-Bevölkerung fand sich über Nacht auf den untersten Rängen in der Hierarchie der bundesdeutschen, nun vereinten deutschen Gesellschaft wieder. «Deklassierungs- und Entmündigungserfahrungen waren an der Tagesordnung, und dies zu einem Zeitpunkt, an dem man gerade zum ersten Mal die beglückende Erfahrung kollektiver Handlungsfähigkeit gemacht hatte.»[26] Ich finde das sehr zutreffend beschrieben. Obwohl es günstiger verlaufene Einzelbeispiele gibt, von denen hier berichtetet wurde. Und auch die Kulturwissenschaft hat eine institutionelle Kontinuität an der HU erfahren. Das Zentrum für interdisziplinäre Frauenforschung wurde nicht zuletzt wegen seiner interdisziplinären Ausrichtung positiv evaluiert und heißt heute Zentrum für transdisziplinäre Geschlechterforschung. Wir haben 1997 den bereits erwähnten Gender-Studiengang «Geschlechter-Studien» unter Leitung von Christina von Braun fakultätsübergreifend aufgebaut. Da sind die Jurist_innen dabei, die Mediziner_innen, Kunst, Theologie, Politikwissenschaft. In acht von elf Fakultäten und in 18 Fächern werden Lehrveranstaltungen angeboten. Das ist schon wirklich einmalig, was da passiert ist, auch gesamtdeutsch gesehen. Ich könnte eigentlich viel Positives sagen, was aber den Frakturen nicht widerspricht, denn beides gehört zusammen. Die Deklassierungserfahrungen und die Verwerfungen, ebenso wie die strukturellen Frakturen und die Zugewinne.

G.Z. Die These von Mau stimmt, und sie stimmt nicht, kann also, wie mir scheint, nicht pauschal gelten. Im Falle der Hochschulrektoren und -rektorinnen, die ja aus den Hochschulen gewählt worden sind, war es so, dass – wenn ich es richtige sehe – am Anfang alle komplett Ossis waren. Und das hat lange angehalten. 2011 war ich selbst aber einer der letzten Ostdeutschen unter den Rektoren und Rektorinnen. So, das heißt, da ist genau das passiert, was vorher schon bei den Besetzungen der Professuren passiert ist. Das muss man einfach so sagen: Da waren kaum welche aus dem Osten dabei. Es gab am Anfang diese sogenannte Überleitung, wo eine externe Kommission – die bestand ja auch fast komplett aus Westdeutschen – in den einzelnen Fächern die Leute bewertet hat. Aber in den folgenden Konkurrenzen waren die Ostdeutschen weitgehend chancenlos. Das hat natürlich zu tun mit dem Leistungsbild, das man im Vergleich vorweist. Es sind sicherlich auch Lesarten, die eine Rolle spielen, Vorurteile, Haltungen. Aber es hat natürlich gerade auch im Bereich der Architektur oder des Ingenieurwesens damit zu tun, ob das Leistungsvolumen, das man da mitbrachte, konkurrenzfähig war mit dem, was jemand im Westen aufbauen konnte. Die Talente waren da, die Intelligenz war da, die Kreativität, das Engagement auch. Einer der fatalen Gründe für den Untergang der DDR war aber doch, dass deren Entfaltung permanent – man kann sagen systematisch – torpediert wurde. So entstand der historisch bedingte Nachteil. Und es gab keinen Bonus, der das kompensiert hätte.

J.M. Aber hätte man nicht, gerade weil die Bedingungen andere waren, auch andere Kriterien in Berufungskommissionen aufstellen müssen? Das ist ja eine Frage der Gleichstellung. Herr Pasternack, Sie sagten vorhin, Sie waren als Student in diesen Berufungskommissionen schwer beschäftigt. Waren das Fragen, die man sich gestellt hat, oder spielte das einfach keine Rolle?

P.P. Das hing wieder von ganz konkreten Akteuren ab. Wolfgang Schluchter fragte in Leipzig immer: Gibt es für diese Stelle Ostdeutsche, die wir einladen können zum Vortrag? Und dann wurden auch Ostdeutsche eingeladen. Aber das hing davon ab, dass eine beteiligte Figur diese spezielle Aufmerksamkeit hatte. So ist das ja auch bei dem Durchbrechen gläserner Decken für Frauen oder migrantische Menschen. Es braucht immer jemanden, die oder der die Kanäle bahnt. Doch war die Situation der Ostdeutschen noch ein wenig anders: Sie waren faktisch – wie Mau schreibt – über Nacht auf der untersten Etage der sozialen Architektur der Bundesrepublik platziert. Und dann hatten alle die Chance, sich von dort aus gleichsam wie *first generation students* zu entwickeln, also wie Menschen, die als Erste aus ihren Familien an eine Hochschule gehen und dann manchmal auch ganz erstaunliche Karrieren hinlegen. Je nach Lebensalter konnte man sich darum bemühen, jetzt innerhalb von fünf Jahren eine Blitzkarriere hinzulegen, für die andere unter Normalbedingungen West eben zehn, 20 Jahre Zeit gehabt hätten. Und wer das bis Mitte der 90er Jahre nicht geklärt hatte, für den war, jedenfalls was Wissenschaft betrifft, die Sache abgeschlossen. Man hatte also ein extrem kurzes Zeitfenster, in dem man sich entwickeln konnte. Je nach Vorerfahrungen und deren Verarbeitung gelang das manchen leichter und manchen schwerer. Ich erinnere noch einmal an die unterschiedlichen Platzierungen: Wer Dissertation-B-Aspirant an der Pädagogischen Hochschule Zwickau war und dort ohne jeden West-Literatur-Kontakt eine Habil, die damalige Dissertation B, geschrieben hat, war mit höchster Wahrscheinlichkeit schlechter für dieses

Aufholrennen gerüstet als jemand am Zentralinstitut für Literaturgeschichte in Berlin. Das waren unterschiedliche Ausgangsbedingungen, die sich nur zu einem geringen Teil den Einzelnen zuschreiben lassen.

G.Z. Ich möchte auch eine Frage stellen: Ich finde, der Umbruch von 89/90 und die Folgejahre haben zu einer Situation geführt, in der die sogenannten neuen Länder und ihre Institutionen sich in mancher Hinsicht moderner weiterentwickelt haben als vielleicht einige Hochschulen oder akademische Institutionen im Westen. Das ist eine interessante Frage, wozu das führt, wenn man alte Strukturen bricht und neue aufbaut? Ich finde auch, das ist eine hochaktuelle Frage. Wir sehen ja deutlich, wie sich in einer ganzen Reihe von Feldern in Deutschland eine Art Beharrungsvermögen entwickelt hat, wo eigentlich Fortschritt und Weiterentwicklung dringend erforderlich wären, aber teilweise nicht stattfinden, weil sie z. B. in der Bürokratie stecken bleiben. Also ich glaube, es wäre nicht uninteressant, mal weiter zu fragen, was das, was wir hier diskutieren, für das Heute bedeuten würde. Was heißt das eigentlich? Brauchen wir ähnliche Aufbruchsformate wieder?

D.D. So nicht noch einmal. Wir wurden mit Veränderungen konfrontiert, die unsere bisherige Erfahrungs- und Wissensräume überforderten und die nicht auf Augenhöhe verhandelt wurden.

G.Z. Gut. Sie geben diese Antwort, und die kann ich gut verstehen. Ich würde aber sagen: Ja, wir brauchen wieder, sagen wir, eine Renaissance. Das soll und wird nie so aussehen wie '89. Die Zeiten sind völlig andere und die Umstände sind auch völlig andere. Da will ich nicht missverstanden werden. Aber brauchen wir nicht auch wieder einen Geist des Aufbruchs und der Erneuerung, der uns teilweise abhandengekommen ist? In dieser Hinsicht durchaus so, wie im Herbst '89.

D.D. Ich möchte dazu sagen, dass eigentlich ein Aufbruch da war, der aber im Sog der nationalen Einheitsbestrebungen versandete. Also der Aufbruch begann mit der friedlichen Revolution, er fand mit neuen demokratischen Politikformen statt, in einer Zwischenzeit, wo es noch nicht Kapitalismus war, aber auch nicht mehr Sozialismus, also wo neue Denk- und Verhaltensmuster erprobt wurden, wo viele Optionen möglich schienen und enorm viel Hoffnung vorhanden war. An dieses Interregnum[27] zu erinnern, halte ich für sehr aktuell. Denn es wurden ja aus der Krise heraus kaum neue Strukturen im Wissenschaftssystem geschaffen, sondern wir wurden eingefügt in bestehende Strukturen, und das waren die alten bundesdeutschen. Dieter Simon, der damalige Vorsitzende des Wissenschaftsrats, hat im Rahmen der Evaluierung der Ostdeutschen festgestellt, dass die Vereinigung auch der Bundesrepublik die Chance einer Erneuerung des Wissenschaftssystems geben könnte.[28] Aber wo sind die Reformen geblieben?

G.Z. Eigentlich hat es eine ganze Menge Reformen gegeben. Auch ziemlich tiefgreifende, wenn man z. B. an die Bologna-Reformen denkt.

D.D. In der Aufbruchstimmung wurde Verschiedenes laboriert. Und da ist Vieles weggebrochen. Auch in der medialen Erinnerung. Aber die Initiator_innen und Akteur_innen des Zusammenbruchs eines krisenhaften Regimes, das waren die Ostdeutschen. Und von dieser Aufbruchstimmung und Selbstermächtigung der Ostdeutschen, von den Experimenten mit neuen Demokratieformen, wie denen der Runden Tische, ist nicht viel übrig geblieben. Der ostdeutsche, vom Zentralen Runden Tisch in Auftrag gegebene Entwurf einer neuen Verfassung wurde komplett vernachlässigt. Er enthielt zahlreiche alternative Vorschläge und Modelle für ein gleichberechtigtes Miteinander und für eine umfassende Demokratisierung in Politik, Wirtschaft und Kultur.[29]

G.Z. Also das sehe ich anders. Definitiv. In Weimar hat dieser Aufbau- und Erneuerungsprozess ja nie aufgehört. Wir – und ‹wir› ist hier Ost wie West – haben permanent neue

Abb. 5 FDJ-Studentensommer 1989: Studierende bei einem Arbeitseinsatz, Bauhaus-Universität Weimar, Archiv der Moderne, FS/ko/1884

Formate und neue wissenschaftliche Felder etabliert. Und das ist von innen gekommen, teils von außen angestoßen worden, z. B. durch Formate für Forschungsanträge, wie etwa die Exzellenzinitiative. Aber ich habe die Frage vorhin bewusst gestellt, weil sie mich beschäftigt: Was ist der Outcome dieser Jahre? Und ich glaube, dass sich natürlich viel getan hat in den Hochschulen. Ob das genügt, international wirklich mitzuspielen – was das eigentliche Kriterium wäre –, ist eine andere Frage.

P.P. Der typische Fall ist immer, dass es ein bisschen stagniert und ein bisschen innoviert. Das ist in Ost und West gleichermaßen der Fall und auch der Fall gewesen. Daneben kann man die Frage stellen: Gibt es irgendetwas, das sich darauf zurückführen lässt, dass da zwei Staaten und zwei Gesellschaften zusammengekommen sind, und wo man erkennen kann, dass da nicht nur eine einseitige, sondern eine wechselseitige Beeinflussung stattgefunden hat? Das müsste man an irgendetwas erkennen, das nicht spezifisch für den Westen gewesen ist. Nun ist es ein großes Problem bei der Outcome-Betrachtung des ostdeutschen Wissenschaftsumbaus, dass wir zwischenzeitlich den Bologna-Prozess hatten, der mit Ost und West und mit deutscher Vereinigung nichts zu tun hatte, aber sämtliche empirische Ergebnisse verzerrt.

D.D. Meine Bemerkung zielt jetzt auf etwas anderes, und zwar nicht unbedingt auf die Ost-West-Repräsentanz an den Schulen, Universitäten und Medien oder Innovationen, die von welcher Seite auch immer gekommen sind. Ich würde sagen, eine Erneuerung der gesamtdeutschen Wissenschaftslandschaft, des Beitrittsgebiets und der alten Bundesrepublik, ist strukturell kaum passiert. Ich finde es ist eher prekärer geworden. Schauen Sie sich die Debatten um den Mittelbau an.[30] Schauen Sie sich unsere Gesellschaft an, wie divers sie ist und wie unsere Universitäten ausgestattet sind. Wo haben wir PoC-Professor_innen? Der Anteil der Frauen an der Professor_innenschaft liegt im bundesdeutschen Durchschnitt bei 26 Prozent. Wie viele Professor_innen haben wir mit migrantischem Hintergrund? Multiperspektivität wird noch immer als Bedrohung der deutschen Diskurshoheit betrachtet. Ich meine solche Dimensionen der Gesellschaft, die ja auch zu einer Modernisierung des Wissenschaftsbetriebs führen sollten. Da hat sich doch so gut wie nichts getan bis heute.

G.Z. Eindeutig zu wenig. Mir war allerdings besonders wichtig, ‹Multiperspektivität› gerade auch in der Figur der Weltoffenheit abzubilden, mit einem hohen Anteil internationaler Studierender und Professorinnen.

D.D. Ich will ja Veränderungen, die partiell geschehen sind, auch nicht kleinreden. Aber die Erfolge gehen mit dem Scheitern und den ungenutzten Chancen der Vereinigung einher. Eine Reform des Wissenschaftssystems, die müsste grundlegender sein, struktureller.

1 Der vorliegende Gesprächstext wurde gekürzt. Die Langversion des Gesprächs ist auf der Webseite der *ZfM* abrufbar: *www.zfmedienwissenschaft.de/online*.

2 Steffen Mau: *Lütten Klein. Leben in der ostdeutschen Transformationsgesellschaft*, Frankfurt/M. 2019, 178.

3 Vgl. Hermann Klenner: Entstehung und Tätigkeit des RUNDEN TISCHES der weiland Akademie der Wissenschaften der DDR (1989/1990), in: Peer Pasternack (Hg.): *IV. Hochschulreform. Wissenschaft und Hochschule in Ostdeutschland 1989/90. Eine Retrospektive*, Leipzig 1993, 13–25.

4 Vgl. Petra Boden, Dorothea Böck (Hg.): *Modernisierung ohne Moderne. Das Zentralinstitut für Literaturgeschichte an der Akademie der Wissenschaften der DDR (1969–1991). Literaturforschung im Experiment*, Heidelberg 2004; Dorothea Dornhof: The Inconsequence of Doubt: Intellectuals and the Discourse of Socialist Unity, in: Michael Geyer (Hg.): *The Power of Intellectuals in Contemporary Germany*, Chicago 2001, 59–88.

5 Vgl. Marie-Christin Schönstädt: Transformation der Wissenschaft. Die Evaluation des ostdeutschen Wissenschaftssystems als Impuls für den Westen, in: Marcus Böick u. a. (Hg.): *Jahrbuch Deutsche Einheit 2021*, Berlin 2021, 215–241.

6 Vgl. «Von Helmut Kohls Plan waren wir gar nicht so weit weg» (Interview von Armin Himmelrath mit Kerstin Griese und Peer Pasternack), in: *Spiegel Geschichte*, 2.2.2020, *www.spiegel.de/geschichte/studenten-bei-der-wiedervereinigung-von-helmut-kohls-plan-waren-wir-gar-nicht-so-weit-weg-a-f4740025-6f36-4352-948d-926bfcd8b751* (30.4.2022).

7 Am 9. Oktober 1989 fand eine der großen Montags-Demonstrationen in Leipzig mit 70.000 Menschen statt. Sie gilt als Schlüsselmoment der friedlichen Revolution in der DDR, Anm. d. R.

8 Die Zeitschrift *hochschule ost* wurde 1991 in Leipzig gegründet. Thematische Schwerpunkte waren die DDR-Wissenschafts- und Hochschulgeschichte und die Transformation der ostdeutschen Wissenschaft nach 1989. Volltextarchiv unter: *www.hof.uni-halle.de/journal/hso.htm* (13.5.2022). Seit 2002 wird die Zeitschrift als *die hochschule* vom Institut für Hochschulforschung Halle-Wittenberg (HoF) publiziert, siehe *www.die-hochschule.de* (13.5.2022). Das Auftaktbild zu diesem Gespräch zeigt das letzte Cover von *hochschule ost* 2001.

9 Vgl. Helga Grubitzsch, Dorothea May: *Frauen – Literatur – Revolution*, Pfaffenweiler 1992.

10 So fand vom 3. bis 9. April 1989 an der Universität Hamburg das internationale Symposium «Frauen und Weiblichkeit im kulturellen und literarischen Prozess» statt, vgl. Inge Stephan, Sigrid Weigel, Kerstin Wilhelms (Hg.): *«Wen kümmert's, wer spricht». Zur Literatur- und Kulturgeschichte von Frauen aus Ost und West*, Köln, Wien 1991.

11 Vgl. *Ästhetische Grundbegriffe. Historisches Wörterbuch in 7 Bänden*, hg. v. Karlheinz Barck, Martin Fontius, Dieter Schlenstedt, Burkhart Steinwachs, Friedrich Wolfzettel, Stuttgart, Weimar 2000–2005; vgl. auch Ernst Müller: Eberhard Lämmert am ZfL. Zur Fortführung der ‹Ästhetischen Grundbegriffe›/Eberhard Lämmert at the ZfL: On Cultivating the ‹Fundamental Aesthetic Concepts›, in: *Trajekte*, Nr. 31, 2015, 4–9.

12 Vgl. z. B. Manfred Naumann u. a. (Hg:): *Gesellschaft – Literatur – Lesen. Literaturrezeption in theoretischer Sicht*, Berlin 1973.

13 Vgl. dazu: Petra Boden: *So viel Wende war nie. Zur Geschichte des Projekts ‹Ästhetische Grundbegriffe› – Stationen zwischen 1983 und 2000*, Bielefeld 2014.

14 Vgl. Ernst Müller: Ästhetische Grundbegriffe, in: ders., Falko Schmieder: *Begriffsgeschichte und historische Semantik. Ein kritisches Kompendium*, Berlin 2016, 951–970.

15 Vgl. Dorothea Dornhof: Weiblichkeit, in: *Ästhetische Grundbegriffe*, Bd. 6, hg. v. K. Barck u. a., Weimar 2010, 481–520.

16 Vgl. Karlheinz Barck: Literaturwissenschaften in der DDR. Ein Rückblick, in: Burkhart Steinwachs (Hg.): *Geisteswissenschaften in der ehemaligen DDR*, Bd. 1, Konstanz 1993, 213–229; Wolfgang Zapf/Georg Thurn (Hg.): *Konferenzbericht. Zur Lage der sozialwissenschaftlichen Forschung in der ehemaligen DDR. Wissenschaftliche*

Interessen, Forschungserfahrungen, Strukturprobleme, Kooperationswege, Berlin 1990.

17 Als Beispiel nannte D. Dornhof während des Gesprächs den Chemiker Robert Havemann, «der kritische Vorlesungen über ‹Naturwissenschaftliche Aspekte philosophischer Probleme› der Naturwissenschaften hielt [vgl. Robert Havemann: *Dialektik ohne Dogma. Naturwissenschaft und Weltanschauung*, Reinbek 1964] und sowohl Widerstandskämpfer als auch Kommunist war. Er verlor seine Professur und wurde aus der Akademie der Wissenschaften ausgeschlossen von einem damaligen Präsidenten, der in der NSDAP war. Robert Havemann saß selbst im Konzentrationslager.»

18 Erwin Pracht, Irene Dölling u. a.: *Ästhetik heute*, Berlin 1978.

19 Mit Neugründung der Berliner Kulturwissenschaft entstand «ein Fakultätsinstitut Kultur- und Kunstwissenschaften (vergleichbar einem Fachbereich), dem die (Nenn-)Institute für Kulturwissenschaft, Ästhetik, Theaterwissenschaft und Kulturelle Kommunikation, Kunstgeschichte sowie das Winckelmann-Institut für Klassische Archäologie» angehörten, Peer Pasternack: *Geisteswissenschaften in Ostdeutschland 1995. Eine Inventur. Vergleichsstudie im Anschluss an die Untersuchung «Geisteswissenschaften in der DDR», Konstanz 1990*, Leipzig 1996, 156.

20 Holger Brohm: Art. Kulturwissenschaft, in: Rüdiger vom Bruch, Heinz-Elmar Tenorth (Hg.): *Geschichte der Universität zu Berlin 1810–2010. Biographie einer Institution. Praxis ihrer Disziplinen*, Bd. 6: *Gefährdung und Selbstbehauptung einer Vision*, Berlin 2010, 509–524.

21 Die von der Max-Planck-Gesellschaft eingerichtete ‹Förderungsgesellschaft Wissenschaftliche Neuvorhaben mbH› bestand von 1992 bis 1996. Neben der Einrichtung der Forschungszentren wurde ein Erneuerungsprogramm für Hochschulen (HEP, 1992–1996) für Ostdeutschland verabschiedet, das mit dem Wissenschaftlerintegrationsprogramm (WIP) Wissenschaftler_innen der Akademie der Wissenschaften an den Hochschulen der betreffenden Bundesländer integrieren sollte, vgl. Gerd Köhler: *Wissenschaftler-Integrations-Programm (WIP). Leistungen und Perspektiven*, Frankfurt / M. 1996; Wolfgang Hansen: *WIP – Wissenschaftler-Integrations-Programm oder Wissenschaftler in Perspektivlosigkeit?*, in: *Physikalische Blätter*, Bd. 52, Nr. 5, 1996, doi.org/10.1002/phbl.19960520503.

22 Vgl. Geisteswissenschaftliche Zentren Berlin (Hg.): *25 Jahre Geisteswissenschaftliche Zentren Berlin*, Berlin 2021, abrufbar auf der Homepage des ZfL: *www.zfl-berlin.org/files/zfl/downloads/publikationen/volltexte/25-jahre-gwz.pdf* (1.5.2022).

23 Gisela Petruschka. Eine Bestandsaufnahme zur Frauenförderung an der Humboldt-Universität September 1992, in: *ZIF-Bulletin*, Nr. 5, Berlin 1992, 59.

24 Die HAB musste insgesamt drei Fakultäten auflösen. Neben der Fakultät Informatik waren das die Fakultäten Baustoff-Verfahrenstechnik sowie Gebietsplanung und Städtebau. Vgl. die Langversion des Gesprächs unter *zfmedienwissenschaft.de/online*. Zur Geschichte der Fakultät Informatik vgl. auch den Beitrag «Rechentechnische Reparaturkompetenz» von Franziska Klemstein in diesem Heft, 79–90.

25 Vgl. Frank Simon-Ritz, Klaus-Jürgen Winkler, Gerd Zimmermann (Hg.): *aber wir sind, wir wollen, und wir schaffen. Von der großherzoglichen Kunstschule zur Bauhaus-Universität Weimar 1860–2010*, 2 Bde., Weimar 2010–2012.

26 Mau: *Lütten Klein*, 15.

27 Antonio Gramsci spricht von einem Interregnum als einer Autoritätskrise, wenn die politische Klasse den Konsens verloren hat und nicht mehr herrschend ist. Vgl. Antonio Gramsci: *Kerkerhefte*, Hamburg 1991, 354.

28 Dieter Simon: Die Quintessenz. Der Wissenschaftsrat in den neuen Bundesländern. Eine vorwärtsgewandte Rückschau, in: *Aus Politik und Zeitgeschichte*, Nr. 51, 1992, 29–36, 32.

29 Vgl. den Verfassungsentwurf im privat geführten Online Dokumenten-Archiv unter *www.documentarchiv.de/ddr/1990/ddr-verfassungsentwurf_rundertisch.html* (27.5.2022); vgl. auch Auszüge aus dem Entwurfstext und Kommentare in *Possi. Magazin für (post)ostdeutsches Empowerment*, Zine, hg. v. Seline Seidler u. Judith Rinklebe, Hildesheim 2021, o. S.

30 Eine Passage im neuen Berliner Hochschulgesetz, mit der Beschäftigungsverhältnisse von wissenschaftlichen Mitarbeiter_innen entfristet werden sollten, wird nun von einem aktuellen Gutachten des wissenschaftlichen Parlamentsdienstes des Abgeordnetenhauses als verfassungswidrig eingestuft. Die «Wissenschaftsfreiheit» stehe auf dem Spiel, ebenso die Sicherung von Innovation und Wettbewerb an den Hochschulen. Vgl. Pech für Postdocs, in: *Berliner Zeitung*, Nr. 136, 15. Juni 2022, 4.

WERKZEUGE

Abb. 1 Buchkastenfördersystem in der Staatsbibliothek Preußischer Kulturbesitz, Berlin, Potsdamer Straße

WEST-BERLINER LESELANDSCHAFT

Die Bibliothek als logistisches Denkwerkzeug

von HANNAH WIEMER

Bibliotheken sind Orte der Sammlung von Büchern. Aber spätestens seitdem sie sich im 19. Jahrhundert einem Bildungsauftrag verschrieben haben, werden Bibliotheken auch zu großen Motoren der Zirkulation von Büchern. Die gesammelten Bücher liegen nicht nur im Lager, sondern werden von dort mit immer neuen Hilfsmitteln, Vorrichtungen und Maschinen in Bewegung gebracht, damit sie gefunden und ausgeliehen werden können. Die Logistik der Bücher ist dabei immer auch auf andere Objektflüsse bezogen, deren Techniken sie sich bedient oder für die sie selbst zum Experimentierfeld wird. Die West-Berliner Staatsbibliothek ist ein besonders eindrückliches Beispiel für diese Bücherbewegungen. Von Hans Scharoun entworfen und 1978 eröffnet, wurde der Bau zu einer Architektur-Ikone der westdeutschen Nachkriegsmoderne. Bekannt für seine großzügige, offene Raumstruktur ist der Lesesaal als ‹Leselandschaft› in die Geschichte der Bibliotheksarchitektur eingegangen. In der Leselandschaft wird ein prozessual gedachtes Wissenskonzept offenbar: Wissen entsteht, wenn Bücher und Leser_innen in Bewegung kommen. Die Entstehungszeit der Staatsbibliothek ist von Debatten um die Zukunft der Bibliothek angesichts von neuen Informationstechnologien und einem radikalen Infragestellen der Bildungsinstitutionen im Zuge der 1968er-Bewegung gekennzeichnet. In dieser Gemengelage dient die Leselandschaft ihren Nutzer_innen als logistisches Denkwerkzeug, indem sie Bücher und andere Leihmedien in dieser Architektur sammelt, ordnet und zugänglich macht.

Schon zur Bauzeit vergleicht der Architekt Edgar Wisniewski, langjähriger Mitarbeiter Scharouns und nach dessen Tod 1972 verantwortlich für den Bau der Staatsbibliothek, in seinen Analysen der Bibliothek den Lesesaal mit einer Landschaft.[1] Damit angesprochen ist der große Raum ohne Trennwände, mit eingehängten Balkonen und Galerien, offenen Zwischengeschossen und den nicht symmetrisch, sondern an unterschiedlichen Orten gruppierten Tischen,

1 Vgl. u. a. Edgar Wisniewski: Projektzeichnungen für die neue Staatsbibliothek in Berlin, in: *Bauwelt*, Jg. 58, Nr. 41, 1967, 1015–1021; ders.: Gedanken zur Konzeption von Hans Scharoun für den Bau der Staatsbibliothek, in: *Bauen + Wohnen*, Jg. 32, Nr. 4, 1978, 140–141 oder ders.: Raumvision und Struktur: Gedanken über Hans Scharouns Konzeption zum Bau der Staatsbibliothek, in: Ekkehart Vesper (Hg.): *Festgabe zur Eröffnung des Neubaus in Berlin*, Wiesbaden 1978, 144–158.

Regalen und Pflanzenkübeln. Seither wird nicht nur der beschriebene Saal als Leselandschaft bezeichnet, sondern in Anlehnung an das von Scharoun eingeführte offene Raumkonzept auch ähnlich strukturierte Lesesäle seither entstandener Bibliotheken. Wisniewski sieht in der räumlichen Struktur des Lesesaals eine Idee des Verhältnisses der Wissenschaften und Wissensgebiete zueinander ausgedrückt. «Gleichberechtigt[ ]» seien alle Wissensbereiche in dem einen Saal nebeneinander versammelt, ohne abgeschiedene Sonderlesesäle, aber auch ohne die Zentralform eines Kuppelsaals.[2] Das Prinzip der Landschaft ist im Fall der Staatsbibliothek also nicht nur eine Metapher für die Ästhetik des lockeren, harmonischen Zusammenspiels unterschiedlicher Elemente, sondern impliziert auch eine gesellschaftliche und politische Vorstellung von Gleichberechtigung, die sich in der Raumordnung ausdrückt. Über diese «Gesamtschau der Disziplinen»[3] hinaus erlauben die Sichtachsen des großen Raumes auch vielfältige Perspektiven der Leser_innen aufeinander – die offene Landschaft macht das Lesen zur gemeinschaftlichen Praxis.[4]

Die Leselandschaft der Staatsbibliothek ist nicht das einzige Landschaftskonzept der Nachkriegszeit, an das sich politische Ideen und Überzeugungen knüpfen. Sie ist in zunächst disparat anmutende und meist getrennt erforschte Kontexte eingebunden: die ‹Stadtlandschaft› und die ‹Bürolandschaft›. Von diesen beiden Räumen aus fand das Landschaftskonzept seinen Weg auch in die Bibliothek, wo es Wissensordnungen, akademisches Arbeiten und den Zugang zu Büchern sowie anderen Leihmedien nachhaltig prägte. Mit dem stadtplanerischen Konzept der Stadtlandschaft verbundene Verkehrskonzepte haben in der Bibliotheksinfrastruktur – im Kastenfördersystem, der Rohrpost und den Buchpaternostern – eine ganz eigene Gestalt angenommen. Das Großraumbüro der Bibliothek wurde nach dem Prinzip der sogenannten Bürolandschaft geplant und damit verbunden bibliothekarisches Arbeiten neu konzipiert. Die Beratungsagentur Quickborner Team entwickelte und propagierte das Konzept der Bürolandschaft seit den frühen 1960er Jahren mit großem Erfolg und berief sich dabei in zahlreichen Veröffentlichungen auf die Kybernetik als Grundlage für die vorgeschlagene Neukonzeption von Büroarbeit.[5]

Während Michel Foucault ungefähr zu derselben Zeit Bibliotheken als Heterotopien charakterisiert, die sich allumfassend sammelnd selbst außerhalb der Zeit befänden, eröffnet die Metapher der Landschaft andere Bezüge für Bibliotheken.[6] Die mit der Staatsbibliothek verbundenen Landschaftskonzepte betonen weniger Aspekte der Sammlung, Bewahrung und Akkumulation von Wissen, seinen Medien und Artefakten. Vielmehr rufen sie Fragen der Bewegung, des Verkehrs und der Logistik auf und lassen Bibliotheken verstärkt als Orte der Zirkulation von Büchern und anderen Leihmedien greifbar werden. Die Landschaftskonzepte legen es nahe, die Bibliothek als eine Forschungsinfrastruktur zu betrachten, die im Zusammenspiel, in der Koordinierung und Strukturierung unterschiedlicher Elemente zum Werkzeug wird. Inspiriert von der Infrastrukturtheorie, die Medien im Verbund begreift,[7] möchte ich zeigen,

2 Wisniewski: Projektzeichnungen für die neue Staatsbibliothek in Berlin, 1019.

3 Ebd., 1018.

4 Vgl. zum Spannungsverhältnis zwischen visuellem und akustischem Raum in der Staatsbibliothek Hannah Wiemer: The West Berlin Staatsbibliothek and the Sound Politics of Libraries, in: *Grey Room*, Bd. 87, 2022, 44–65.

5 Z. B. in Eberhard Schnelle: Organisationskybernetik, in: *Kommunikation*, Nr. 1, 1965, 1–26; Ottomar Gottschalk: *Flexible Verwaltungsbauten. Entwurf – Ausbau – Einrichtung – Kosten – Beispiel*, Quickborn bei Hamburg 1963.

6 Vgl. Michel Foucault: Andere Räume [1967], in: Karlheinz Barck, Peter Gente, Heidi Paris und Stefan Richter (Hg.), *Aisthesis. Wahrnehmung heute oder Perspektiven einer anderen Ästhetik*, Leipzig 1992, 34–46.

7 Vgl. u. a. Lisa Parks, Nicole Starosielski (Hg.): *Signal Traffic. Critical Studies of Media Infrastructures*, Urbana 2015.

wie die Landschaftskonzepte der Nachkriegszeit die Bibliothek als Architektur der Bewegung zu einem neu gedachten Werkzeug akademischen Arbeitens werden ließen.

Stadtlandschaft

Unmittelbar nach dem Krieg setzte sich Hans Scharoun in seiner Funktion als Stadtbaurat für einen Aufbau Berlins nach dem sogenannten Kollektivplan ein, den er gemeinsam mit einer Reihe von Kolleg_innen ausgearbeitet hatte. Der Kollektivplan zielte auf eine radikale Neugestaltung und Dezentralisierung der Stadt, die sich entlang des Urstromtals der Flüsse Spree und Havel in Form eines langgezogenen Bandes erstrecken sollte. Das Verkehrssystem sollte dem alten Flusstal folgen, um so die geologische Struktur der Stadt hervorzuheben. Diese sei «völlig verwischt und dem Auge entzogen» worden, wie Scharoun 1946 in seiner Eröffnungsrede zu einer dem Kollektivplan gewidmeten Ausstellung beklagte.[8] In der Rede charakterisierte er die Kriegszerstörungen Berlins als «mechanische Auflockerung», die der Stadtplanung die Chance gebe, die Stadt neu zu gestalten und eine weniger dicht bebaute Stadtstruktur, eine «Stadtlandschaft» zu schaffen.

> Was blieb, nachdem Bombenangriffe und Endkampf eine mechanische Auflockerung vollzogen, das Stadtbild aufrissen. Das, was blieb, gibt uns die Möglichkeit eine ‹Stadtlandschaft› daraus zu gestalten. Die Stadtlandschaft ist für den Städtebauer ein Gestaltungsprinzip, um der Großsiedlungen Herr zu werden. Durch sie ist es möglich, Unüberschaubares, Maßstabloses in übersehbare und maßvolle Teile aufzugliedern und diese Teile so zueinander zu ordnen, wie Wald, Wiese, Berg und See in einer schönen Landschaft zusammenwirken.[9]

In dieser Vision der Stadtlandschaft sind die potenziell chaotischen Elemente der Stadt unter Kontrolle, ihre Beziehungen wirken wohlüberlegt und bilden eine Einheit. Scharouns Stadtlandschaft orientiert sich an der Bandstadt, einem städtebaulichen Konzept, das mit dem Vorschlag einer «ciudad lineal» des spanischen Stadtplaners Arturo Soria y Mata von 1882 erstmals Ende des 19. Jahrhunderts diskutiert wurde[10] und in der neu gegründeten Stadt Magnitogorsk in den 1920er Jahren eine sowjetische Umsetzung fand.[11] Eine schmale, langgezogene urbane Struktur in Form von parallel verlaufenden Bändern aus Industrie, Wohngebiet und Grünflachen, orientiert an einer Hauptverkehrsachse, sollte kurze Wege zwischen Grünflächen, Arbeit und Wohnstätten ermöglichen. Gleichzeitig ist das Band weit mehr als eine Metapher für eine längliche und verbindende Struktur. Die Bandstadt in ihrer sozialistischen Ausprägung der 1920er und 30er Jahre orientierte sich explizit am Fließband und an den Arbeitsvorgängen der Industrie, bei der Elemente so hintereinander angeordnet sind, dass sie in einer Abfolge von Arbeitsschritten ineinandergreifen.

Ernst May formuliert 1931 in der von ihm herausgegebenen Zeitschrift *Das neue Frankfurt* über die sozialistische Bandstadt:

8 Hans Scharoun: Professor Hans Scharoun sprach zur Eröffnung der Berliner Ausstellung. Erster Bericht, in: *Der Bauhelfer*, Jg. 1, Nr. 5, 1946, 1–5, hier 3.

9 Ebd., 1.

10 Arturo Soria y Mata: La ciudad lineal [1882], in: Vittorio Magnago Lampugnani (Hg.): *Anthologie zum Städtebau. Bd. 2: Das Phänomen Großstadt und die Entstehung der Stadt der Moderne*, Berlin 2014, 210–214.

11 Nikolaj A. Miljutin: *Sozgorod und die Planung sozialistischer Städte* [1930], Berlin 2018.

> Die Bandstadt ist so aufgebaut, daß zunächst die Industrie, aus den inneren Vorgängen der Werke entwickelt, reihenartig angeordnet ist und daß, parallel zu ihr, durch eine mehrere hundert Meter breite Grünfläche von ihr getrennt, die Wohnstadt zu liegen kommt.[12]

Der Kollektivplan für Berlin wurde nie umgesetzt. In der Staatsbibliothek aber finden sich Elemente der Stadtlandschaft wieder und haben dort eine andere Form angenommen.

Das Band taucht zunächst in einem Artikel von Wisniewski zusammen mit einem Strukturschema der Bibliothek auf als «Lesesaalband».[13] Das Band ist auch für die Leselandschaft mehr als nur ein sprachliches Bild für die langgezogene, verbindende Form. Die langgestreckte Gestalt der Staatsbibliothek ist auf das Förderband der zweieinhalb Kilometer langen Kastenförderanlage angewiesen. Die Formgebung der Bibliothek verdankt sich der technischen Transportmöglichkeit für Bücher, mit deren Hilfe der Lesesaal, die bibliothekarischen Büroräume und das Magazin über eine lange Breite miteinander verbunden sind. Die Auflockerung in der Form steht in einem engen Verhältnis mit den Technologien der Verbindung, die Bewegungen im Raum schaffen – in der Stadtlandschaft ebenso wie in der Leselandschaft. In der so gedachten Bibliothek transportiert die Architektur das Wissen. Das lockere Nebeneinander der Landschaftsordnung ergibt nur deshalb ein Ganzes, weil Transporttechnologien Bewegung und Verbindung herstellen.

Abb. 2 Strukturschema der Staatsbibliothek. Aus: Wisniewski: Projektzeichnungen für die neue Staatsbibliothek in Berlin, 1016

Abb. 3 Studie zur Mobiliaranordnung im Hauptbauteil (Großraum-Büro), Quickborner Team, in: Organisationsplanung für die Staatsbibliothek und das Ibero-Amerikanische Institut, 112

Bürolandschaft

1970, acht Jahre vor Eröffnung der Staatsbibliothek, wurde die Beratungsagentur Quickborner Team beauftragt, Empfehlungen für die räumliche Organisation des Großraumbüros und die Arbeitsabläufe der Bibliothek zu

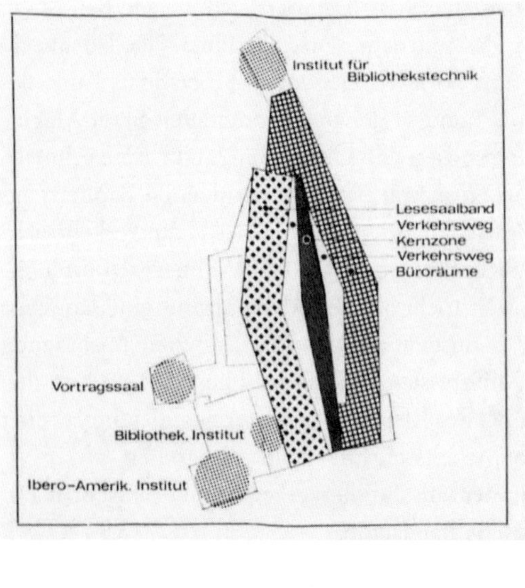

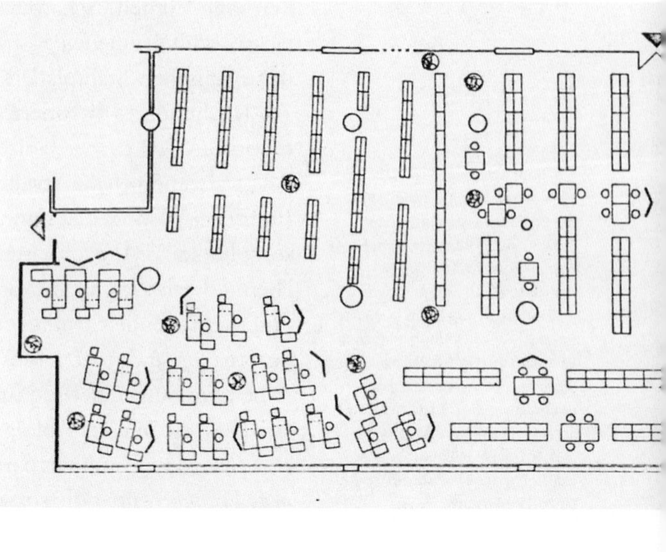

erarbeiten. Ziel war, den «Weg des Buches», wie es im umfangreichen Bericht der Agentur heißt – also den Arbeitsablauf von der Anschaffung eines neuen Buches bis zur benutzungsreifen Lagerung im Magazin – effektiver zu organisieren.[14] Dieser Weg dauerte durchschnittlich neun Monate und sollte auf wenige Wochen reduziert werden. Der ‹Weg des Buches› ist dabei sowohl eine Kategorie zeitlicher Arbeitsabläufe als auch eine Strukturierung der Arbeitsvorgänge im Raum. Er taucht auch in den Planungsunterlagen zum Gebäude auf, wo er mit den Mitteln der Architektur räumlich vorbereitet wird: Die für die bibliothekarische Arbeit geplanten Büroräume werden als ‹Weg des Buches› entlang von Arbeitsvorgängen wie Anlieferung, Sortierung, Katalogisierung, Einbindestelle etc. angelegt.[15] Das Raumkonzept ist hier durch den Architekten und in dem späteren Optimierungsversuch durch die Beratungsfirma eng verbunden mit einer Analyse und Optimierung der bibliothekarischen Arbeitsprozesse.

Das auf Raumplanung spezialisierte Unternehmen Quickborner Team war bekannt für die von ihm entwickelten sogenannten Bürolandschaften und beeinflusste die Architektur von Büroräumen weit über die BRD hinaus.[16] Diese Bürolandschaften sind Großraumbüros mit Schreibtischen in einer asymmetrischen Anordnung, die auf einer Analyse der Arbeits- und Kommunikationsflüsse beruht, die der Raum ermöglichen soll. In Publikationen des eigenen Verlags sowie in Architekturzeitschriften berief sich die Beratungsfirma auf die Kybernetik als wissenschaftliche Grundlage ihrer Methode. Mit einer radikalen Rhetorik adaptierten die Berater die kybernetischen Ideen für die Raumorganisation und propagierten ihre Auffassung vom Büro als System der Informationsverarbeitung. Eberhard Schnelle, einer der Gründer des Quickborner Teams, behauptete, es gäbe keine Büros mehr, «sondern eine zentrale Informationsverarbeitungsstelle, die allerdings Nachrichten verschiedensten sachlichen

12 Ernst May-Moskau: Der Bau neuer Städte in der U.D.S.S.R., in: *Das neue Frankfurt*, Jg. 5, Nr. 7, 1931, 117–137, hier 122.

13 Wisniewski: Projektzeichnungen für die neue Staatsbibliothek in Berlin, 1016.

14 Organisationsplanung für die Staatsbibliothek und das Ibero-Amerikanische Institut Preußischer Kulturbesitz in Zusammenarbeit mit dem Quickborner Team, Gesellschaft für Planung und Organisation mbH, Quickborn i. Holstein. Arbeitsbericht des Planungsteams mit Stellungnahme der Planungsgruppe und der Entscheidungsgruppe, Berlin 1970.

15 Vgl. Wisniewski: Projektzeichnungen für die neue Staatsbibliothek in Berlin, 1019.

16 Andreas Rumpfhuber: *Architektur immaterieller Arbeit*, Wien 2013.

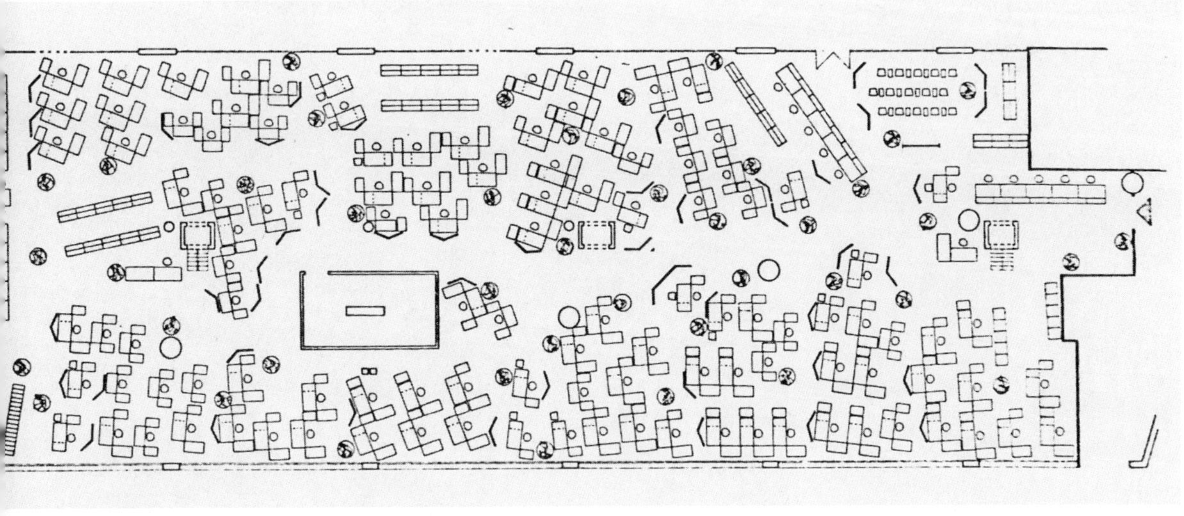

Inhalts zu den verschiedensten Entscheidungen umformt», wie er 1963 in der Zeitschrift *Bauen + Wohnen* schrieb.[17]

Für den Geschäftsvorgang ‹Weg des Buches› zählt das Beratungsteam 1200 Arbeitsschritte, die es in der Raumordnung der Bürolandschaft effizienter zwischen den beteiligten Mitarbeitenden verteilen will.[18] Eine kleinteilige Analyse der Arbeitsschritte wird in der Bürolandschaft mit einer Raumordnung verbunden und die veränderte Raumgestaltung ist Ergebnis dieser Untersuchung der Arbeitsprozesse. Mit kämpferischem Gestus beansprucht die Firma für sich, für die Bürogestaltung vormalig vorherrschende Faktoren wie «Prestigebedürfnis» und andere «subjektive Kriterien» zugunsten «funktionaler Notwendigkeit» zu vernachlässigen.[19]

Der Begriff der Landschaft ist in diesem Zusammenhang Teil einer Marketingstrategie, die sich Assoziationen des Natürlichen, Organischen und Schönen zunutze macht. Sowohl viele Bürolandschaften als auch die Leselandschaft der Staatsbibliothek entstanden in der Nachkriegszeit jedoch als Teil von Auf- und Umbauprozessen kriegszerstörter westdeutscher Städte, mit denen sich die Frage nach räumlicher Neuordnung stellte. Der Begriff der Landschaft wurde hierbei zu einem Leitkonzept der Neustrukturierung unterschiedlicher Räume. In allen drei Landschaften, die sich in der Staatsbibliothek überlagern und miteinander verschränken, werden mit dem Landschaftskonzept Bewegungen strukturiert. Der gemeinsame Bezug von Stadtplanung, Arbeitsorganisation und Bibliotheksarchitektur auf die Landschaft macht deutlich, dass Fragen der Bewegung, Logistik und Kommunikation in dieser Zeit einen neuen Stellenwert erlangen. Während Bibliothekar_innen in den 1960er und 70er Jahren diskutieren, wie man die exponentiell wachsenden Buchsammlungen unter Kontrolle bringen kann, legt die Leselandschaft den Fokus nicht auf die Sammlung. Die Bibliothek entfaltet ihren Werkzeugcharakter erst in der Nutzung, wenn Bücher durch die Bibliothek transportiert werden und sich Lesende und Schreibende aufeinander beziehen.

17 Eberhard Schnelle: Architekt und Organisator. Versuche zu einer komplexen Planungsmethode, in: *Bauen + Wohnen*, Jg. 17, Nr. 1, 1963, 1–10, hier 4.

18 Organisationsplanung für die Staatsbibliothek und das Ibero-Amerikanische Institut, 10.

19 Ebd., 77.

BESPRECHUNGEN

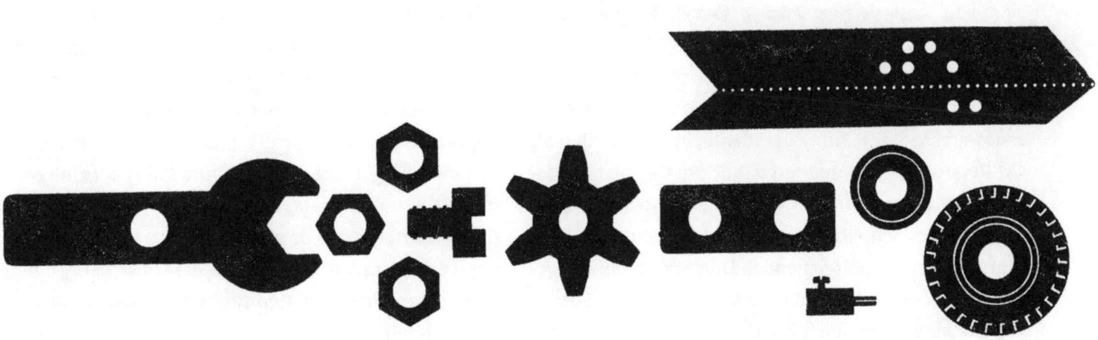

WRITING (ABOUT) CODE

Der Ort der Arbeit an der Abstraktion in historischen Studien

von BENEDIKT MERKLE

Dylan Mulvin: *Proxies. The Cultural Work of Standing In*, Cambridge (MA), London (The MIT Press) 2021

Jacob Gaboury: *Image Objects. An Archaeology of Computer Graphics*, Cambridge (MA), London (The MIT Press) 2021

Winnie Soon, Geoff Cox: *Aesthetic Programming. A Handbook of Software Studies*, London (Open Humanities Press) 2020

Wer zu digitalen Objekten schreibt, sieht sich mit dem Problem konfrontiert, dass die Forschungsgegenstände zugleich Objekte sind, die die Gegenwart des Verfassens, Verteilens und des Verarbeitens des Schreibens selbst informieren. «Writing code and writing about code are forced together in ways that reflect broader cultural and technical shifts in data practices and open publishing», so Winnie Soon und Geoff Cox im Vorwort von *Aesthetic Programming* (S. 17). Für sein 2017 erschienenes Buch *Machine Learners. Archaeology of a Data Practice* setzt Adrian Mackenzie die Reflexion des Schreibprozesses entlang digitaler Praktiken in einer «auto-archaeology» um, veröffentlicht die Studie als Git-Repository und integriert damit den Gegenstand der Untersuchung gänzlich in die Analyse.[1] Solche Modifikationen des Schreibprozesses sind konsequente Fortführungen einer weitreichenden Durchdringung des gesellschaftlichen Lebens mit digitalen Objekten. Soziale Welten werden mit ausführbaren Welten angereichert, die uns zumeist aus Screens entgegentreten. Vor diesem Hintergrund ist nachvollziehbar, dass historische Wissenschaften sich zunehmend mit den Praktiken, Politiken und Ästhetiken der Abstraktionen beschäftigen, die diesen Welten zugrunde liegen. Im Folgenden stelle ich drei unterschiedliche Zugänge zum historischen Ort der Arbeit an der Abstraktion vor.

Dylan Mulvins *Proxies. The Cultural Work of Standing In* untersucht die Arbeit, die es braucht, einen willkürlich gewählten Ausschnitt der Welt für die Welt insgesamt einstehen zu lassen. Die Konstitution standardisierter Objekte, sogenannter Proxies, verfolgt Mulvin in drei verschiedenen Mikrostudien. Neben der Geschichte von Hygienepraktiken rund um den internationalen Kilogrammprototypen (IPK) und Einblicke in das Training von medizinischem Personal anhand standardisierter Patient_innen widmen sich zwei Kapitel dem ‹Lena/Lenna›-Testbild[2] und damit einem zentralen Objekt der Geschichte digitaler Bildgebung. Lena Forsén war 1972 das Centerfold der Novemberausgabe des *Playboy*. In dieser Form gelangte ihr großformatiges Hochglanzbild als Teil einer selbstverständlich maskulin geprägten Popkultur problemlos durch die Tür des Signal and Image Processing Institute (SIPI) der University of Southern California. Dort wurde es beschnitten und digitalisiert, um von da an jahrzehntelang unter Namen wie ‹Lena_std.tif› als Testbild für die Entwicklung digitaler Bildstandards und Algorithmen für Bildkompression zu fungieren.

Mit solchen Mikrogeschichten der Genese und Pflege standardisierter Objekte unterstreicht Mulvin deren materielle Eigenschaften: Proxies sind «inescapably material, leaky and porous» (S. 27). Sie absorbieren ihre Umgebung und hinterlassen zugleich Spuren ihrer kulturellen Arbeit. Als Objekte, die dazu funktionalisiert sind, das Gewöhnliche und infrastrukturell Selbstverständliche hervorzubringen, bleiben die Standards selbst von dieser Gewöhnlichkeit ausgenommen. Mulvins Studie geht nicht nur auf die Funktion des ‹Lena›-Testbildes bei der Erzeugung professionalisierter Sehpraktiken der Computergrafik entlang eingeübter Differenzen ein, sondern beschreibt darüber hinaus eine zugehörige männliche und heteronormative Kultur der Dominanz und Ausbeutung weiblicher Körper. Im Nachvollzug der Funktion solcher Grenzobjekte vermag Mulvin deren Charakter als «embodiement of choices about imagining the world within testing environments» (S. 47) zum Vorschein zu bringen. Proxies bilden auf diese Weise einen reichhaltigen Gegenstand zur wissenschaftsgeschichtlichen Untersuchung nützlicher Fiktionen und Paradigmenwechsel unter Einbezug der konkreten Arbeit an der Abstraktion, die Mensch und Objekt sich in den Laboren teilen.

Indem Mulvins Studie die Frage nach dem Status als Proxy gleichermaßen an sehr unterschiedliche Gegenstände und zuletzt auch an menschliche Handelnde richtet, werden unweigerlich Unterschiede offengelegt, die die materielle Konstitution der Gegenstände betreffen. Mulvin selbst legt in seiner Reflexion keinen Schwerpunkt auf medientheoretische Interessen, dennoch ist es spannend zu beobachten, welche Differenzen zwischen handgreiflichen Proxies wie dem IPK und solchen, die auf mathematischen Modellierungsverfahren gründen, in der Studie aufscheinen. Dies geschieht etwa im Nachvollzug von Diskussionen und Sensibilisierungen, die letztlich dazu geführt haben, dass das ‹Lena›-Testbild heute nicht mehr verwendet wird. Die dabei vorgebrachten Argumente, so lässt sich aus medientheoretischer Perspektive ergänzen, reichen nicht bis zum ‹Material› der mathematischen Strukturen digitaler Bildtechnik, sondern adressieren den Bereich der Modellierung. Was das IPK aus diesem Blickwinkel vom digitalen Testbild unterscheidet, ist eine operationale Schicht der Symbolisierungen, die das Testbild in den Umgang mit dem konkreten Gegenstand einführt. Das liegt daran, dass mathematische Strukturen nicht auf

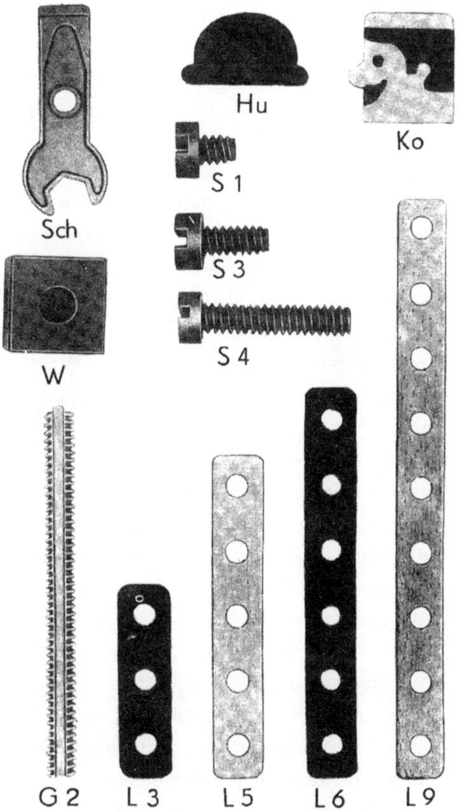

einen einzelnen Anwendungsbereich festgelegt sind. Sie bergen das Potenzial, falsche Aussagen über die Welt zu treffen, ohne dass entscheidbar wäre, ob diese Aussagen ein irrationales Hindernis darstellen, das auf seine Überwindung im weiteren Verlauf der Geschichte wartet.[3] Diese Entscheidung wird von der zumeist unsichtbaren Arbeit an Abstraktionen und Modellen getroffen, die mathematische Strukturen mit der physischen Welt verknüpfen. An Grenzobjekten, wie sie Mulvin in den Blick nimmt, kann die Implementierung mathematischer Strukturen in Modellierungen aufscheinen als eine andere als metaphorische Relation zwischen der Welt und ihren Repräsentationen und Fiktionen.

Auch wenn das zum Symbol gewordene Testbild also heute fehlt, ist doch die Modellierung materiell geronnen und bleibt die Technologie daher «tuned to Lena» (S. 124), wie Mulvin hervorhebt. Nicht nur digitale Kompressionsalgorithmen, sondern auch das gelernte Sehen der Expert_innen im Forschungsfeld des visuellen Computings bleibt durch das Testbild informiert. Mulvin geht es an dieser Stelle vornehmlich um die Praktiken menschlicher Akteur_innen. Darüber hinaus liegen Abstraktion und Modell aber ebenso materialisiert in einer Klasse von Objekten vor, die Jacob Gaboury als «image objects» bezeichnet. Bildobjekte sind Materialisierungen bestimmter Entscheidungen hinsichtlich der Abstraktion und Modellierung, die Teile der Welt für digitale Rechner operabel machen. Gaboury historische Studie *Image Objects. An Archaeology of Computer Graphics* sucht Orte auf, an denen diese Entscheidungen getroffen werden. Entlang von fünf medienarchäologischen Grabungen verfolgt der Autor den Prozess einer sich ausbreitenden bildlichen Logik im digitalen Medium.

Einer dieser von Gaboury besprochenen Orte ist das «hidden surface problem» (S. 27–54), ein zentrales Problem der Computergrafik, welches aufgibt, Knoten, Kanten und Flächen eines dreidimensional errechneten Objekts so zu interpretieren, dass Verdeckungen in der perspektivischen Tiefendimension errechenbar werden. Von 1963 bis 1978 waren US-amerikanische Labore mit der Lösung dieses Problems beschäftigt. Im Nachvollzug des Lösungswegs, so Gaboury, offenbart Computergrafik «the specificity of its construction: it produces vision by constructing absence» (S. 54). Sichtbarkeit wird konstruiert durch Auslassungen entlang eines partiellen Wissens von der Welt. Dieses Wissen um die visuelle Wahrnehmung verfolgt Gaboury zur Psychologie James Gibsons zurück und zu dessen Mitte des 20. Jahrhunderts in computerwissenschaftlichen Kreisen viel rezipierten psychologischen Studien zur direkten Wahrnehmung von Objekten. Externe Realität wird in dieser Konzeption als Beziehung zwischen Oberflächen modelliert und blendet subjektive Aspekte des phänomenologischen Seherlebnisses aus. Diese Abstraktion des menschlichen Sehens findet Gaboury in der algorithmischen Konstruktion visueller Objekte wieder, die vom Raum der Objekte auf den Raum bildlicher Repräsentationen des Blickpunktes übergehen. Algorithmische Techniken zur Lösung des «hidden surface problem» werden in Form verschiedener Sortierungsverfahren einer visuellen Szene vorgelegt, die die Simulation entweder als Objekt, als Bild oder als etwas dazwischen behandeln. Funktionale Abstraktionen zur Genese von Computergrafiken kristallisieren sich zuletzt in der Faltung von Bild- und Objektraum innerhalb der Hardware: Ein neuartiger Grafikspeicher, ein sogenannter Z-Buffer, wird implementiert, der die Tiefendimension entlang der z-Achse für jedes Pixel der visuellen Ausgabe speichert (vgl. S. 51 f.).

Durch ihre Aufmerksamkeit für Momente der Rekursion lädt Gabourys Studie dazu ein, Prozesse des grafischen Computings als Kulturtechnik zu begreifen. Die im Grafikprozessor kristallisierte Arbeit an Konzepten und Algorithmen operationalisiert eine Differenz von Bild und Objekt, ein Prozess, der mit Bernhard Siegert als Moment des «Re-entry der ontisch-ontologischen Differenz ins Ontische» beschrieben werden kann.[4] Moderne GPUs haben mittlerweile viele solcher Prozessorkerne zur parallelen Prozessierung, was Gaboury als «mise en abyme technique» bezeichnet, mittels derer «the computer as an ontologically discrete object is transformed into a nested structure of objects within objects, machines within machines, scaling out and down to form a highly parallel and recursive structure that formally fixes as well as generalizes its own cultural and historical formation» (S. 160).

In solchen Ausführungen sucht Gaboury die verschiedenen Orte der Arbeit an der Abstraktion in ihrer Abstammung vom ursprünglichen Objekt und Problem des Screens darzustellen. Die technische Arbeit an algorithmischen Verfahren, die zwischen Objektraum und Bildraum vermitteln, wird so zum Schauplatz historischer Kontingenz. Verfolgt werden die Verwindungen von Bild und Objekt, beginnend 1948 mit der Small-Scale Experimental Machine (SSEM), deren Hauptspeicher durch ein CRT-Display realisiert wird (vgl. S. 78 f.). Diese Genealogie ist jedoch ebenso von aktuellem Interesse: Parallel prozessierende Grafikeinheiten und das durch sie ermöglichte Cloud Computing oder der gegenwärtige Trend hin zu spezifischen System-on-Chip-Lösungen (SoC) konsolidieren den von Gaboury beschriebenen Wiedereintritt der konstitutiven Differenz von Bild- und Objektraum tiefer in der Maschine.

Wo Gabourys medienarchäologische Studie archivarisch die Orte kontingenter Entscheidungen aufsucht, gehen Winnie Soon und Geoff Cox in *Aesthetic Programming* den Weg einer gegenwartsorientierten Heranführung an Grundlagen des visuellen Programmierens. Die Idee ist, dass die Durchdringung gegenwärtiger Kultur durch grafisches Computing und die kritische Befragung eines «computational thinking» (S. 13) nur aus der teilnehmenden Perspektive zum Gegenstand kritischer Exploration werden können. Dazu möchten Soon und Cox anleiten. Eine von künstlerischer Forschung informierte

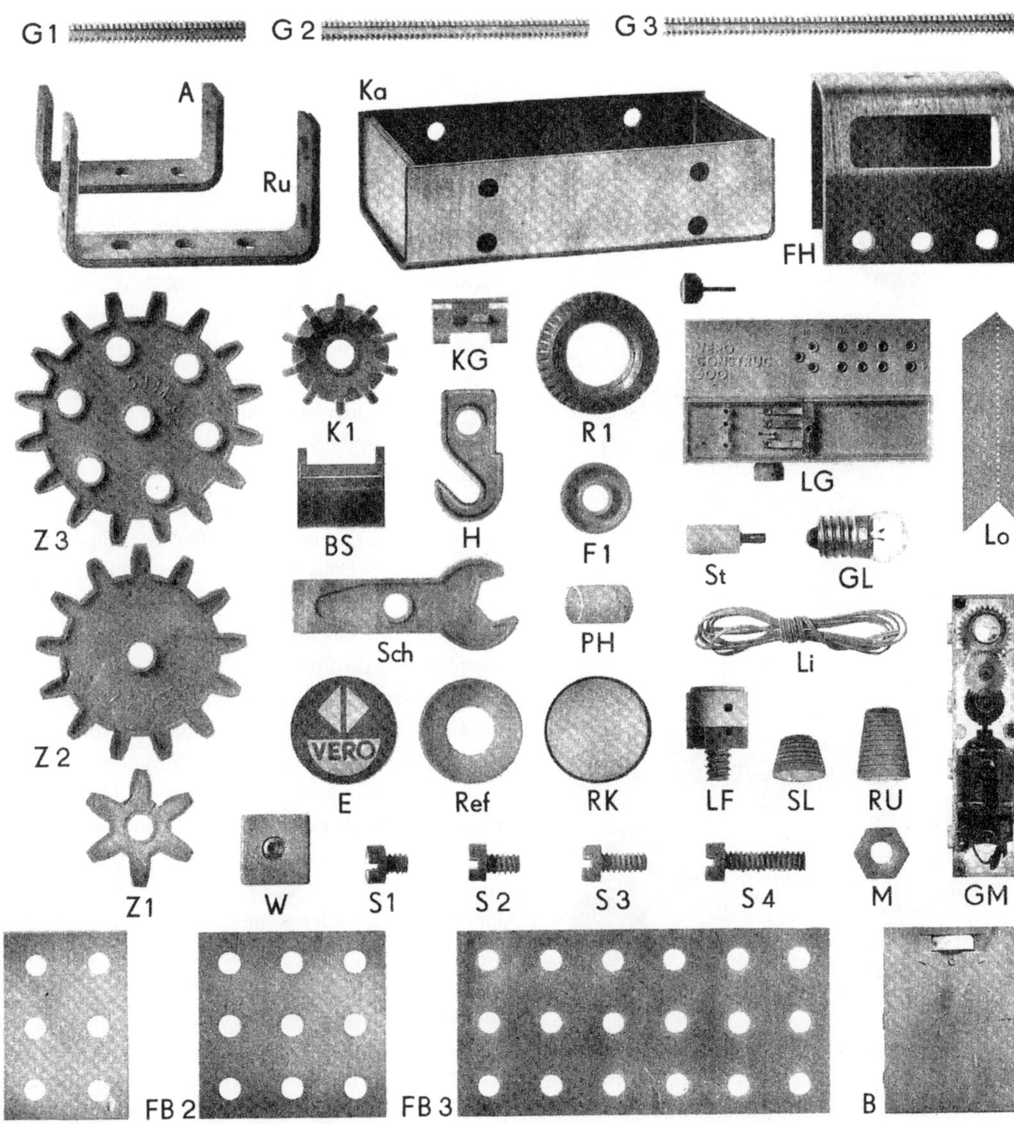

Lehrpraxis bildet die Grundlage eines «handbook of sorts [...] offering something messy and at the same time more ‹useful›» (S. 13). In zehn als Seminarsitzungen strukturierten Kapiteln erkunden die Autor_innen die praktische Einbettung theoretischer und kritischer Reflexionen und reichern das technische Vokabular der Leser_innen an. Dieses steht daraufhin der Besprechung kultureller Implikationen des Programmierens zur Verfügung: Verbindungen können so schneller gezogen und Leser_innen dazu angeleitet werden, die Bewegung zwischen Abstraktem und Konkretem eigenständig zu wagen.

Beim Lesen der Sitzungen wird deutlich, mit welchem theoretischen und praktischen Aufwand diese Bewegung verbunden ist. Dies ist mitunter dem Anliegen der Autor_innen geschuldet, nicht in einen spezifischen Teil der Computerkultur, sondern in ein «computational thinking» insgesamt einführen zu wollen. Dazu werden niedrigschwellige Metaphern verwendet, die zumeist dem Haushalt entlehnt sind. Innerhalb der Sitzungen

entsteht so ein medialer Bruch zwischen Schreiben und Programmieren, wo immer Bedeutung im übertragenen Sinne nicht weit genug in die direkte Wirkungsweise des Codes hineinreicht. Dieser Bruch tritt etwa hervor, wo eine informatische Variable zwar konzeptionell einem Behälter im Gewürzschrank ähnelt, das Haushaltsmobiliar aber spätestens bei der Erklärung der Differenz von lokalen und globalen Variablen Probleme aufwirft. Hier müsste der Zugang zum Behälter Regeln unterworfen werden, die diskret operieren und so eine Darstellung im übertragenen Sinn vor Probleme stellen. Letztlich bleibt den Autor_innen an solchen Stellen nur der weite Sprung zur technisch komplexeren offiziellen Dokumentation der genutzten Programmbibliothek p5.js oder gar der Spezifikation des ECMAScript.

Das Ungenügen des Schriftsprachlichen nehmen Soon und Cox aber auch zum Anlass, in der expliziten Suche nach passenden Metaphern die Spezifik des digitalen Schreibens zu reflektieren. In Kapitel 7 wird mit *Vocable Code* ein Stück Softwarekunst von Soon befragt, worin gesprochene Sprache und Code enggeführt sind. Durch die Kombination formallogischer Ausdrücke mit poetischen Formulierungen innerhalb des Scripts sucht Soon die Instabilität und Variabilität sprachlicher Strukturen mit denen des Codes zu kontrastieren. Dabei wird eine Reflexion über die Übersetzungsleistung höherer Programmiersprachen angestoßen, die als Abstraktion zwischen menschlich lesbarer Sprache und diskreten Operationen der Maschine übersetzt. Auf dem Weg praxisorientierter Anleitung gelangen Soon und Cox so zu Einsichten, die unterhalb der Ebene der Programmierpraxis liegen und finden griffige Formulierungen wie: «[A]bstraction is a concept fundamental to software development, which differs from machine operations, thereby focussing on building abstractions as objects» (S. 181).

Ein weiteres Mal wird auf diesem Weg die Arbeit an der Abstraktion befragt. Die drei hier besprochenen Studien weisen dieser Arbeit je unterschiedliche Orte innerhalb ihrer historisch-kritischen Methodik zu. Mulvin verfolgt sie in Spuren unstrukturierter, menschlicher Praktiken entlang von Grenzobjekten, während Gabourys medienarchäologischer Ansatz ihre Effekte innerhalb materieller Konfigurationen des Mediums identifiziert. Soon und Cox zeigen in ihren Sitzungen, wie auch der Weg einer pädagogisch grundierten Hinführung zur Praxis eine vielversprechende Öffnung zur Arbeit an der Abstraktion darstellt. Ein solch anleitendes Schreiben kann mit und gegen einen medialen Bruch, den *blind spot* des Schreibens für die direkte Wirksamkeit mathematischer Symbole entlang materiell verfestigter Modellierungen, arbeiten.

1 Vgl. Adrian Mackenzie: *Machine Learners. Archaeology of a Data Practice*, Cambridge (MA), London 2017 und auf GitHub: *github.com/datapractice/machine learners* (23.6.2022).

2 Beide Schreibweisen sind gängig. Lena Forsén modifizierte ihren Namen, um dessen schwedische Aussprache im Amerikanischen zu behaupten; vgl. Linda Kinstler: Finding Lena, the Patron Saint of JPEGs, in: *Wired*, 31.1.2019, *www.wired.com/story/finding-lena-the-patron-saint-of-jpegs* (12.5.2022).

3 Hierzu forschen Christina Vagt und Robert Groome. Das unpublizierte Working-Paper «On Models, Objects, Fantasy» bildete die Grundlage für einen Vortrag am Departement of Germanic Languages and Literatures der Yale University im Oktober 2020: *german.yale.edu/sites/default/files/paper_vagt_groome-on_models_objects_fantasy.pdf* (12.5.2022).

4 Bernhard Siegert: Öffnen, Schließen, Zerstreuen, Verdichten. Die operativen Ontologien der Kulturtechnik, in: *Zeitschrift für Medien- und Kulturforschung*, Bd. 8, Nr. 3, 2017, 95–113, hier 100.

PLATTENKRITIK UND TYPENSCHAU

Kleinteiliges und Naheliegendes zum (Gesellschafts-)Umbau

von CHRISTOPH EGGERSGLÜSS

Tomasz Lewandowski, Kunsthaus Raskolnikow e. V. (Hg.): *WBS 70 fünfzig Jahre danach*, Leipzig (Sphere Publishers) 2020

Arnold Bartetzky, Nicolas Karpf, Greta Paulsen (Hg.): *Architektur und Städtebau in der DDR – Stimmen und Erinnerungen aus vier Jahrzehnten*, Berlin (DOM Publishers) 2022

Matthias Brunner, Maren Harnack, Natalie Heger, Hans Jürgen Schmitz (Hg.): *Transformative Partizipation. Strategien für den Siedlungsbau der Nachkriegsmoderne*, Berlin (Jovis) 2021

Jens Casper, Luise Rellensmann (Hg.): *Das Garagenmanifest*, Zürich (Park Books) 2021

In einem Wohnriegel am Rand des Leipziger Kolonnadenviertels findet sich in einer Küchenecke auf der von Tapete befreiten Platte der Nachweis ihrer Herkunft: ein «Qualitätspaß», der sie als «PWL Außenwand» auszeichnet, hergestellt vom Plattenwerk Leipzig. Darauf sind nicht nur die Nummer des Elements notiert («45531B/KC»), sondern auch Produktionseigenschaften und Fertigungsschritte: von «Betonmasse», «Herstellungsdatum 26.5.86», «Einbringung Kernbeton», «Dämmschicht», «Sichtfläche» bis hin zum «Fenstereinbau». All diese Zeilen sind neben Mengen und Daten mit den Namen der beteiligten Facharbeiter_innen versehen, darunter «Zepe», «Wenzel», «Seidel», «Rodewald» und wahrscheinlich «Rösler» (recht unleserlich). Darüber hängt eine Gardinenleiste, die in die vorhandenen Bohrlöcher passt: alles ausgemessen, standardisiert. Sie stammt von einer Hausauflösung im wenige Kilometer entfernten Leipzig-Grünau. Dahin verschlägt es Innenstädter_innen auf dem Weg an den Kulkwitzer See oder zum Impfen in den Freizeittreff *Völkerverständigung*.[1] Ähnliche Grundrisse wie die der Küche gibt es sicherlich auch in den Großtafelbauten Grünaus. 2016 waren diese Gegenstand wie Ort von Ausstellungen und Symposien.[2]

Seitdem sind einige Bücher dazugekommen, die sich dem Leben mit und zwischen den Platten im Sinne kulturwissenschaftlicher Architekturforschung widmen: Platte hat Konjunktur, zumindest auf dem Büchertisch. Sie nehmen mal soziologische, mal mehr kunsthistorische und architekturwissenschaftliche Perspektiven auf gebaute Umwelt ein. Vor dem konstruktionsgeschichtlichen Hintergrund verschränken sie Bauen als soziotechnisches Programm und Baukultur als ‹Politik der Platte› – nicht nur mit Blick auf Rahmenbedingungen und Logistik, Staatsapparat und Denkmalpflege, Kostenkalkül und Abriss, sondern auch auf Alltagsgeschichte: Die Fallstudien (*WBS 70* und *Transformative Partizipation*), Interviews (*Architektur und Städtebau in der DDR*) und Ortsbegehungen (*Garagenmanifest*) handeln von Infrastrukturen sowohl des Bauens als auch des Wohnens, spüren ihrem ‹Eigen-Sinn› (Alf Lüdtke) nach.

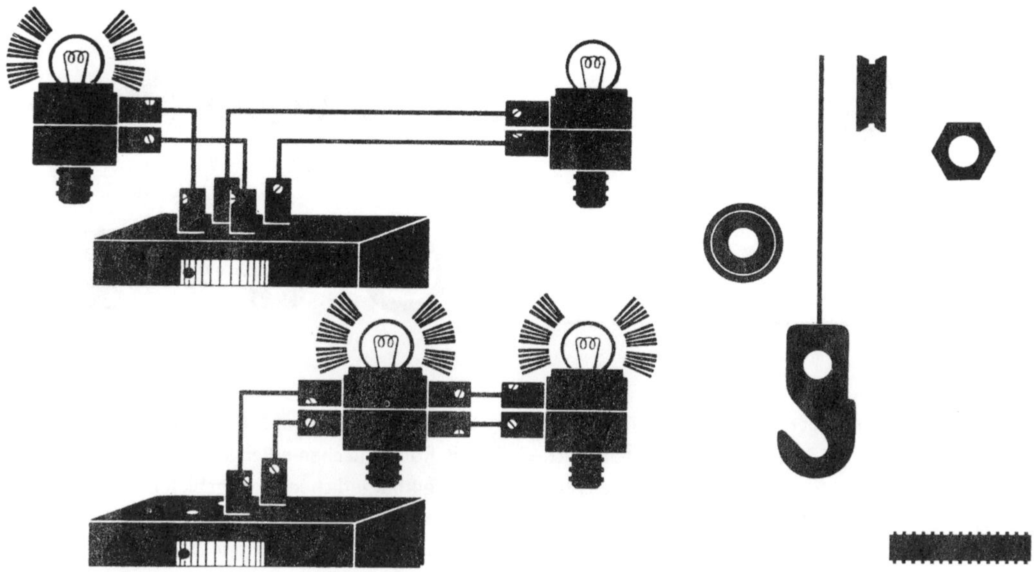

Das eingangs beschriebene Betonelement stammt aus der Spätphase der WBS 70 (Wohnungsbauserie 70).[3] Kurz hieß sie noch ‹System›, bis dieser Begriff in Zeiten Honeckers missfiel. Dies erläutert *WBS 70 fünfzig Jahre danach*, eine Begleitpublikation zur Ausstellung «Kunst.off Plattenbau» des Dresdner Kunsthauses Raskolnikow (2020/21). Sie vergleicht Entwicklungen in der DDR und in Polen, z.B. Dresden und Gorbitz (Tanja Scheffler und Antje Kirsch) und Warszawa und Ursynów (Stefan Paruch), auch anhand der Bauserien («WBS70=/W70») selbst (Magdalena Kamińska). Es wird deutlich, dass nicht allein Normunterschiede eine Vereinigung der Systeme verhinderten.[4] Erfolgreich war die WBS 70 durch Baueinheiten, die weniger in Segmenten als vielmehr in Modulen konzipiert waren: «Um einen Erschließungsbaustein herum sollten Wohneinheiten beliebig angeordnet werden können. Daraus ergeben sich verschiedene Grundrisskonfigurationen, Gebäudeformen und städtebauliche Anwendungsmöglichkeiten», so Christopher Nickol (S.12). Zudem sollten lokalspezifische Typen der Baukombinate (Dessau, Dresden, Cottbus, Leipzig...) gerade bei Details (‹Erfurter Dach›, Balkonabschlüsse u. ä.) zu einer gewissen Formenvielfalt führen.[5]

Unterbrochen werden die Aufsätze von Christine Starkes Bilderfolge des Dresdener Stadtteils Gorbitz von 1988/89. Sie stellt Innenansichten, wie sie u.a. in der «Mustereinrichtung für eine WBS 70-Vierraumwohnung in Dresden-Gruna» auftauchen (S.20), den jeweiligen Außenansichten und Versorgungseinrichtungen gegenüber. Eindrücklich sind die Familienporträts derer, die einmal das Glück oder die «sozialen Voraussetzungen» hatten (S.43), eine dieser Vorzugswohnungen mit Fernwärme zugeteilt zu bekommen.[6] Während Nickol seinen Beitrag zum Potenzial der Platte mit der Losung «auf ewig in die Zukunft verschoben» schließt (S.21), was dem heutigen Arbeitsauftrag der Denkmalpflege entsprechen mag, gelingt es Niels-Christian Fritsche, wenngleich in einem etwas hektischen Rundumschlag, ein paar Fäden zusammenzuführen. Man hätte sich längere Ausführungen und mehr Archivmaterial gewünscht; diese Schlaglichter auf Vergangenheit und (gescheiterte) Zukunft – wie Tomasz Lewandowskis Überblick zum kommunistischen Stigma der Platte im heutigen Polen – wirken gerafft. Gleichwohl eignet sich der Band, um die einmal verschrienen ‹Wohnregale› als Lebensumstände, als gesellschaftliche Katalysatoren einer «Sozialökologie des Wohnens»[7] zu begreifen. Heute dienen sie gar als Lupe der «Transformationsgesellschaft», wie Steffen Mau andernorts über Lütten Klein (einen Ortsteil von Rostock) zusammenfasst:

> Die ‹Platte› versammelte alle Schichten, alle Berufsgruppen und stellte durch die standardisierten Lebenslagen und die geringe Varianz der Lebensformen Kohäsion zwischen unterschiedlichen

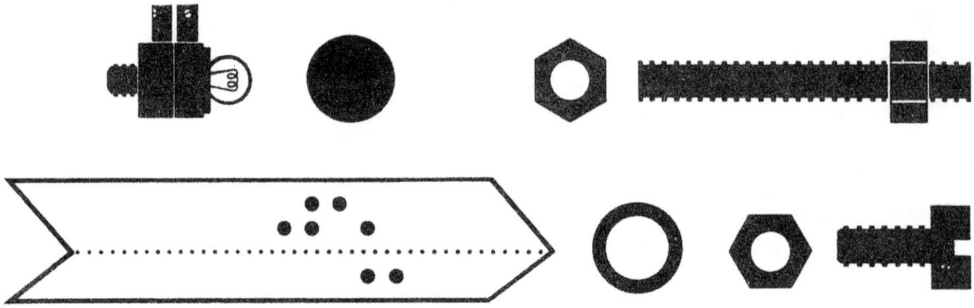

> sozialen Fraktionen her. Sie beseitigte Trennungslinien zwischen akademisch Qualifizierten, Facharbeitern, Angestellten sowie Un- und Angelernten und schuf ein schichtenübergreifendes ‹respektables Sozialmilieu›.[8]

Der Interview-Band *Architektur und Städtebau in der DDR – Stimmen und Erinnerungen aus vier Jahrzehnten* wiederum beleuchtet die Hinterbühne des Baugeschehens in der DDR. Er bietet moderierte Gespräche, die Studierende am Institut für Kunstgeschichte der Universität Leipzig führten. Mit Fokus auf die «mündliche Überlieferung» möchte diese Sammlung eine Lücke schließen, um dem «weitgehend informellen Charakter der Entscheidungsprozesse» (S. 7) in dem sonst durchstrukturierten System gerecht zu werden und dabei auch Akteur_innen abseits der erhaltenen Schriften zu identifizieren – auch wenn hier v. a. jene zur Sprache kommen, die bauen durften. Die Interviews zeichnen sich zum Teil durch intime Gesprächssituationen aus – manchmal kamen die Studierenden zu den Interviewten nach Hause und erhielten «unterstützt durch Kaffee und Kekse» (S. 11) eine persönliche Sicht auf die Dinge: Anekdoten wie Autobiografisches, unterfüttert von städtebaulichen Details, Fotos und Papierarchitekturen. Am Beispiel des Dorotheenplatzes, einer zerbombten Barockanlage der Leipziger Westvorstadt, erschließen sich damit nicht nur die Abwandlungen der hochskalierten Planungsvorgaben und Losgrößen der Plattenwerke, sondern auch Kontinuitäten und Brüche in den Sichtweisen der Planenden. Mitte der 1980er Jahre kam es zum vermehrten Ausbau der Innenstadt, so der interviewte Dietmar Fischer, einer der ehemaligen «Chefarchitekten» (S. 77), der selbst wegen der Zuteilung eines Neubaus mit der Familie einst nach Leipzig kam (S. 67):

> Der Verfall war überall. Nicht nur in den Vorstädten mit ihren einfacheren Bebauungen, sondern auch in den gutbürgerlichen Wohngebieten wie dem Waldstraßengebiet. Viele Menschen brauchten einfach ein Dach über dem Kopf, ein Dach, das funktioniert und trocken ist. Erst dann kann ich mit ihnen darüber reden, wie es rundherum aussieht. (S. 75)

Das klar strukturierte Buch wird in derartigen Erklärungen nicht geschwätzig oder rührselig, sondern arbeitet Differenzen und Kontroversen unter den Befragten heraus. Man lernt, dass nicht allein Komplettabriss und Neubau verhandelt wurden und dass überhaupt sehr kritisch und früh, d. h. lange vor der ‹Wende›, über das eigene Erbe diskutiert wurde. Die Gründerzeitbauten galt es nebst Lückenbebauungen mit den vorhandenen Mitteln zu retten, obgleich es mitunter an ausgebildeten Handwerker_innen fehlte:

> Das nannten wir Reproduktionsrechnung. [...] Es ging um den Erhalt der Stadt. Fest stand, dass der Plattenbau schon nützlich sein kann, wenn er innen eingesetzt wird. Am besten wäre es gewesen, die Menschen umzuschulen und die alten Häuser instand zu setzen. Aber derjenige, der die Platte montierte, konnte das eben nicht. (S. 76)

Entschiedene Gegenstimmen zu denen der Chefplaner_innen und Baukombinate, wie die von Angela Wandelt von der Initiative Leipziger Architekten, kommen am Ende zu Wort. Unter dem Einfluss international aufgestellter Bibliotheken wie jener der Weimarer Hochschule für Architektur und Bauwesen[9] habe man sich manch andere Perspektive vorstellen können: «Natürlich wurden dort [innenstädtisch] viele Lücken geschlossen, aber erst musste man größere schaffen, damit die Plattenbauten dort Platz fanden. [...] Die Alternative wäre gewesen, sich von dem starren Baukastensystem zu lösen.» (S. 222) Solche Verhandlungen bieten sich an, um – nicht zuletzt anhand von grauen Literaturen, wie etwa Leitfäden und Katalogen des Instituts für Wohnungs- und Gesellschaftsbau der Bauakademie –, Techniken wie Technologien zu reflektieren, mit denen die Wohnriegel gebaut, genutzt und gewartet wurden.[10]

Ost, Mitte und West sind sich, verengt man den Blick auf Massenwohnungsbau der 1950er oder Großsiedlungen der 1970er Jahre, näher als gedacht. Nur gilt ebenfalls, dass in der DDR flächenmäßig auf die Plattenbauweise gesetzt und dadurch ein viel höherer Bevölkerungsanteil in den entsprechenden Siedlungen sozialisiert wurde als in der BRD.[11] Wie und warum sie in Zeiten von starker Abwanderung, Teilabrissen, aber auch Nachverdichtungen bestehen konnten, zeigt der Sammelband *Transformative Partizipation. Strategien für den Siedlungsbau der Nachkriegsmoderne*. Die retrospektive Sicht der Planenden wird mit jener von Historiker_innen, Künstler_innen und Bewohner_innen kontrastiert. Liest man die beiden letztgenannten Bücher parallel, ergibt sich ein breites Spektrum an Zugriffen und Schreibweisen: Betroffenheit und Ermächtigung, Hoffnung und enttäuschte Erwartung. Was tun mit den vorgefertigten Rastern und Ideen, wenn die Tabula rasa einmal bebaut ist? Der Band *Transformative Partizipation* behandelt unterschiedliche Siedlungen, ihre gesetzten wie gewachsenen Strukturen. Mit Reiterin auf Pferd vor Plattenkulisse auf dem Cover sammelt er gut recherchierte historische Fallstudien (u. a. Berlin, Darmstadt, Leipzig, München, Graz) und künstlerische Interventionsberichte. Einen abwägenden Einstieg liefert Nina Gribat mit ihrer Analyse recht früher Reformationsprozesse des Märkischen Viertels, in dem sie die enttäuschten und überzogenen, zum Teil chauvinistischen und einseitigen «Beteiligungserwartungen» (S. 17) verschiedener Gruppen unterstreicht:

> Für die Bewohner*innen war das Engagement in der Stadtteilarbeit eine Gratwanderung zwischen dem marxistischen Jargon und dem teils überbordenden Ego der [aktionistischen] Studierenden, dem Streben nach der Verbesserung der eigenen Lebensverhältnisse und der Selbstermächtigung. Zudem erforderte es eine große Beharrlichkeit nahe der Selbstausbeutung. (S. 16)

An verschiedenen Orten der Nachkriegszeit werden die Grenzen der Partizipation aufgezeigt, nicht zuletzt schon durch die Grundrisse, wie u. a. Andrea Jany am Beispiel Graz betont. Hervor sticht zudem die von Sigrun Kabisch nachgezeichnete soziologische Intervall-Langzeitstudie Leipzig-Grünau, die seit 1979 Einflussmöglichkeiten und «Wohnzufriedenheit» abfragte (S. 78). Den Beiträgen gelingt es, nicht nur Interventionspotenziale aufzuzeigen, sondern Entwurf und Wirklichkeit nebeneinanderzuhalten. Sie eröffnen damit einen Bereich, der nicht selten von Improvisation und Reparatur zusammengehalten wird.

Diesen Übergangsräumen widmet sich das *Garagenmanifest*, dessen Titel zuerst verwundert. Eindrucksvoller ist die fußläufige Annäherung an diese Medienökologien der Nachbarschaft. Mit dem kleinformatigen Band geht es buchstäblich vor die Tür und zwischen die Häuser. Hervorgegangen aus einem Seminar an der Brandenburgischen Technischen Universität Cottbus-Senftenberg nimmt die Publikation den randständigen Topos der Garage auf. Dabei wurden die Orte nicht nur besichtigt, es wurde intensiv in Archiven geforscht und Anwohner_innen wurden befragt, um so die «soziokulturelle Bedeutung» der Garagen zu erschließen, was die Verfasser_innen mit einer Kritik an den statischen «Grenzen einer autoritären Denkmalpflegepraxis» verbinden (S. 9). Begleitet von einigen Gemeinplätzen, so etwa über die «männerdominierte Autokultur» (S. 25), liegt der Fokus auf den Garagenkomplexen als Inbegriff von

«Selbsthilfe und Eigenbaupraxis» in der DDR (S. 21).[12] Auch in diesem Buch ist Bewahren Programm. Waren es dort die alternden Zeitzeug_innen, sind es hier die letzten Zeugnisse informeller Baukultur, die es angesichts des Endes des Schuldrechtsanpassungsgesetzes über die Nutzungs- und Besitzverhältnisse zu bewahren gilt. Der Band überzeugt, wo er Material- und Archivfunde präsentiert und (vermeintlich) anonymen Architekturen hinterherspürt. Ein wenig schief liegt das Kapitel «Making Heritage», in dem man das eigentliche Manifest erkennen mag. Fraglich bleibt, ob es diesen Zusatz wirklich braucht. Sind die angeführte Reihe großer Namen (Alberti, Riegl, Koolhaas ...) und der weit aufgespannte Kontext von CIAM (Congrès Internationaux d'Architecture Moderne) nötig, um das Besondere der DDR-Garagenkultur zu markieren? Eine Einordnung in die für sich schon schwierige Ostmoderne-Forschung wäre hilfreicher gewesen, wie sie in den letzten Sätzen aufscheint und doch wieder auf die internationale Bühne flieht.[13] Eine Begründung aus dem Material heraus wäre nachvollziehbarer gewesen: Garagenanlagen als kollektive Produkte, für die Vereine und Bewohner_innen verantwortlich zeichnen, geduldete Schwarzbauten und variantenreiche Typenbauten (Dresden, Knappenrode u. a.). Garage bedeutet, das unterstreichen die Beiträge, nicht nur geschützter Parkplatz, sondern Anlegen von Materialvorräten. Sie ist Ort des Versammelns sowie Zurückziehens von Familie und/oder Staat: «Rund um die Garagen herrscht eine rege Reparaturkultur, die ihren Erhalt sichert.» (S. 16) Die Stärke des Buches liegt nach dem einleitenden historischen Aufzug in den verdichteten Miniaturen. Dabei hätte man sich gelegentlich den ausführlichen Abdruck der zitierten Archivfunde (wie etwa S. 13, 27) gewünscht, gerade wenn von nicht realisierten Planungen (S. 143), Bauanträgen (S. 107) oder gar besonderen Typenentwürfen die Rede ist (S. 83). Mit dem mutmaßlichen Manifest hingegen werden Teile der eigentlichen Historiografie überschrieben, das Erbe, um das es geht, überformt. Diesen Punkt macht die Publikation selbst. Die Autor_innen kritisieren die «kunsthistorisch-wissenschaftliche Interpretationsmacht» (S. 159), eine starre Konservierungslogik, plädieren mit Dolores Hayden für das Kleine, Namenlose und Alltägliche (S. 165) und stellen zugleich fest, Denkmalpflege beginne mit dem Auswählen und Aufzeichnen, werde also von kuratorischen Aspekten begleitet.[14] Forschungsdesiderat bleibt indessen eine architekturhistorische Aufarbeitung der mehr oder minder anonymen Geschichte der Typenbauten. Dabei lohnt die Lektüre des Bands allemal, denn er erreicht, was er verspricht: die Würdigung der Garage als «eigenständige architektonische Typologie» (S. 28). Nicht zuletzt können die Lektürehinweise dazu dienen, das Feld weiter zu erschließen und gleichermaßen gelungene Seminare zu gestalten.

1 Im Mai und Juni 2022 fand hier treffenderweise die Fotoausstellung *WBS 70* von Fabian Heublein statt, die das Leben vor den Bauten beleuchtete.

2 Vgl. hierzu das großformatige Buch zum gleichnamigen Festival, u. a. mit Bildern von Harald Kirschner, von Juliane Richter, Tanja Scheffler, Hannah Sieben (Hg.): RASTER BETON – *Vom Leben in Großwohnsiedlungen zwischen Kunst und Platte – Leipzig-Grünau im internationalen Vergleich*, Weimar 2017.

3 Die WBS 70 wurde 1969 von der Bauakademie der DDR sowie der TU Dresden entwickelt und ging nach einem Versuchsbau des Wohnungsbaukombinats Neubrandenburg ab 1972/73 in Serie. Es wurden etwa 42 Prozent von 1,52 Millionen Wohnungen in dieser Plattenbauweise errichtet, vgl. Bundesministerium für Raumordnung, Bauwesen und Städtebau: *Leitfaden für die Instandsetzung und Modernisierung von Wohngebäuden in der Plattenbauweise (Wohnungsbauserie 70 – WBS70 6,3 t)*, Berlin 1997, 3.

4 Polen orientierte sich nicht nur am Massenwohnungsbau Frankreichs, sondern auch an der (westlichen) ISO (Internationale Organisation für Normung), während die DDR den eigenen TGL (Technische Normen, Gütevorschriften und Lieferbedingungen) folgte, zudem waren die ‹Grundraster› (30 × 30 cm bei der polnischen W 70, 1,20 × 1,20 m bei der WBS 70 in der DDR) verschieden (vgl. *WBS 70*, 38).

5 Mehr zur Baukonstruktionsgeschichte der einzelnen Typenreihen und Experimentalbauten sowie Beteiligung der Denkmalpflege in dem minutiös recherchierten Band *Moderne Architektur der DDR. Gestaltung, Konstruktion, Denkmalpflege*, hg. v. Roman Hillmann, Leipzig 2020. Ebenso hilfreich ist das aktuelle zweibändige Nachschlagewerk *Vom Seriellen Plattenbau zur komplexen Großsiedlung. Industrieller Wohnungsbau in der DDR, 1953–1990*, hg. v. Philipp Meuser, Berlin 2022, insbesondere die abgedruckten Produktions- und Baustellenfotos zur Wohnungsbauserie 70, S. 249 ff. Grundlegend vgl. Christine Hannemann: *Die Platte. Industrialisierter Wohnungsbau in der DDR*, Wiesbaden 1996.

6 Zum Fotostudium an der HGB Leipzig vgl. Agneta Jileks Dissertation *Arbeit im Bild. Die Repräsentation von Arbeit in der staatlich geförderten Autorenfotografie der 1980er Jahre in der DDR*, Berlin 2020. Siehe hierzu auch den Film *Platte mit Aussicht: Über das Neubaugebiet Dresden-Gorbitz*, Regie: Uta Hergert und Marcel Raabe, Deutschland 2005/06, 80 min.

7 Steffen Mau: *Lütten Klein. Leben in der ostdeutschen Transformationsgesellschaft*, Frankfurt/M. 2020, 40, im Orig. kursiv.

8 Ebd., 37.

9 Vgl. Frederike Lausch: *Architektenausbildung in Weimar: 29 Lebensläufe zwischen DDR und BRD* (Forschungen zum baukulturellen Erbe der DDR No. 4), Weimar 2015.

10 Vgl. hierzu das ZfM-Schwerpunktheft Medien/Architekturen (1/2015), dx.doi.org/10.25969/mediarep/1362.

11 Wovon u. a. auch Steffen Maus autobiografisch untermalte Studie *Lütten Klein* erzählt: «Niemand hatte der DDR eine Ewigkeitsgarantie gegeben, aber alle hatten sich über vierzig Jahre an ihre Existenz gewöhnt.» Mau: *Lütten Klein*, 113.

12 Stellvertretend für die zahlreichen Arbeiten über die Kulturtechniken des Reparierens kann hier hingewiesen werden auf das Heft *ilinx. Berliner Beiträge zur Kulturwissenschaft*, Nr. 4: Workarounds. Praktiken des Umwegs.

13 Vgl. hierzu Mark Escherich, Hans-Rudolf Meier: Denkmale in der DDR – Denkmale der DDR, in: Roman Hillmann (Hg.): *Moderne Architektur der DDR. Gestaltung, Konstruktion, Denkmalpflege*, Leipzig 2020, 142–154.

14 Casper und Rellensmann schreiben: «Der Auswahlprozess von Denkmälern wird bei aller Wissenschaftlichkeit immer auch von der persönlichen Zuschreibung bestimmter Werte getrieben – individuell, subjektiv, letztendlich abhängig von verschiedenen kulturellen und gesellschaftlichen Prägungen.» (*Garagenmanifest*, 167 f.)

AUTOR_INNEN

Rey Chow ist Andrew W. Mellon Distinguished Professor of the Humanities an der Duke University, Durham, wo sie u. a. im «Program in Literature» lehrt. Zu ihren zahlreichen Monografien gehören *Not Like a Native Speaker. On Languaging as a Postcolonial Experience* (2014), *Entanglements, or Transmedial Thinking about Capture* (2012), *Sentimental Fabulations, Contemporary Chinese Films* (2007) und *The Age of the World Target* (2006). Gemeinsam mit James A. Steintrager hat sie den Band *Sound Objects* (2019) herausgegeben. Ihre in vielen Anthologien veröffentlichten und breit zitierten Schriften sind in zahlreiche Sprachen übersetzt worden.

Dorothea Dornhof, PD Dr., Literatur- und Kulturwissenschaftlerin, lehrte und forschte an der HU Berlin und der Europa-Universität Viadrina, als Gastprofessorin am Zentrum für Interdisziplinäre Frauen- und Geschlechterforschung der TU Berlin, an der University of Chicago, der Monash University Melbourne und im Rahmen der DFG-Forschergruppe «Kulturen des Wahnsinns. Schwellenphänomene urbaner Moderne». Forschungsfelder: Geschichte und Theorie der Alterität, Wissenschafts- und Geschlechterforschung, Kultur und Ökonomie. Zuletzt erschienen: «Unterwegssein. Für eine Ethik der Differenz», in: Antonia Balfanz u. a. (Hg.): *(Um)Wege zum Wissen. Festschrift für Bożena Chołuj*, Berlin (Logos) 2022.

Christoph Eggersglüß ist Medien- und Kulturwissenschaftler an der Philipps-Universität Marburg («NFDI4-Culture – Konsortium für Forschungsdaten materieller und immaterieller Kulturgüter»). Er war Mitarbeiter des IKKM an der Bauhaus-Universität Weimar, Mitglied der Forschungsgruppe «Verräumlichung und Kulturtechniken» (Erfurt/Gotha/Weimar), Lehrbeauftragter an der Leuphana-Universität Lüneburg sowie Stipendiat des DFG-Graduiertenkollegs «Mediale Historiographien» (Erfurt/Jena/Weimar). Zuvor hat er in Bremen, Göteborg und Weimar studiert (Europastudien, STS, Medienkultur). Neben der Projektmitarbeit in der «NFDI» forscht und schreibt er u. a. über dokumentarische Formen und Verfahren, Field Recording sowie Architektur- und Infrastrukturgeschichte.

Ulrike Hanstein ist Professorin für Filmwissenschaft an der internationalen filmschule köln. Ihre Forschungsinteressen sind feministische Film- und Videopraktiken, Performance Art, dokumentarische Arbeitsweisen, Künstlerinnen-Archive sowie Modelle und Methoden der Mediengeschichtsschreibung. Aktuelle Publikation: «Revue und Recherche. Jade Montserrats Performance *Shadowing Josephine* (2013)», in: *MAP – Media | Archive | Performance*, Nr. 11, 2020. www.perfomap.de/map11/

Laura Horelli ist eine in Berlin lebende bildende Künstlerin und Filmemacherin. Sie ist Lehrbeauftragte an der Universität zu Köln und der Universität Potsdam. In ihrer Arbeit untersucht sie, meist im Medium des digitalen Films, die Schnittstelle von privatem und öffentlichem Raum. Sie ist an Darstellungen und Vermittlungen der Vergangenheit interessiert und verfolgt dabei einen mikrohistorischen Ansatz. 2021 ist ihr Künstlerbuch *Changes in Direction – a Journal* bei Archive Books erschienen. www.laurahorelli.com

Francis Hunger arbeitet im Schnittfeld von künstlerischer Forschung und Medienwissenschaft und forscht derzeit im Projekt «Training the Archive» im Hartware MedienKunstVerein, Dortmund, zum Einsatz von künstlicher Intelligenz, Statistik und Mustererkennung in Kunst und kuratorischen Praktiken. PhD an der Bauhaus-Universität Weimar zur Genealogie von Datenbanktechnologien. Zuletzt erschienen: «Data Workers of All Countries, End It!», in: Isabella Kohlhuber und Oliver Leistert (Hg.): *Hamburg Maschine revisited*, Hamburg (Adocs) 2022; «Transaktionsverarbeitung in relationalen Datenbanken – Zur Materialität von Daten aus Perspektive der Transaktion», in: *Archiv für Mediengeschichte*, Nr. 19, 2021, 101–111. Hunger kuratiert manchmal Ausstellungen und unterrichtet regelmäßig an Hochschulen. www.irmielin.org, twitter.com/databaseculture

Annett Jahn arbeitet als Projektleiterin von «Sozialismus im Bild. Ein Forschungs- und Ausstellungsprojekt zur fotografischen Aneignung von DDR-Lebenswelten» im Forschungsverbund «Diktaturerfahrung und Transformation» an der Friedrich-Schiller-Universität Jena. Sie ist ausgebildete Fotografin und hat an der Bauhaus-Universität Weimar Medienkultur studiert. Als Assistentin war sie in verschiedene Projekte der ACC Galerie Weimar eingebunden. Die von ihr in Zusammenarbeit mit der ACC Galerie kuratorisch betreute Ausstellung «unscharf maskieren» wird vom 3.12.2022 bis zum 13.2.2023 in Weimar zu sehen sein.

Johanna Käsmann ist seit 2022 wissenschaftliche Mitarbeiterin in der Neueren Deutschen Literaturwissenschaft an der Universität Erfurt. Hier koordiniert sie das literaturwissenschaftliche Nachwuchskolleg «Texte. Zeichen. Medien» und arbeitet seit 2020 an ihrer Dissertation «Reißende Stellen. Orte des Schreibens in Wolfgang Hilbigs Romanen». Sie studierte Germanistik und Philosophie im Bachelor sowie Literaturwissenschaft im Master an der Universität Erfurt. Ihre Forschungsinteressen beziehen sich insbesondere auf Wende- und Nachwendeliteratur, Schreibszenen und Schreibprozessforschung.

Manuela Klaut arbeitet als wissenschaftliche Mitarbeiterin am Institut für Kultur und Ästhetik digitaler Medien an der Leuphana Universität Lüneburg und als Dozentin an der Hochschule für Musik und Theater Leipzig und an der Bauhaus-Uni Weimar. Sie forscht zu Medien- und Kulturtechniken des Rechts und interessiert sich für digitale Rechtsfindung, filmische und tatsächliche Institutionsgeschichte(n). Publikationen: gem. m. Claus Pias und Gottfried Schnödl: *Stimmen hören (für Wolfgang Hagen)*, Berlin (ciconia ciconia) 2020. Im Erscheinen: *Kluges Fälle. Vorarbeiten zu Abschied von gestern*, Leipzig (Spector Books) 2022.

Franziska Klemstein arbeitet an der Bauhaus-Universität Weimar als wissenschaftliche Mitarbeiterin für Digital Humanities. Sie studierte Kunstgeschichte und Geschichte sowie Kunstwissenschaft und Kunsttechnologie. Ihre Forschungsschwerpunkte liegen im Bereich der Architekturgeschichte und Denkmalpflege sowie in den Digital Humanities. Jüngst erschien ihre Dissertation: *Denkmalpflege zwischen System und Gesellschaft. Vielfalt denkmalpflegerischer Prozesse in der DDR (1952–1975)*, Bielefeld (transcript) 2021.

Jana Mangold arbeitet als wissenschaftliche Koordinatorin der Forschungsgruppe «Kulturtechniken des Sammelns» an der Universität Erfurt. Sie forscht zu Materialität und Formaten der Popkultur, Geschichte und Theorie der Rhetorik sowie Ethnologie. Publikationen: *McLuhans Tricksterrede. Archäologie einer Medientheorie*, Berlin (De Gruyter) 2018; «Mit Duchamp Plattenhüllen öffnen», in: *PhiN: Beihefte*, Nr. 23, 2020, 58–88.

Benedikt Merkle ist wissenschaftlicher Mitarbeiter im NOMIS Forschungsprojekt «THE NEW REAL: Past, Present and Future of Computation and the Ecologization of Cultural Techniques» an der Bauhaus-Universität Weimar. Er hat Medienkulturwissenschaften, Philosophie und Kulturwissenschaft in Freiburg i.Br. und Berlin studiert und war an den Universitäten Hagen und Siegen tätig. Sein Dissertationsprojekt beschäftigt sich mit Geschichte und Ästhetik der Flash-Animation.

Christine von Oertzen ist Principal Investigator des Themenbereichs «Data, Media, Mind» am Max-Planck-Institut für Wissenschaftsgeschichte Berlin und S-Professorin für Mediale Praktiken am Institut für Musikwissenschaft und Medienwissenschaft der Humboldt-Universität zu Berlin. Ihre Forschungen zur materiellen Kultur des Sammelns, Verarbeitens und Visualisierens von Daten hat sie u.a. publiziert in: gem. m. Elena Aronova und David Sepkoski (Hg.): *Data Histories*, Chicago (University of Chicago Press) 2017; gem. m. Carla Bittel und Elaine Leong (Hg.): *Working With Paper. Gendered Practices in the History of Knowledge*, Pittsburgh (University of Pittsburgh Press) 2019; gem. m. Sebastian Felten (Hg.): Histories of Bureaucratic Knowledge, in: *Journal for the History of Knowledge*, Bd. 1, 2020.

Peer Pasternack, Institut für Hochschulforschung an der Martin-Luther-Universität Halle-Wittenberg, Sozialwissenschaftler, Zeithistoriker, Professor für Hochschulforschung, Institutsdirektor, 1991 Gründer und Herausgeber der Zeitschrift *die hochschule. journal für wissenschaft und bildung* (bis 2001 unter dem Titel *hochschule ost*). Arbeitsschwerpunkte: Hochschulpolitikanalyse, Hochschulorganisation, Bildung und Wissenschaft in regionalen Kontexten, Wissenschaftszeitgeschichte. Dazu unter anderem 44 monografische Veröffentlichungen, davon 13 als Alleinautor. *www.peer-pasternack.de*

Ulrich Richtmeyer studierte Kunst (Diplom) und Philosophie (Promotion) und habilitierte zu «Wittgensteins Bilddenken». Er ist Professor für Medienkulturarbeit an der Fachhochschule Potsdam. Seine Forschungsinteressen liegen in der Medienphilosophie mit dem Schwerpunkt auf Bildern, Techniken und Ästhetiken seit dem 18. Jahrhundert. Er ist Herausgeber der Reihe «Maschinentexte aus Sanssouci», die im Brandenburgischen Zentrum für Medienwissenschaften (ZeM) erscheint. Der neueste Titel der Reihe findet sich hier: *www.kulturverlag-kadmos.de/programm/details/julien_offray_de_la_mettrie-die_tiere_sind_mehr_als_maschinen*.

Lotte Schüßler ist wissenschaftliche Mitarbeiterin am Institut für Theaterwissenschaft der Freien Universität Berlin. An der Humboldt-Universität zu Berlin promovierte sie mit der Studie *Theaterausstellungen. Spielräume der Geisteswissenschaften um 1900*, Göttingen (Wallstein) 2022. Sie forscht zu Medien und Materialitäten der Geisteswissenschaften sowie zu Theater- und Mediengeschichte aus feministischer Perspektive.

Alexander Wagner, geboren 1987 in Hoyerswerda (DDR), ist wissenschaftlicher Mitarbeiter an der Bergischen Universität Wuppertal am Lehrstuhl für Neuere deutsche Literaturgeschichte. Seine Forschungsschwerpunkte sind Medien- und Wissensgeschichte, Kultursemiotik, Raumtheorie, das Verhältnis von Literatur zu Wissen (-schaft) und Populärkultur, Formen kultureller Selbstvergewisserung und (wissenschaftliche) Modellbildung. Er hat über die Kontinuität des deutschen Kolonialismus im Nationalsozialismus promoviert und arbeitet gern an der Schnittstelle von Wissenschaft und Kunst.

Hannah Wiemer ist wissenschaftliche Mitarbeiterin am Lehrstuhl Medien und Wissen im Fachbereich Medienwissenschaft an der Humboldt-Universität zu Berlin. Zwischen 2019 und 2021 war sie zudem für mehrmonatige Forschungsaufenthalte als Gastwissenschaftlerin am Max-Planck-Institut für Wissenschaftsgeschichte. Ihr aktuelles Forschungsprojekt beschäftigt sich mit Bibliotheksinfrastrukturen. Zuletzt erschienen sind ihr Aufsatz «The West Berlin Staatsbibliothek and the Sound Politics of Libraries», in: *Grey Room*, Bd. 87, 2022, 44–65 und ihre Dissertation *Camouflage. Landschaftslektüren zwischen Theater, Kunst und Krieg* 1914–45, Berlin (De Gruyter) 2020.

Gerd Zimmermann, Bauhaus-Universität Weimar, ist Professor i. R. für Entwerfen und Architekturtheorie. Er war Rektor der Hochschule für Architektur und Bauwesen/Bauhaus-Universität Weimar in drei Amtszeiten (1992–1996, 1996–2001, 2005–2011), 1999–2001 Vizepräsident der Hochschulrektorenkonferenz, 2012 Senior Fellow am Internationalen Kolleg für Kulturtechnikforschung und Medienphilosophie Weimar, 2015–2021 Präsident der Stiftung Baukultur Thüringen. Forschungsschwerpunkte: Architekturtheorie, Architekturpsychologie und -semiotik. Internationale Bauhaus-Kolloquien, div. internationale Kolloquien und Publikationen.

BILDNACHWEISE

S. 9 Cover der DDR-Heimwerkerzeitschrift *practic*, Nr. 2, 1986

S. 18–21 Screenshots aus: *Heimat ist ein Raum aus Zeit*, Buch und Regie: Thomas Heise, DE/AT 2019

S. 24 Aufnahme des Autors

S. 28–31 Screenshots aus: *flüstern & SCHREIEN. ein rockreport*, Regie: Dieter Schumann, DDR 1988

S. 55 Aus: *practic*, Nr. 1, 1981, 189

S. 56 Aus: *practic*, Nr. 1, 1990, 27

S. 61 Aus: *practic*, Nr. 12, 1991, 20 sowie *practic*, Nr. 12, 1990, 46

S. 63 Aus: *practic*, Nr. 12, 1990, 4–7

S. 68 Foto: Alexander Sacharnych, *sovietcpu.com/robotron/k1600*, o. J.

S. 73 Aus: Birgit Starke (Demuth): *Übersetzung und Optimierung relationaler Anfragen am Beispiel der Datenbanksprache SQL*, Dissertation, TU Dresden, 1983, 43

S. 75 Aus: Dietrich Schubert: Das relationale Datenbankbetriebssystem DABA 1600. Ein weiteres Ergebnis der Kooperation von Robotron und TU Dresden, in: *Neue Technik im Büro*, Bd. 29, Nr. 4, 1985, 111

S. 81 Foto: Heinz Koch. Bundesarchiv, Bild 183-B0314-0091-002/ CC-BY-SA 3.0, *commons.wikimedia.org/wiki/File:Bundesarchiv_Bild_183-B0314-0091-002,_Leipzig,_Universit%C3%A4t,_Rechenzentrum,_Kommandopult.jpg*

S. 82 Cover der Zeitschrift *Rechentechnik/Datenverarbeitung*, Nr. 10, 1985

S. 83 Aus: ebd.

S. 88 Aus: Folke Dietzsch: *Die Studierenden am Bauhaus*, Bd. 2, Weimar 1991, 115

S. 93–100 Laura Horelli: *Namibia Today*, 2017/18, Videostills. Courtesy die Künstlerin/VG Bild-Kunst. Die Protagonist_innen in der Reihenfolge ihres Erscheinens: Philemon Sheya Kaluwapa, Uwe Jaenicke, Simon Tjimbawe, Joe Ashipala, Ilona Schleicher, Hans-Georg Schleicher, Reinhold Mupupa

S. 121 Geheimes Staatsarchiv Preußischer Kulturbesitz (GStA PK), I. HA Rep. 77 Tit. 94, Nr. 132, Bd. 1, Bl. 202

S. 124 Aus: Wilhelm Herzberg: *Papier-Prüfung*, Berlin 1894, Tafel 14

S. 126 Aus: *Feldpostbrief der Heidelberger Zeitungswissenschaftler*, Nr. 1, 29.2.1944, Universitätsarchiv Heidelberg, Rep. 121/7

S. 129 Aus: Der Feldpostbrief des Reichsstudentenführers, in: *Die Bewegung*, Bd. 11, Nr. 10, 1943, 5, Heidelberger historische Bestände – digital, *digi.ub.uni-heidelberg.de/diglit/bewegung_muenchen* (17.5.2022)

S. 132 Cover der Zeitschrift *hochschule ost*, 2001

S. 137 Bauhaus-Universität Weimar, Archiv der Moderne, FS/1/293

S. 140 Bauhaus-Universität Weimar, Archiv der Moderne, FS/1/1551

S. 143 Bauhaus-Universität Weimar, Archiv der Moderne, FS/3/1638

S. 147 Bauhaus-Universität Weimar, Archiv der Moderne, FS/ko/2135

S. 150 Bauhaus-Universität Weimar, Archiv der Moderne, FS/ko/1884

S. 154 Aufnahme der Autorin

S. 158 Aus: Edgar Wisniewski: Projektzeichnungen für die neue Staatsbibliothek in Berlin, in: *Bauwelt*, Jg. 58, Nr. 41, 1967, 1015–1021, hier 1016

S. 158/159 Aus: Organisationsplanung für die Staatsbibliothek und das Ibero-Amerikanische Institut Preußischer Kulturbesitz in Zusammenarbeit mit dem Quickborner Team, Gesellschaft für Planung und Organisation mbH, Quickborn i. Holstein, Berlin 1970, 112

S. 161, 163, 165–167, 169–173 Aus: Begleitheft zum Baukastensystem «Vero Construc», VEB VERO Olbernhau, Betrieb des VEB Kombinat Spielwaren Sonneberg, DDR, o. J.

S. 180 Cover der DDR-Heimwerkerzeitschrift *practic*, Nr. 1, 1978

Falls trotz intensiver Nachforschungen Rechteinhaber_innen nicht berücksichtigt worden sind, bittet die Redaktion um eine Nachricht.

IMPRESSUM

Herausgeberin Gesellschaft für Medienwissenschaft e.V.
c/o Prof. Dr. Jiré Gözen, University of Europe for Applied Sciences, Campus Hamburg, Museumstraße 39, 22765 Hamburg, info@gfmedienwissenschaft.de, *www.gfmedienwissenschaft.de*

Redaktion Maja Figge (Mainz), Maren Haffke (Bayreuth), Till A. Heilmann (Bochum), Elisa Linseisen (Paderborn), Jana Mangold (Erfurt), Birgit Schneider (Potsdam), Florian Sprenger (Bochum), Stephan Trinkaus (Bielefeld), Thomas Waitz (Wien), Brigitte Weingart (Berlin, V.i.S.d.P.)

Redaktionsanschrift: Zeitschrift für Medienwissenschaft c/o Prof. Dr. Brigitte Weingart, Universität der Künste Berlin, Postfach 120544, 10595 Berlin, info@zfmedienwissenschaft.de, *www.zfmedienwissenschaft.de*

Schwerpunktredaktion Heft 27
Ulrike Hanstein, Manuela Klaut, Jana Mangold

Redaktionsassistenz
Naomie Gramlich, Mirjam Kappes, Elena Meilicke

Lektorat
Ulf Heidel

Beirat Marie-Luise Angerer (Potsdam), Ulrike Bergermann (Braunschweig), Cornelius Borck (Lübeck), Philippe Despoix (Montréal), Mary Ann Doane (Berkeley), Lorenz Engell (Weimar), Vinzenz Hediger (Frankfurt / M.), Ute Holl (Basel), Gertrud Koch (Berlin), Petra Löffler (Oldenburg), Kathrin Peters (Berlin), Antonio Somaini (Paris), Martin Warnke (Lüneburg), Geoffrey Winthrop-Young (Vancouver)

Grafische Konzeption
Lena Appenzeller, Stephan Fiedler

Layout, Bildbearbeitung und Satz
Lena Appenzeller

Druck und buchbinderische Weiterverarbeitung
Friedrich Pustet GmbH & Co. KG, Regensburg

Mit freundlicher Unterstützung der Universität der Künste Berlin

Die **Zeitschrift für Medienwissenschaft** erscheint zweimal im Jahr.

Die digitale Version ist ab Herbst 2022 als Open-Access-Version verfügbar.

Weitere Infos (u. a. auch zum Abonnement) finden Sie unter: *www.transcript-verlag.de/zeitschriften/zfm-zeitschrift-fuer-medienwissenschaft/*

Mitglieder der Gesellschaft für Medienwissenschaft erhalten die *Zeitschrift für Medienwissenschaft* kostenlos.

Verlag transcript Verlag, Hermannstraße 26, 33602 Bielefeld, *www.transcript-verlag.de*

Bestellung: vertrieb@transcript-verlag.de
Telefon: +49 (521) 39 37 97 0

Bibliografische Information der Deutschen Nationalbibliothek: Die Deutsche Nationalbibliothek verzeichnet diese Publikation in der Deutschen Nationalbibliografie; detaillierte bibliografische Daten sind im Internet über *http://dnb.d-nb.de* abrufbar.

Printed in the Federal Republic of Germany
Gedruckt auf alterungsbeständigem Papier

ISSN 1869-1722
eISSN 2296-4126

Print-ISBN 978-3-8376-5890-3
PDF-ISBN 978-3-8394-5890-7
EPUB-ISBN 978-3-7328-5890-3

Cover der DDR-Heimwerkerzeitschrift *practic*, 1978